Bibliothèque générale des Sciences sociales

G. Tarde

Les Transformations
du Pouvoir

PARIS FÉLIX ALCAN, 1899

LES TRANSFORMATIONS DU POUVOIR

LES TRANSFORMATIONS

DU

POUVOIR

PAR

G. TARDE

————

PARIS

ANCIENNE LIBRAIRIE GERMER BAILLIERE ET Cⁱᵉ

FÉLIX ALCAN, ÉDITEUR

108, BOULEVARD SAINT-GERMAIN, 108

—

1899

AVANT-PROPOS

Ce livre n'est en grande partie que la substance de
deux séries de conférences qui ont été faites en 1896, à
l'Ecole libre des Sciences Politiques, et, en 1898, au
Collège libre des Sciences sociales. J'ai essayé d'y appliquer au côté politique de la vie sociale les idées qui
m'ont servi de guide jusqu'ici dans mes autres ouvrages.
Le lecteur dira si cette application est propre à confirmer ou à infirmer ces principes.

Est-il utile d'ajouter que je n'ai pu avoir la prétention, en ce volume de médiocre étendue, d'épuiser mon
sujet? Il m'aura suffi de donner une idée de ce que
peut être la science politique après son baptême sociologique. Car, s'il n'est pas vrai que les diverses sciences
sociales doivent se confondre désormais en une seule,
qui serait la sociologie, il est certain qu'elles doivent
toutes s'y plonger l'une après l'autre pour en sortir
soit retrempées et rajeunies, soit glaciales et inanimées.
Cela dépend de la qualité du bain.

Je ferai remarquer que j'ai cru devoir m'interdire,
de parti pris, tout le côté physique et physiologique de
mon sujet. Le sol, le climat, la race, ne sont pas, je le
sais, sans présenter certains rapports, que d'autres ont
cherchés, avec la nature du Pouvoir. Il y a, je le sais
aussi, des individus et même des peuples de tempérament
autoritaire, nés tout pourvus d'un certain don de suggestion qui les prédestine au commandement. Ces pré-
dispositions vitales au pouvoir social méritent d'être
étudiées à part, et l'ont été. Conservées et renforcées

par l'hérédité, ou plutôt par une combinaison d'hérédité
et de tradition qui joue dans la vie nationale un rôle capital, elles sont les sources les plus visibles et les plus
brillantes du pouvoir. Mais il m'a paru d'une bonne méthode de m'attacher d'abord, à peu près exclusivement, à
rechercher des sources de nature toute psychologique et
sociale, au risque d'imprimer à ce premier essai un caractère quelque peu abstrait et artificiel. Le lecteur voudra
bien avoir égard à la lacune volontaire que je signale.

Il est un mérite qu'on ne saurait refuser en ce moment à une étude sur les sources et les variations de
l'Autorité publique, c'est celui de l'*actualité*. A moins
qu'un pessimiste ne prétende qu'il serait plus à propos
de faire un livre sur les transformations de la servitude
ou de l'impuissance politiques que sur celles du Pouvoir
politique, comme on est plus enclin de nos jours à
étudier les transformations du Crime que celles de la
Vertu... Mais, précisément, une des illusions que nous
nous efforçons de combattre est celle de croire à une
disparition future ou prochaine du principe d'autorité.
Même dans les pays les plus démocratiques, les avilis-
sements du pouvoir ne sont pas sans compensation. Il
en est du pouvoir, à cet égard, comme du savoir ou de
la richesse. Une vérité, à mesure qu'elle devient plus
aisée à démontrer et se répand davantage, perd de son
prix : mais, en même temps, et à mesure qu'elle s'incorpore à un faisceau plus volumineux de vérités solidaires,
elle acquiert plus d'importance, plus de force et de *valeur*.
Un article industriel aussi, en se vulgarisant, a un prix
moindre : mais sa valeur, dans le sens de fécondité d'emplois, augmente quand les buts qu'elle sert à atteindre
deviennent plus nombreux. N'en est-il pas de même du
pouvoir gouvernemental, qui, par la facilité croissante
d'y monter offerte aux hommes politiques et à tous les
citoyens, a perdu beaucoup de son prix ancien, mais,
qui, en revanche, par l'étendue croissante des moyens

d'action, par le champ indéfiniment élargi des combinaisons ouvertes aux spéculations diplomatiques et guerrières aux ambitions intérieures ou extérieures des
hommes d'Etat, a plus de valeur véritable qu'il n'en a
jamais eu. On peut dire non seulement que toute vérité
et toute utilité onéreuse a une tendance (souvent arrêtée)
à devenir gratuite, mais encore que, par l'effet de cette
dépréciation même, elle devient d'autant plus réellement
précieuse. Considération propre, après réflexion, à
rehausser le prestige des pouvoirs actuels qui, je le re-
connais, à première vue, ne brillent guère par là.

La transformation que nous venons d'indiquer,
comme toutes celles qui seront esquissées dans cet
ouvrage, sont les manifestations visibles de ce sourd et
universel besoin de coordination interne, de cette logique cachée, qui meut au fond les sociétés humaines et
qui, combinée avec les accidents du génie, données des
problèmes résolus par elle, fait tout l'intérêt de l'*histoire*. L'histoire, qu'est-ce au juste ? Il me semble que
presque personne, depuis l'avènement de la métaphysique de l'Evolution, ne s'en fait plus une idée très claire.
Cournot, jadis, avait fait d'heureux efforts pour préciser
cette notion capitale. Il y avait signalé comme caractéristique un mélange d'accidentel et de rationnel à doses
telles que l'imprévu y domine le cours des événements.
Toute série de faits n'était pas histoire à ses yeux ; il ne
voyait rien d'historique ni dans une série de faits purement fortuits, comme on en voit se dérouler sans fin et
sans lien dans certaines vieilles chroniques qui rela-
tent tour à tour « tous les faits réputés merveilleux ou
singuliers, prodiges, naissances de monstres, apparitions de comètes, épidémies », ni dans une série de
phases rigoureusement enchaînées, d'où le hasard, —
rencontre *impossible à prévoir* de séries causales indépendantes jusque-là, — est tout à fait exclu. *Evolution*
est si loin d'être synonyme d'*histoire* que les deux

peuvent être regardées comme contraires : car, par
évolution, on entend une série de phases réglées, se
répétant ou apte à se répéter périodiquement, avec des
variantes insignifiantes. Si les phénomènes sociaux qui
se sont succédé dans la préhistoire nous étaient connus
en détail, mériteraient-ils tous le nom d'histoire ? Ce
n'est pas probable. Un grand nombre de tâtonnements
dans les ténèbres et de piétinements sur place de ces
petites humanités primitives à la merci d'accidents extérieurs, ont dû être aussi peu instructifs, aussi dépourvus de signification et d'intérêt que la lecture des annales ou des chroniques les plus insipides. A l'inverse,
si, comme le conjecture Cournot avec plus ou moins
de raison, le progrès de la civilisation est un acheminement vers une période de développement social d'une
régularité presque absolue, où l'accident ne jouera plus
qu'un rôle sans cesse amoindri et à la fin inappréciable,
il viendra un moment, dans cette hypothèse, à partir
duquel la suite des événements humains n'aura plus
rien d'historiquement intéressant, pas plus qu'un recueil
d'observations astronomiques. La « phase historique »
serait donc intermédiaire entre les débuts et la fin des
destinées humaines. Il n'y a pas toujours eu, il n'y
aura pas toujours matière à histoire.

Cette conception de Cournot demande à être reprise
et éclaircie. Telle qu'il la présente et qu'il la déploie
dans ses *Considérations sur la marche des idées et des
événements dans les temps modernes* elle donne prise à de
fortes objections. Il convient de n'en retenir que deux
choses : d'abord, sa notion capitale du hasard, scienti-
fiquement fondée sur la très réelle indépendance de
séries causales qui viennent à se rencontrer, jonction
qui devient le point de départ, le « premier commencement » comme dirait Renouvier, de séries nouvelles
destinées peut-être elles-mêmes éventuellement, mais
non poussées par une *nécessité interne*, à des croise-

ments analogues. Il y aurait ainsi à distinguer deux
sortes de nécessité, une nécessité interne, seule rationnelle, et une nécessité extérieure, accidentelle, que le
Déterminisme banal a le tort de confondre. En second
lieu, Cournot a eu raison de concevoir le développement proprement historique comme un ordre qui
se fait avec du désordre, comme l'assimilation harmonieuse d'une suite de hasards greffés les uns sur les
autres. Mais il n'a pas dit en quoi consistent ces éléments accidentels, il a méconnu leur nature propre,
qui est d'être des initiatives individuelles, des inventions ou des découvertes petites ou grandes, obscures ou
glorieuses ; et il ne s'est pas moins trompé sur ce qu'il
faut entendre par le côté régulier et coordonné des faits
sociaux. Il a cru le voir dans certaines vagues tendances générales qu'une vue panoramique des vallées
et des montagnes enchevêtrées de l'histoire, pour ainsi
dire, permettrait seule de deviner, tandis que, à notre
avis, c'est seulement dans le menu détail des faits de la
vie sociale, que leur régularité se laisse apercevoir avec
évidence. Elle éclate, pour tous regards non prévenus,
dans ces répétitions à peu près identiques d'actes tout
pareils, d'idées toutes pareilles, qui, à partir d'une
initiative donnée, rayonnent, par la vertu contagieuse
de l'exemple, dans tous les sens, se heurtant ou s'al-
liant à des rayonnements différents, — différents, mais
conformes aux mêmes lois, — émanés d'autres foyers.
L'avantage de cette manière de voir est de montrer dans
l'accidentel la source même du rationnel, dans l'imprévu et l'*imprévisible* la source du régulier, capable
de servir d'appui aux prévisions du statisticien et du
sociologue. Ainsi comprise, la combinaison du nécessaire et du fortuit, de l'accidentel et du rationnel, n'a
plus rien de mystérieux ni de confus, elle se précise et
s'élucide.

Par là aussi se comprend et se justifie le caractère

hautement et puissamment dramatique de l'histoire.
L'histoire, à l'analyser de près, se décompose en véritables drames tout faits, mais entrelacés ou noués
entre eux, que l'art de l'historien doit dégager comme
l'art du dramaturge a le droit de les reproduire en les
accentuant. A chaque initiative individuelle qui surgit
et suscite des exemples nouveaux, en partie hostiles aux
anciens, une hésitation sociale se produit, une difficulté,
une *question*, qu'il s'agit de résoudre. Mais un drame,
qu'est-ce autre chose qu'un nœud suivi d'un dénoûment,
une question suivie d'une réponse, la solution d'un
problème ? L'action sociale est faite de drames, comme
la pensée est faite de phrases. Une phrase n'est aussi
qu'un intérêt soulevé puis satisfait, une question posée
puis résolue. Un drame est une phrase qui a pour mots
des actes humains. De là l'intérêt passionné, intense,
qui nous attache à l'histoire, à l'histoire religieuse, ou
économique, ou littéraire, ou linguistique même,
comme à l'histoire politique, et que la sociologie sup-
primerait, si, comme on le croit en général, cette
science nouvelle avait pour but de substituer aux tragédies ou aux comédies de l'histoire quelques formules
rigides d'évolution. Je n'aurai pas perdu tout le fruit
de mes efforts si je parviens à convaincre mes lecteurs
qu'il est possible d'établir la science sociale sur un terrain plus solide et moins plat.

G. T.

Mars 1899.

LES TRANSFORMATIONS DU POUVOIR

PREMIÈRE PARTIE

I

CONSIDÉRATIONS PRÉLIMINAIRES

Puisqu'il y a une science qui étudie, à un point de
vue général, les lois en vertu desquelles la richesse se
produit, se reproduit, se transforme, se répartit, se
dépense, s'oppose à elle-même par la concurrence ou
s'adapte à elle-même par l'association, on ne voit pas
pourquoi il n'y aurait pas une science qui, à un point
de vue non moins général, étudierait la genèse et la
conservation du pouvoir politique, ses transformations, sa répartition, son exercice, ses oppositions et
ses harmonisations. Ce n'est pas à dire que la science
du Pouvoir doit se modeler sur celle de la Richesse :
je critiquerai plus loin les divisions de l'Économie
politique et montrerai l'utilité de leur substituer un
autre classement des matières qui lui appartiennent.
Mais laissons pour le moment cette question, après
tout secondaire, et jetons-nous librement dans notre
sujet.

TARDE. — *Transf. du pouvoir.*   1

I

Une même population se décompose en groupes de bien inégale étendue : groupes linguistiques, formés d'individus qui parlent la même langue; groupes religieux, formés d'individus qui professent la même religion ; groupes économiques, formés d'individus qui produisent ou consomment les articles d'une même industrie et en font échange ; groupes politiques, formés d'individus qui sont soumis au même pouvoir gouvernemental ; enfin groupes *sociaux,* expression plus compréhensive par laquelle on peut entendre la communauté d'un même type de civilisation, qui suppose un ensemble de similitudes économiques, juridiques, morales, religieuses, scientifiques, politiques. Comme on le voit, la vie politique n'est qu'un des aspects de la vie sociale, à laquelle cependant on l'oppose souvent, et non sans raison, en prêtant un sens plus restreint à cette dernière expression.

Demandons-nous d'abord : qu'est-ce que la vie politique d'un pays? — Il n'est pas une forme de l'activité sociale qui, par quelque côté, à quelque moment, c'est-à-dire lorsqu'elle est *entravée* dans son cours, ou, au contraire, lorsqu'elle est *surexcitée,* ne devienne *politique.* Quand elle est entravée, cela signifie que, à propos de ce genre d'action sociale, se livrent ou se sont livrés d'innombrables duels logiques[1], perplexités inquiétantes, dans le cerveau des individus. « La langue tchèque doit prévaloir sur la langue allemande — la langue allemande doit prévaloir sur la langue tchèque ». Cette affirmation et cette négation affrontées se heurtent

---

1. Voir l'explication de cette expression dans nos *Lois de l'Imitation* au chapitre sur les *lois logiques* de l'imitation.

à chaque instant dans l'esprit des habitants de la Bohême, chaque fois qu'ils hésitent à parler dans l'une
plutôt que dans l'autre de ces deux langues. Et quand
deux d'entre eux ont mis fin à cette hésitation, l'un en
optant pour le tchèque, l'autre pour l'allemand, ce sont
alors leurs deux cerveaux qui se heurtent, sinon les
deux thèses dans chacun de leurs cerveaux. Alors, d'individuelle, l'opposition est devenue vraiment sociale.
Voilà pourquoi il y a une *question des langues* en Autriche-Hongrie, et aussi bien en Alsace-Lorraine, en
Belgique, en Suisse. Pour la même raison il y a une
question des religions un peu partout, ou une question
de la religion et de la libre-pensée ; une *question du
travail*, sous forme de concurrence aiguë, de grèves
importantes, etc. Les plus modestes questions de droit
prennent un caractère politique des plus marqués,
comme on le voit bien par les incidents de l'affaire
Dreyfus, quand le public se divise à leur égard en
partis contradictoires. Il n'est pas jusqu'aux questions
littéraires qui n'aient parfois de la sorte divisé le pays :
querelle des anciens et des modernes sous l'ancien régime, querelle des classiques et des romantiques sous
la Restauration.

Quand une forme de l'activité sociale, à l'inverse, est
surexcitée, cela signifie qu'au lieu d'opposition il y a eu
adaptation, union logique féconde, à la suite d'une entreprise, d'une initiative, d'une idée nouvelle qui s'est
propagée. Si le génie inventif se tourne vers l'art, il
surgit des créations nouvelles et harmonieuses du beau,
d'où résulte une effervescence artistique, à laquelle le
gouvernement ne saurait demeurer indifférent : par
exemple, dans l'Italie de la Renaissance. Si des découvertes d'érudit ont exhumé le Droit romain, en harmonie merveilleuse avec des besoins nouveaux, une effervescence juridique s'ensuit, à Bologne et ailleurs. Si
les inventions d'un âge, tel que le nôtre, sont surtout

de nature industrielle, une effervescence de vie économique se produit, qui est la grande préoccupation des hommes d'État.

Cela veut dire que la politique est l'ensemble des activités quelconques d'une société en tant qu'elles collaborent ou s'efforcent de collaborer en dépit de leurs mutuelles entraves. Par suite, tout ce qui tend à fortifier ou à affaiblir cette collaboration, tout ce qui révèle qu'elle se fortifie ou s'affaiblit, a une importance politique : et l'État, détenteur du pouvoir, a pour tâche de diriger ou de rétablir cette convergence de toutes les forces nationales vers un même idéal, de noter ses progrès ou ses reculs.

Comparée à l'activité économique, scientifique, esthétique, religieuse, l'activité politique est d'une grande simplicité relative, soit comme buts, soit comme procédés. Elle suppose toujours la division d'une société en partis ou en nations, en partis qui apportent des réponses différentes aux problèmes posés par les duels logiques, en nations qui ont des prétentions diamétralement contraires. Et il s'agit toujours d'établir ou de consolider en politique intérieure la prépondérance d'un parti sur d'autres, en politique extérieure celle d'une nation sur d'autres : c'est-à-dire, d'imposer de nouvelles lois[1] ou de nouveaux traités de paix. Les lois, à vrai dire, sont aussi des traités de paix auxquels le parti vaincu est forcé de se soumettre jusqu'au jour de sa revanche. Tel est le but constant ; et, si les moyens employés pour l'atteindre sont variés, ils le sont beau-

1. Si, aux époques barbares ou demi-civilisées, les rois n'ont pas pour fonction principale, comme à présent nos ministres, d'élaborer de nouvelles lois, s'ils reconnaissent ou ont l'air de reconnaître l'autorité d'une coutume réputée souveraine et invariable, c'est qu'en réalité elle ne les gêne guère d'habitude. Ou bien, si elle les contrarie, ils la violent. L'essentiel alors est de posséder la terre ; l'expropriation violente et l'implantation de nouveaux propriétaires, vassaux fidèles du roi, sont les véritables procédés pour établir la prépondérance d'un nouveau *parti* ou mieux d'une nouvelle classe.

coup moins que les procédés industriels pour réaliser
les fins multiples des besoins de l'individu, ou les procédés artistiques pour répondre à la diversité infinie des
goûts individuels.

Si l'on descend au détail, empressons-nous d'ajouter
que la vie politique ne laisse pas d'être passablement
complexe, soit au point de vue intérieur, soit au point
de vue extérieur. Qu'on songe, d'une part, aux intri-
gues de chaque commune, de chaque canton, durant
l'agitation électorale, à la hausse et à la baisse alterna-
tives des influences, aux achats de journaux; d'autre
part, aux levées, au recrutement, aux exercices des troupes, au service d'espionnage, à la diplomatie.

La vie politique s'appuie nécessairement sur la vie
économique d'un pays, et, en général, sur toute sa vie
sociale. Mais, d'autre part, la vie économique fermente,
en grande partie, sous l'action du levain politique. Il
n'est pas de temps, il n'est pas de pays où les travailleurs en s'enrichissant, et aussi bien les apôtres en
convertissant, les poètes en s'illustrant, n'aient cherché à acquérir, après la richesse et moyennant la richesse, le pouvoir, — après et moyennant le prestige
ou la gloire, le pouvoir. L'activité économique, — ou
même religieuse, scientifique, esthétique, — est donc
toujours politique par un grand côté. Par suite, elle
est toujours aussi, sciemment ou à son insu, législative,
car elle tend à créer ou à grossir des intérêts qui, parvenus à un certain degré de développement, susciteront
des droits nouveaux pour les consacrer ou les contenir[1].

---

1. Les sociétés humaines se distinguent des sociétés animales, entre
autres différences, par le développement proportionnel du côté politique
de leur activité. Presque toute la vie des sociétés animales (du moins telle
qu'elle nous apparaît, car je ne laisse pas d'y soupçonner autre chose) est
économique : toute la conduite de leurs membres est dirigée vers la production industrielle du miel, par exemple, ou la construction de digues,
ou la chasse d'une proie. Il y a souvent une grande activité collective,
convergeant vers un but, mais vers un but propre à satisfaire directement
les besoins organiques des sociétaires. Jamais il n'y a de volonté collective

Mais cela veut-il dire que toute politique soit essentiellement égoïste, comme, d'après certains économistes, toute activité économique le serait par nature ?
Non : pour les mêmes raisons qui ont fait corriger l'erreur de ces savants, on doit dire ici que, soit en politique intérieure, soit en politique extérieure même, il
s'est toujours mêlé à la poursuite du triomphe d'un
parti ou d'une nation autre chose que le désir de triompher, à savoir le désir de réaliser un programme de
réorganisation sociale qui, conçu par les chefs d'un
parti, est sa vraie raison d'être, ou un programme de
réorganisation internationale dans lequel l'idée d'un
bien public commun aux vaincus et aux vainqueurs,
d'une commune civilisation à sauvegarder, à développer
par des voies différentes dans un groupe fraternel de
peuples, se fait jour lentement mais avec une clarté déjà
perceptible aux yeux les plus attardés. Les nations tendent à devenir elles-mêmes de grands partis ayant chacun son programme de réforme idéale du bonheur hu-

---

poursuivant une fin librement choisie, et qui ne tend qu'indirectement à
la satisfaction des besoins primitifs. Parfois, il est vrai, on voit des
moyens collectifs employés pour obtenir la domination de la tribu sur
une autre tribu ; on voit même des batailles rangées entre tribus animales.
des guerres entre fourmis et entre essaims d'abeilles. Mais ce sont là des
faits exceptionnels, car, en général, la lutte pour la vie s'y opère par
l'action des forces extérieures, suivant qu'elles favorisent la propagation
des uns ou empêchent celle des autres, beaucoup plus que par les conflits
belliqueux. D'ailleurs, rien qui ressemble à nos luttes civiles, à nos guerres
civiles entre partis différents : cette vie proprement politique de nos sociétés fait défaut aux sociétés animales. Qu'on relise, à ce point de vue,
les *Sociétés animales* d'Espinas.

On peut dire que, par deux caractères de plus en plus accusés, les Sociétés humaines se séparent peu à peu de leurs sœurs inférieures : par le
développement du côté *intellectuel* d'abord, des *croyances collectives*.
et en second lieu par le développement du côté *volontaire*, des *desseins
collectifs*.

La *religion et la science et la politique*, donc, caractérisent, par
l'éminence de leur rôle, nos sociétés humaines.

On peut trouver dans les sociétés animales l'équivalent de toutes nos
industries (tissage, bâtisse, cuisine, extraction de substances chimiques...)
on n'y trouvera rien d'analogue à nos constitutions politiques, à notre
diplomatie, à notre tactique militaire.

main. C'est ainsi que de tout temps, quelque paillette
d'or moral s'est mêlée à l'airain de la politique; et peut-
être dans l'avenir y aura-t-il plus d'or que de bronze.
Sans être optimiste, on peut voir la justification de cette
espérance dans la causalité réciproque qui existe entre
la sympathie et l'imitation, le développement de la première stimulant la seconde, dont le progrès l'aiguillonne
à son tour. A force de s'assimiler imitativement, ce qui
est fatal, les hommes ne peuvent s'empêcher de sym-
pathiser de plus en plus, et, parvenus à un certain niveau de civilisation, malgré un air de scepticisme égoïste
qu'ils affectent, ils s'aiment plus qu'ils ne croient.

II

De ce qui a été dit plus haut, il résulte que le pouvoir politique est dans une nation ce que la volonté
consciente et personnelle est dans une âme. Sans attacher beaucoup d'importance à cette comparaison, il me
sera permis de m'y arrêter un peu. Qu'est-ce qui devient conscient et volontaire dans la vie cérébrale?
N'importe quoi, fonctions des sens inférieurs ou supérieurs, fonctions de la circulation, de la respiration, de
la digestion, quand l'exercice en est entravé ou en est
surexcité. Alors les régions nerveuses afférentes à ces
fonctions ont leur retentissement dans le moi. Ma conscience et ma volonté, pourrais-je dire, sont tour à tour
visuelles, auditives, olfactives, tactiles, imaginatives,
intellectuelles; elles sont tour à tour pectorales ou sto-
macales, bracchiales ou crurales, etc.

Une perception, une volition, ont ainsi une double
origine. Une perception a lieu, soit quand un point
très brillant fascine l'attention spontanée et se subor-
donne aussitôt tous les autres éléments sensitifs, soit
quand, au contraire, dans la pénombre, on saisit avec

une attention efforcée divers signes coexistants et qu'on
tâche de concilier leurs significations contradictoires.
Une volition a lieu, soit quand un désir très vif surgit
et prend aussitôt la tête de toutes les tendances, hié-
rarchisées et disciplinées par lui, qui se partagent l'esprit au même moment, soit quand des tendances contraires qui se disputent obligent le moi à intervenir et à
rétablir entre elles la hiérarchie rompue.

De là, deux manières de penser et de vouloir, comme
deux manières de gouverner. Vouloir, c'est tantôt *s'obéir
à soi-même*, quand on ne fait qu'apposer, en quelque
sorte, la formule exécutoire au bas de son désir le plus
puissant ; tantôt *se commander à soi-même* quand on dé-
partage les désirs en conflit. Penser, c'est tantôt être
crédule à soi-même, quand on se borne à dogmatiser
les illusions de ses sens, les suggestions de sa fantaisie
dominante : tantôt s'enseigner soi-même, quand on
met un terme au désaccord apparent de ses sens ou de
ses représentations et de ses souvenirs. De même, gouverner (dans le sens *temporel* d'abord), c'est tantôt formuler en décrets, passivement, toutes les injonctions
du parti régnant, tantôt s'interposer entre les partis et
diriger celui que l'on préfère dans une voie plus ou
moins opposée à ses velléités. Gouverner (dans le sens
spirituel) c'est tantôt, comme tant de fondateurs de religions inférieures l'ont fait, consacrer en dogmes toutes
les folies de l'esprit public, tantôt, comme l'ont fait
les fondateurs des religions supérieures et les grands
philosophes, lui imposer des vérités qui lui déplaisent.

Les vrais rapports entre la vie sociale en général et
l'activité politique en particulier nous sont indiqués
par là. La vie sociale consiste en courants multiples
d'exemples qui se croisent, interfèrent, s'anastomosent.
La vie politique consiste à diriger ces courants, soit
en les contenant, soit en les activant, dans le sens de
leur plus grande convergence et de leur moindre diver-

gence. Semblables sont les rapports entre la vie cérébrale et l'activité personnelle : la première consiste en
souvenirs et en habitudes, qui sont des répétitions de
soi-même, des imitations de soi-même : et l'activité
personnelle consiste à faire s'harmoniser ces courants
cérébraux d'images pareilles, d'impulsions pareilles,
qui se répètent incessamment.

Avec une grande raison, le moi se distingue de ses
habitudes et de ses souvenirs, de même que l'État se
distingue de la société proprement dite. Mais il n'en
est pas moins vrai que tout ce qui est simplement social
a commencé par être politique, comme tout ce qui est
purement psychologique, habitudes et souvenirs la-
tents, a commencé par être conscient et personnel. On
n'en doutera pas si l'on se rend compte que tout ce
qui est indiscuté aujourd'hui a été discuté au début,
que tout ce qui est vulgarisé en actes et idées innombrables a commencé par être une innovation combattue
et que, dans presque tous les combats, l'État a dû intervenir, — soit l'État-famille, soit l'État-tribu, soit
l'État-cité, soit l'État-nation. Tout ce qui est maintenant le plus étranger au pouvoir a commencé par lui
être inhérent. — Par exemple : je parle français, moi
fils du Midi : mais, il y a quatre siècles encore, ma
région offrait à l'homme d'État une question des langues, très brûlante et très ardue. Je suis né catholique,
mais, il y a trois siècles, c'était, dans ma province, une
question terrible que celle des religions. Je pense à ma
guise et je fais imprimer sur tous sujets sans permission,
mais il n'y a pas si longtemps qu'en France on ne se
bat plus dans les rues pour la liberté de penser et la
liberté de la presse. Enfin, je professe, à l'occasion, dans
une école libre, et c'est une grosse question, à peine résolue, que la question de la liberté de l'enseignement.
En somme, ma vie privée se compose d'une suite de
solutions successivement apportées à une série de pro-

blèmes politiques. Et chacun de nous peut en dire autant. La vie sociale est l'alluvion lentement déposée par
le courant de la vie politique.

Ainsi, en un sens très large, tout ce qui est le plus
exempt de caractère politique à présent, en fait d'actes
individuels, écrire, voyager en voiture, acheter n'importe quoi, etc., a eu jadis son heure d'importance politique aussi bien qu'une déclaration de guerre ou une
entreprise coloniale ou le dépôt d'un projet de loi. Pourquoi cependant ces derniers actes sont-ils proprement
appelés politiques et ne peuvent-ils émaner que du pouvoir politique? Parce que, seuls, ils visent directement
cette convergence des forces nationales, qui n'est poursuivie que d'une manière très indirecte, quand elle l'est,
par les découvertes scientifiques ou les inventions industrielles ; et parce que autre chose est la *mutuelle
assistance* à laquelle servent les initiatives privées dont
il s'agit, autre chose la *collaboration* à un but commun
où tendent les initiatives gouvernementales. J'ajoute
que les inventions et les découvertes ordinaires servent
à mettre fin au duel logique individuel, au conflit
d'idée à idée, de désir à désir, dans un même cerveau[1] :
tandis que les initiatives gouvernementales, inventions
d'autre sorte, inspirations du général sur le champ de
bataille, de l'homme d'Etat dans son cabinet, ont pour
effet essentiel, quand elles atteignent leur fin véritable,
de terminer un duel logique collectif, un conflit de
deux partis ou de deux nations, une opposition de cerveau à cerveau. Ce duel individuel et ce duel collectif

---

[1] Par exemple, certaine découverte de Fresnel a mis fin aux doutes
des savants hésitant encore entre l'hypothèse de l'émission et celle de
l'ondulation, en optique ; l'invention des chemins de fer, en abaissant le
prix des voyages, a mis fin à l'hésitation de beaucoup de gens dont le
désir de voyager était paralysé par le goût de l'économie. L'invention des
moulins à eau avait eu pour effet de faire cesser le combat entre le désir
de manger de bon pain et la crainte de la fatigue musculaire exigée par
la meule antique, etc.

ne sauraient, évidemment, se confondre, puisque le second n'est possible qu'après que le premier a pris fin. Quand les individus n'hésitent plus, qu'ils ont fait leur choix, c'est alors qu'ils peuvent s'opposer et que l'hésitation sociale commence.

Les actes du gouvernement, comme les innovations quelconques, tendent à se transformer en habitudes et en souvenirs sous la forme *administrative*. Le gouvernement, en effet, est à l'administration ce que la volonté est à l'habitude, ce que la perception est au souvenir.

On pourrait, sans grand effort d'esprit, pousser bien plus loin cette analogie entre la psychologie et la science sociale à ce point de vue. La politique a ses maladies comme la volonté : aboulie et anarchie. — *hyperboulie* et autocratie, etc. Mais laissons ces images. Notons seulement que pour le pouvoir, comme pour la volonté, il y a lieu de distinguer la force d'initiative et la force de résistance, souvent en raison inverse l'une de l'autre. Telle volonté est très forte pour résister aux passions internes, qui est impuissante à les diriger hardiment vers un but. Tel gouvernement est très fort pour comprimer les émeutes, qui est très timide, très poltron en politique extérieure. Le pouvoir d'inhibition politique et le pouvoir d'entreprise politique font deux. Notons aussi que l'État, dans certains pays, comme la France, est d'autant plus entreprenant que l'individu l'est moins, et que l'un de ces caractères explique l'autre. Dans d'autres pays, c'est l'inverse.

Je suis assez frappé d'une certaine ressemblance que je crois remarquer entre le rang qu'occupe en psychologie la question si débattue du libre arbitre, et la place faite par les théoriciens de la politique à la question non moins discutée de la souveraineté. Il semble à beaucoup de psychologues qu'on ne puisse concevoir la volonté autrement que comme libre, et que nier sa liberté ce soit au fond la nier elle-même. Et

la plupart des publicistes estiment que le pouvoir politique doit être souverain à moins de cesser d'être lui-
même. Le libre arbitre, c'est (ou ce serait) la souveraineté du moi ; la souveraineté, telle que certains
métaphysiciens de la politique l'entendent, ce serait le
libre arbitre de l'Etat. Incidemment nous voyons par
là ce que gagne en clarté une notion en passant de la
sphère psychologique à la sphère sociale. Car, autant
l'idée du libre arbitre est obscure et insondable, autant
l'idée de la souveraineté est claire. Dans les limites de
son domaine propre, tout pouvoir est souverain, il n'y
a pas de doute à cela. Il n'y a de pouvoir qu'à cette condition. Seulement, nous voyons aussi que le progrès a
consisté non à développer mais à refréner ce libre arbitre gouvernemental en divisant, précisant et harmo-
nisant les pouvoirs.

Par suite de la chute incessante de la volonté dans
l'habitude et du gouvernement dans la coutume, le
pouvoir, comme la volonté, doit, à partir d'un certain
point d'apogée, aller s'affaiblissant, devenu moins
utile. L'évolution psychologique exige que la volonté,
en se répétant, devienne habitude, de même que l'évolution politique montre que le pouvoir personnel, à
force de s'exercer, s'épuise, se délègue à des chefs d'administration, ce qui lui donne l'apparence d'un pouvoir impersonnel, illusion des démocraties. Tout gouvernement nouveau qui se fonde ou se refond
commence par être dû à l'exercice d'un pouvoir personnel très fort, celui d'Auguste, de Charlemagne, de
Henri IV, de Louis XIV, de Charles-Quint, de Mahomet. Mais, inévitablement, après les grands sultans,
viennent les grands-vizirs ; après Charlemagne, Louis
le Débonnaire et de nouveaux maires du palais : après
Auguste qui s'occupait de tout, ses successeurs qui ne
s'occupaient que de leurs plaisirs : après Charles-Quint
et Philippe II qui administraient eux-mêmes en détail

tout leur vaste empire. Philippe III et autres qui ont été conduits par leurs ministres ; après Henri IV, Louis XIII conduit par Richelieu ; après Louis XIV, Louis XV.

Mais peut-il y avoir des sociétés sans gouvernement et sans administration à la fois, sans organisation politique ? Spencer l'affirme ; et ce serait là pour lui l'idéal futur. Pour nous de même, car cela supposerait que la convergence et l'unanimité de toutes les forces, de toutes les pensées s'opéreraient d'elles-mêmes. Mais, si la chose est possible dans une toute petite société, elle ne l'est pas, elle le devient de moins en moins à mesure que le monde social grandit. Même dans une société minuscule, combien la réalisation de cet idéal est ardue ! On comprend que, dans une paix profonde, des familles laborieuses de bons sauvages échangent, sans collaborer à rien de commun, les fruits de leur industrie séparée. Seulement, on ne va jamais très loin, sans nulle *collaboration* civile ou militaire, dans cette voie de *mutuelle assistance*. Puis, là où le pouvoir politique paraît manquer, en réalité il existe, mais dispersé, dans chaque famille ou dans chaque clan régi par son chef, chef élu ou héréditaire, sans lequel la production agricole ou pastorale ne pourrait s'effectuer.

On voit l'erreur des anciens économistes qui voulaient réduire à néant le rôle de l'État. Elle est analogue à celle des psychologues qui regardent la conscience et la volonté comme un *épiphénomène*, simple traduction de l'inconscient et de l'involontaire.

D'après Spencer, le véritable gouvernement, c'est l'opinion commune. Si l'on entend mal cette formule, d'ailleurs banale, on peut en déduire qu'un gouvernement ne saurait jamais être illégitime ; qu'il ne saurait jamais contribuer à faire naître l'opinion et le sentiment commun puisqu'il est censé en naître ; qu'il ne saurait jamais les diriger, ni avoir aucune initiative propre.

Cependant il est indubitable que son vrai rôle est d'être initiateur et directeur. — La formule spencérienne n'est exacte qu'au sens négatif. Un gouvernement ne peut longtemps gouverner contre l'opinion ; on ne navigue pas contre le vent. Mais comment l'opinion commune est-elle devenue commune ? Ce n'est pas spontanément, vu la diversité des gens et la complexité des questions. Il y a eu suggestion par des inspirateurs qui, à toutes les époques, font l'opinion en l'exprimant : et il y a eu imposition par des despotes militaires ou civils qui, en faisant violence à l'opinion, l'ont entraînée. Rectifions donc : le gouvernement véritable, c'est l'opinion du groupe des meneurs ou du groupe des terroristes militaires ou civils.

Ce groupe varie d'après les temps et les lieux : prophètes et sorciers, chefs de clans, *patres familias* et tribuns, prédicateurs, suzerains féodaux, journalistes. A travers toutes les variétés, on voit se dessiner une espèce de loi générale : c'est que l'écart va grandissant entre le nombre des meneurs et le nombre des menés. Avec 20 orateurs ou chefs de *gentes* dans la main, on gouvernait dans l'antiquité une ville de 2.000 citoyens, par exemple : rapport de 1 à 100. A présent, avec 20 journalistes dévoués ou achetés, on gouverne dans certains cas 40 millions d'hommes : rapport de 1 à 200.000. De même, l'écart va grandissant entre le nombre des défenseurs armés du pouvoir (gendarmes ou soldats, licteurs, prétoriens) et la masse des citoyens contenus ou dominés par eux. C'est que les moyens mécaniques (parole, écriture, imprimerie, — ou bien pique, arc, arquebuse, fusil à aiguille) destinés à porter loin et fort l'action suggestive du meneur ou l'action impérative de l'homme armé, n'ont cessé de progresser. Par la simple éloquence, on hypnotisait cent ou mille auditeurs ; par le livre manuscrit, déjà beaucoup plus de lecteurs ; par la presse, on fascine à des distances inouïes des masses humaines incalculables.

Le Pouvoir n'est, en somme, que le privilège de se faire obéir ; et l'Autorité publique est, comme la Richesse, quelque chose de très multiforme. Elle est la grande direction générale des courants d'exemples dans les lits multiples de la croyance et du désir, la grande voirie de ces voies navigables. — Mais il y a à distinguer l'Autorité indéterminée, imprécise, exercée par tous les directeurs extra-officiels de l'esprit public, du cœur public, — poètes, artistes, littérateurs, orateurs, journalistes, apôtres, hommes illustres de tout genre — et l'Autorité déterminée, précise, des chefs d'État. L'une ou l'autre, parfois l'une et l'autre, sont exercées par les *supériorités sociales* qui existent toujours à un moment donné : les corps aristocratiques hier, aujourd'hui les capitales, modèlent à leur image leurs admirateurs dociles. Les ancêtres, quand ils sont l'objet d'une vénération coutumière, ou bien les étrangers célèbres, quand l'exotisme est en vogue, sont vraiment des « autorités sociales » dans un sens plus compréhensif que celui de Le Play. La plus grande des autorités sociales dans la France de notre siècle a été Paris.

Or, chacune des formes et des catégories de l'autorité indéfinie, extra-officielle, cherche et parvient à son tour, un jour ou l'autre, à prendre rang parmi les formes de l'Autorité officielle. Chacun de ces grands prestiges sociaux, antiquité vénérée, caste respectée, capitale admirée, illustration étrangère, engendre des gouvernements qui lui correspondent et qui diffèrent profondément. Il y a des gouvernements ancestraux, nobiliaires, et des gouvernements urbains : des gouvernements nationaux et des gouvernements en quelque sorte exotiques. Les pouvoirs d'un gouvernement provisoire, émané du prestige de Paris, n'ont presque rien de comparable au pouvoir d'un Louis XIV, appuyé sur le prestige d'une dynastie à demi-divinisée.

Cette nature officielle de l'Autorité, qu'est-ce qui la caractérise? C'est non seulement sa précision, mais la brusquerie de son action, la soudaineté relative du rayonnement imitatif dont elle est le foyer. L'imitation *rayonnée* par une autorité extra-officielle se répand peu à peu de proche en proche : l'imitation imposée officiellement se répand tout d'un coup et presque partout à la fois. Presque, car il n'en est pas toujours ainsi : par exemple, on a eu beau décréter l'adoption des mêmes poids et mesures dans toute la France, l'assimilation à cet égard, comme à bien d'autres, n'a été que lente et graduelle. Ce qui veut dire que, pour être efficace, le pouvoir officiel doit agir dans le même sens que les pouvoirs non consacrés et jamais en sens contraire. Il excelle à précipiter l'action exemplaire de ceux-ci, non à la refouler.

— Que signifie la célèbre distinction du pouvoir temporel et du pouvoir spirituel? Elle répond à celle de la croyance et du désir. Ces deux pouvoirs sont intimement solidaires. Cependant ils ne sont que rarement réunis d'une manière expresse. Mais leur séparation n'est jamais que relative, plus apparente que réelle, et accompagnée de grandes difficultés. Auguste Comte a pensé, il est vrai, après Joseph de Maistre, que le grand progrès du moyen âge sur l'antiquité avait été précisément cette séparation des deux pouvoirs. Mais, au fond, ce que veulent Comte et J. de Maistre, c'est la subordination du pouvoir temporel au pouvoir spirituel, avec cette seule différence que, d'après le fondateur du positivisme, le pouvoir spirituel de l'avenir, et déjà du présent, doit être celui des savants positivistes, des conciles scientifiques dont il serait le pape. En réalité, il n'est pas douteux que les idées, encore plus que les intérêts, conduisent le monde, et, en ce sens, les deux grands penseurs ont dit vrai.

Une distinction tout autre et non moins fondamentale est celle du pouvoir intérieur et du pouvoir extérieur. Ils sont d'autant plus dissemblables qu'on remonte plus près de l'origine des peuples. quand les rapports du roi ou du chef de clan avec ses sujets, avec ses hommes, sont empreints d'une autorité religieuse ou patriarcale qui lui donne un caractère intense et profond, tandis que ses rapports avec les autres petits États voisins sont ce qu'il y a de plus sauvage et de plus anarchique. Peu à peu, les contacts multipliés entre États et, dans chaque État, entre les citoyens qui le composent, tendent d'une part à dessiner, à préciser des garanties individuelles contre l'omnipotence de l'État, d'autre part, à étendre, à resserrer un réseau de droits et d'obligations réciproques d'État à État qui constitue le Droit international. Il n'en est pas moins vrai que la différence subsiste toujours très nette entre ces deux branches du Pouvoir. Par exemple, on voit facilement au cours du XVIIe siècle que le pouvoir de Louis XIV s'étend sans cesse sur ses sujets et aussi sur les peuples voisins, mais pas de la même façon. Sur ses sujets, son autorité n'est pas faite de crainte surtout, mais de respect, de fierté nationale, d'admiration : il s'accroît de la terreur même que Louis impose à ses ennemis. A l'extérieur, le pouvoir de Louis, ou, en termes plus propres, sa *puissance* est la force même de ses armes et l'ombre portée de cette force. Comme *ombre*, elle est quelque chose de moins brutal déjà mais d'immoral aussi. C'est ce qu'on appelle l'*influence*. « l'influence de la France en Syrie », « l'influence de l'Angleterre en Extrême-Orient », etc. Cette notion d'influence, qui complète celle de force militaire et en dérive, n'en dérive pas exclusivement. Il y entre de la sympathie, de l'admiration aussi, des souvenirs et des espérances mêlées, et non pas seulement de la crainte.

— Nous avons des inventaires de la Richesse publique, des Bourses qui nous donnent les variations numériques de ses sources diverses. Pouvons-nous espérer d'avoir un jour de bons inventaires du pouvoir
politique, des Bourses politiques ? Ce serait fort difficile, mais fort désirable. Si l'on pouvait, par de sûres
statistiques, mesurer approximativement la hausse ou
la baisse des quantités de pouvoir incarnées dans le
cabinet anglais ou dans la reine d'Angleterre, dans les
divers souverains ou ministres d'Europe, d'Amérique,
d'Asie, rien ne serait plus précieux pour les diplomates.
En apparence, ce serait aisé : en ce qui concerne le
pouvoir intérieur, compter les électeurs du parti gouvernemental en comparaison avec ceux des oppositions : ne pas oublier non plus le nombre des gendarmes en ce qui concerne le pouvoir intérieur,
compter les soldats, et aussi les milliards dont peut
disposer le crédit de l'Etat. Mais l'essentiel à savoir est
moins ces dénombrements que la quantité d'obéissance
et de courage contenue au cœur des soldats et le talent
de leurs chefs, la quantité de confiance, de dévouement et de fidélité inhérente au cœur des électeurs et
de toute la population. Et, si l'on essayait de mesurer
cela d'après des indices plus ou moins trompeurs, on
verrait la difficulté de comparer entre eux les résultats
numériques obtenus. Car les pouvoirs comparés seraient hétérogènes. Quoi de moins semblable au pouvoir patriarcal de l'empereur de Chine que celui du
président de la République des Etats-Unis ?

III

Après avoir répondu plus ou moins sommaire-
ment, dans ce qui précède, à deux questions connexes :
qu'est-ce que la vie politique ? qu'est-ce que le pouvoir?

il nous reste à dire un mot d'une troisième : qu'est-ce que l'Etat ?

L'Etat, en un sens étroit, c'est le pouvoir gouvernemental personnifié dans son chef, roi absolu ou président du conseil. Mais, d'autre part, que pourrait le gouvernement sans l'administration ? L'Etat, dans une acception plus large du mot, est donc le groupe des gouvernants et des administrateurs de tout grade, des fonctionnaires, dépositaires d'habitudes et de traditions séculairement formées et accrues, instrument nécessaire du pouvoir et sa condition d'existence. Mais, en outre, si le public, qui est la matière pétrie incessamment par les fonctionnaires, ne se prêtait pas à leur action, s'il n'était pas façonné à l'obéissance par un ensemble de coutumes et de mœurs, traditionnelles aussi, dont il est imprégné, les diverses administrations ne seraient-elles pas frappées d'impuissance ? Il s'ensuit que, à voir profondément les choses, l'Etat c'est la nation tout entière. Mais la légitimité du premier sens indiqué n'en subsiste pas moins. Car, au regard du gouvernant qui commande, la nation tout entière qui lui obéit, y compris son personnel administratif, est un simple moyen dont il se sert pour atteindre sa fin momentanée ; et cette distinction de la fin et du moyen a sa raison d'être, quelle que soit la nécessaire liaison des deux.

L'armée, surtout l'armée en guerre, est une sorte de colonie d'une espèce à part, un bourgeon détaché de la nation dans lequel celle-ci condense tout ce qu'elle a de sève et de vie juvénile et par lequel elle agit au dehors comme par sa vivante image. Dans ce microcosme national, donc, se reproduit en relief saisissant la grande société qu'il représente sous sa forme la plus active, la plus politique, par conséquent. C'est là qu'il conviendra d'étudier les rapports de l'*individu* et de l'*Etat*. Or, l'*Etat*, dans l'armée, ce n'est rien de bien

mystérieux, c'est tout simplement l'autorité du général
en chef. Tout le reste, les deux ou trois cent mille ou
les millions d'hommes qu'il met en mouvement à son
gré, qu'il envoie à la mort certaine pour le succès d'un
de ses plans, c'est l'*individu*.

Voyons donc ici ce que pèse le *droit individuel* contre
le *droit social*, pour parler comme M. Henry Michel,
qui a étudié à fond cette question dans son grand ouvrage sur l'*Idée de l'Etat* : voyons ce que pèse le droit
de ces millions d'hommes à vivre, à être libres, à jouir
de leurs libertés de pensée, de conscience, de presse,
de réunion, d'association, condition supposée et *sine
quâ non* de leur personnalité autonome, ce que pèse et
vaut tout cela quand tout cela s'oppose au droit qui
appartient au général en chef de faire servir toutes ces
personnalités, toutes ces *fins en soi*, dirait Kant, comme
de simples instruments passifs et sacrifiés de sa volonté
propre. Ici le droit individuel, qui est précisément celui d'une collectivité, s'annule, s'évanouit devant le
droit social, qui est remis aux mains d'un seul individu ; car, remarquons-le, ce n'est point du tout le
triomphe de la force sur la faiblesse. Au contraire ; où
est la force, si ce n'est du côté des millions d'hommes?
où est la faiblesse, si ce n'est du côté du général? Toute
la force de ce dernier lui vient de ce que les individus,
propriétaires de droits qu'on nous dit sacrés et consti-
tutifs de leur personne, cessent d'y croire et ne croient
qu'au sien, hostile aux leurs, au moment de la bataille,
et non seulement à ce moment, mais dans tout l'exercice de la vie militaire, en vue de la guerre éven-
tuelle.

Mais ce qui est vrai de la guerre extérieure, où éclate
avec tant d'évidence l'écrasante supériorité de l'Etat
sur l'individu, l'est aussi, *au degré près*, de cette guerre
intérieure, sourde et permanente, qui est la vie politique des partis, en temps dit de paix. Dans chaque

parti, le chef, le meneur, et, dans le parti au pouvoir,
le président du conseil des ministres, ou, si l'on veut,
le groupe des ministres, voilà l'État. Car, remarquons-
le, l'État n'est presque jamais unifié, il est presque toujours multiple, comme le *moi*, presque toujours en
proie à des rébellions internes, à des dissidences qui
tendent à fractionner la nation en deux ou plusieurs
morceaux. — Or, dans les moments où la vie politique
s'exalte, se soulève, aux dépens de la vie économique,
intellectuelle et artistique, qui va se resserrant, les libertés de l'individu subissent des mutilations presque
aussi fortes que sur les champs de bataille : on proclame l'état de siège, plus de journaux, plus de réunions, les cafés fermés, la parole étouffée, toute dissi-
dence expulsée ou comprimée par la violence. Et
personne ne proteste, même, souvent, en son for intérieur : on sent ou l'on croit que cela est nécessaire.

C'est donc seulement aux époques où les conflits intérieurs, aussi bien qu'externes, s'apaisent, où la vie
politique languit devant la vie privée prospère et exu-
bérante, où nul danger ne menace ni la nation ni le
parti triomphant, que, dans les limites tracées par la
réglementation juridique émanée de ce parti, réalisation de son programme, les libertés des individus tendent à se déployer et s'affirment avec une conviction
croissante. Mais alors, aussi, elles ne tardent pas à se
heurter douloureusement contre ces limites dont je
parle, à les battre de flots révoltés : nouvelle lutte interne qui commence, appelant de nouveaux excès de
vie politique, essentiellement tyrannisants.

On peut, maintenant, se poser la question de savoir
si, dans les intervalles des guerres et des luttes intérieures les plus vives, l'État ne saurait faire un meilleur usage de sa liberté à lui, c'est-à-dire de son
autorité, que de tendre à accroître de plus en plus
celles des citoyens, — qui se développent nécessaire-

ment aux dépens de la sienne, — alors même qu'il verrait les citoyens faire de leurs libertés un emploi nui-
sible à eux-mêmes et aux autres. Est-ce que le devoir
de l'Etat n'est pas plutôt de ne viser ainsi à se rendre
impuissant que dans la mesure où il voit qu'il devient
inutile, c'est-à-dire où il voit s'orienter d'elle-même la
conduite des citoyens vers des buts jugés louables? En
définitive, c'est la *direction de la conduite* soit collective, soit individuelle qu'il importe de considérer.

II

SOURCES DU POUVOIR

Après ces préliminaires, attachons-nous à rechercher les sources du Pouvoir, à remonter aux causes de sa production ou plutôt de sa reproduction incessante. Car ne faut-il pas qu'il se reproduise sans cesse pour que, étant sans cesse miné et détruit, il subsiste toujours? Le pouvoir s'use, se consomme incessamment, comme la richesse, et si, malgré son usure rapide, il se conserve comme elle ou a l'air de se conserver, c'est que cette conservation apparente recouvre un renouvellement continu.

Ne confondons pas les *sources* et les *canaux* du Pouvoir. C'est une erreur de croire que l'élection populaire en soit une source, et, à plus forte, la source unique, elle n'en est qu'un canal. Pourquoi élit-on un homme? Voilà le *hic*. On l'élit à raison d'une supériorité qu'on croit reconnaître en lui, d'un prestige qui rayonne autour de lui. Ces prestiges sont multiples : vieillesse, force corporelle, richesse, *chance*, *origine étrangère* (podestats), éloquence, *demi-folie* (Rienzi, Masaniello), courage, noblesse du sang réputé divin, etc. Pourquoi tel prestige est-il plus fascinateur à telle époque et tel autre à telle autre?

L'élection, d'ailleurs, n'est pas le seul ni le plus sûr canal du pouvoir. Il y a d'autres modes de transmission : la nomination royale, l'achat des offices, les cérémonies de l'ordination, l'hérédité, etc. Si absurde que soit un mode, pourvu qu'il soit consacré par l'usage, il est efficace. On n'admire pas assez la facilité avec laquelle les hommes se soumettent à l'autorité officielle qui leur est désignée de la sorte. On ne remarque pas l'étrangeté de ce fait quotidien : un tel, inconnu la veille, devenu détenteur d'une autorité indiscutée parce qu'il a paru un décret le nommant conseiller à la Cour, préfet, général. L'électrisation par le contact n'est pas plus surprenante que cette investiture de l'autorité moyennant certaines formes traditionnelles. Le pouvoir ne s'échange pas, comme la richesse, mais, comme elle, il circule et se transmet par la vertu de certaines délégations rituelles. On dirait qu'il y a un besoin général de subordination et d'obéissance qui cherche à se satisfaire et se précipite vers le premier venu désigné comme maître, pourvu que ce soit conformément à l'usage, encore une fois, car alors chacun obéit parce qu'il voit les autres obéir ou parce qu'il sait que les autres vont obéir.

Mais quelles sont les sources de ce besoin d'obéissance ? Il y a une différence qu'on ne supprimera pas : c'est celle des forts et des faibles. Tant qu'elle subsistera, elle aura pour conséquence, en vertu de la sympathie humaine, le désir et le plaisir de protéger et de diriger, le désir et le plaisir d'être protégé et dirigé. Le rêve de l'anarchie est un rêve de forts — ou se croyant tels. Il n'y a pas à espérer que ce besoin et ce goût de protection et de direction aillent en diminuant : ils ne peuvent que grandir à mesure que s'accroît le nombre des intérêts à protéger, le nombre ou l'importance des entreprises à diriger[1]. On peut se demander pourtant

---

1. Ajoutons : à mesure que le tempérament des civilisés devient plus nerveux. Dans *Névroses et Idées fixes*, M. Pierre Janet parle des personnes affligées de la *maladie du doute*, à qui une affirmation ou un commandement énergique rend le calme et la paix, car elles ont un besoin absolu de direction et de domination.

si, sans la famille, le besoin de protection et de direction, quoique très réel, eût été senti avec une force
suffisante pour donner naissance à des habitudes de
discipline et de respect sans lesquelles il n'y a pas de
pouvoir possible.

On a beaucoup dit — c'était un beau thème à développements oratoires — qu'il n'y a rien de plus enivrant
que de se sentir libre, affranchi de toute soumission à
autrui, de toute obligation envers autrui. Et, certes, je
suis loin de nier ce sentiment très noble, mais je le
crois infiniment moins répandu qu'exprimé. La vérité
est que, pour la plupart des hommes, il y a une douceur irrésistible inhérente à l'obéissance, à la crédulité,
à la complaisance quasi-amoureuse à l'égard d'un
maître admiré. C'est au fond ce que disait mon com-
patriote La Boëtie dans sa *Servitude volontaire*. Ce
qu'étaient les *défenseurs* des cités gallo-romaines après
la chute de l'Empire, les *sauveurs* de nos sociétés démocratiques et révolutionnaires le sont à présent, c'est-à-
dire l'objet d'une enthousiaste idolâtrie, d'un agenouil-
lement passionné [1].

Eh bien, n'est-ce pas dans la famille d'abord que
l'habitude d'être protégé et dirigé a été contractée, que
l'homme a appris à connaître et à goûter ce rapport
primitif de protecteur à protégé, antérieur même à celui
de gouvernant à souverain, car, avant de pouvoir exécuter un ordre, le petit a besoin d'être défendu ? Par cette
protection, l'animal, puis l'homme, prend possession
des *siens*, de ceux qui reflètent sa personne, qui la multiplient soit par l'hérédité, soit surtout par l'exemple.

1. Les domaines ecclésiastiques, les monastères devaient, au moyen
âge, recourir à la *protection* d'un seigneur laïque qu'on appelait leur
avoué et qui était le plus souvent leur tyran, mais aussi adoré qu'abhorré.
Toutes les chroniques monastiques sont pleines de récriminations contre
les exactions de ces singuliers protecteurs. Et, cependant, jamais les
moines n'ont pu se passer d'eux. (Voir Flach, *Les Origines de l'ancienne France.*)

Comment expliquer la coexistence, chez les sauvages
et les barbares, de ces deux prestiges, le prestige de la
vieillesse et le prestige de la force ? La vieillesse n'est-ce
pas la faiblesse ? Mais l'origine familiale de l'autorité
sauve la contradiction, les parents étant à la fois plus
âgés et plus vigoureux que les enfants. Comment concilier en outre avec le prestige de la vieillesse celui de
l'hérédité noble, quand au vieux père mort succède le
fils jeune et déjà respecté ? Encore par l'origine domestique de l'autorité : dans la famille seule s'acquiert le
sentiment profond de la réversibilité héréditaire des
qualités, des aptitudes, des droits, du caractère divin
propre à certains ancêtres. Aussi Spencer remarque-t-il
fort justement que « l'obéissance aux parents prépare à
l'obéissance aux chefs » et que « les tribus indociles
aux chefs, anarchiques, sont sans soumission aux
parents », tandis que les races supérieures, disciplinées,
sont, à l'inverse, patriarcales. D'ailleurs, le grand évolutionniste anglais ne s'aperçoit pas qu'il contredit ainsi
ce qu'il a dit d'autre part sur l'origine toute militaire du
pouvoir. Le respect, crainte aimée ou amour tremblant,
ne pouvait naître que dans la famille, j'entends dans la
famille sociale.

C'est aussi dans la famille seulement qu'a pu être
appris le plaisir spécial et très fort attaché à la protection exercée ou reçue et, par suite, à la possession active
ou passive. C'est une joie vive pour la femme d'être
maîtrisée et protégée en même temps par l'homme ;
c'est une joie différente mais non moins profonde pour
l'enfant d'être dominé par des parents. De là dérive
l'espèce de bonheur aussi, pour le vassal, de se sentir
lié à son suzerain, et, pour le fidèle d'une religion, de
s'abriter sous la tutelle sacerdotale. Il est curieux de
voir les mêmes hommes, les peuples naissants, les peuples enfants, sauvages ou civilisés, ressentir avec une
force égale le plaisir d'entreprendre et la volupté d'obéir,

l'amour du risque et le besoin de sécurité. Chose remarquable, le pays du monde où l'esprit d'entreprises chan-
ceuses est le plus développé, les Etats-Unis, est aussi
celui où se développent le plus les compagnies d'assu-
rances. Et cela, au fond, n'a rien de surprenant, car
l'amour du risque n'est en somme que l'espérance du
succès, la confiance en soi, qui est une sécurité aussi,
une sécurité émouvante et périlleuse.

Mais qu'est-ce que la famille, dans le sens social du
mot? Ce n'est pas seulement le lien du sang et ce n'est
pas tout le lien du sang. C'est le groupe d'associés naturels, femmes, enfants, enfants adoptifs, esclaves, tenus
dans la main du père-maître et cohabitant ou collabo-
rant ensemble à la chasse, à la pêche, à l'art pastoral,
au défrichement, à la guerre. Dans la famille animale
on ne connaît ni les ancêtres morts, ni la postérité
encore à naître. Dans la famille sociale, l'instinct protecteur du père ou de la mère sur les enfants s'est réfléchi et développé par calcul : le lien du sang n'a servi
qu'à suggérer au père l'idée de protéger pour dominer
et de se faire plus tard de ses enfants adultes un appui,
une force auxiliaire. De même, l'idée lui est naturellement
venue d'utiliser (par le culte domestique) ses parents
morts. Le même besoin de dominer et de se faire servir,
qui a suggéré l'idée de l'esclavage et de la domestication
des animaux, autres formes de la protection intéressée,
a produit à la fois le culte pieux des ancêtres et l'éducation autoritaire des enfants. Pour lutter contre l'hostilité
de la nature ambiante, terrible, féroce, énigmatique, ce
groupe a dû se serrer très fort, morts et vivants pelo-
tonnés ensemble.

Le caractère extérieur auquel on reconnaît la famille
sociale, c'est essentiellement, non la consanguinité,
mais ce double fait : le fait d'avoir mangé ensemble un
gibier tué ensemble, un poisson pris ensemble, un animal domestique élevé ensemble, et le fait d'avoir un

culte commun pour un même ancêtre [1]. Souvenons-
nous de ces deux traits, car ils nous expliquent pourquoi
les castes, les corporations, les cités antiques, etc., attachent tant d'importance au *commensalisme*, aux banquets
fraternels ou confraternels et périodiques, et à l'accom-
plissement des *rites funéraires*. Entre confrères, on se doit
de fraterniser à table de temps en temps, à certains
anniversaires, pour peu que la secte soit étroite, et de
figurer aux obsèques de ses membres. En Algérie, deux
tribus ne sont fusionnées en cités dans l'Aurès que du
jour où elles ont accompli ensemble le banquet funèbre
à la fête des morts dans leurs cimetières musulmans.
Tout cela serait difficile à comprendre si l'on ne se
reportait aux débuts domestiques de ces groupes non
familiaux, mais qui ont dû copier les usages de la famille
pour se constituer en sociétés plus vastes.

Du reste, nous ne trouvons pas partout à l'origine la
famille sociale ainsi constituée. Ici comme sous ses
autres aspects, le monde social nous offre la multiformité des points de départ de l'évolution. Il y a des tribus où les enfants sont lâchés de bonne heure, d'autres
où la mère seule les protège et en est aimée et respectée.
Même dans les races supérieures, la famille patriarcale
est très dissemblable, tantôt démocratiquement, tantôt
despotiquement régie, avec plus ou moins de théocratie
paternelle. Il est vraisemblable que, avant l'invention
des sépultures, le culte des morts, dont les cadavres
restaient exposés aux dents des bêtes, a dû être empêché
de naître ou rester embryonnaire. Aussi n'en trouve-t-

[1]. Fustel de Coulanges a eu le tort de n'insister que sur le second de
ces faits et de vouloir y ramener le premier, en ne voyant qu'un rite
religieux dans les repas publics, qui seraient nés des banquets funèbres.
Dans les études de Lyall sur l'Extrême-Orient, on trouve une interprétation bien autrement acceptable du commensalisme. A mon avis, il faut
donner à l'habitude de ces repas corporatifs une origine économique avant
tout. Quand on a tué ensemble un gibier, rien de plus naturel que de le
manger ensemble ..

on nulle trace dans l'âge paléolithique (silex taillé).
Avec leurs instruments grossiers il était mal aisé aux
troglodytes de creuser des fosses. L'idée d'ensevelir les
morts, dès qu'elle a été réalisable, et, plus tard, celle
de l'embaumement, ont dû contribuer beaucoup à préciser, à développer la religion domestique, grâce surtout
à une autre invention, celle du feu — le feu du foyer —
et à provoquer des croyances superstitieuses relatives
aux pérégrinations souterraines ou infernales du *double*
des morts ou à leurs pouvoirs mystérieux. Quoi qu'il en
soit, il est remarquable que, sous des formes distinctes,
une religion funéraire et domestique très forte a régné
en Égypte, en Grèce, à Rome, en Arabie, en Chine,
chez les Aztèques, etc., et que, partout où elle a été pra-
tiquée, une autorité très forte a pris naissance. Chez les
Germains, où le culte ancestral paraît avoir eu moins
d'importance, où la famille a été moins fortement organisée, le pouvoir politique est resté faible.

Entendons-nous bien sur cette dérivation familiale
du pouvoir. On a dit, au contraire, que la cité, pour
se former, doit se fonder sur des principes diamétralement opposés à ceux de la famille. Et il y a ceci de
vrai que la famille ou plutôt l'agglomération de familles,
la tribu, doit *s'ouvrir*, de close qu'elle était, pour se
fusionner avec d'autres familles simples ou complexes
en une même cité, qui devra, close aussi d'abord, s'ouvrir aussi, à d'autres époques, pour se fusionner avec
d'autres cités en un même grand État. Or, pour s'ouvrir, la famille doit renoncer à son esprit d'exclusion,
cesser de regarder l'étranger comme un impur dont le
contact la souille ; elle doit accueillir, à côté et au-dessus
des dieux domestiques, un dieu ou des dieux urbains...
Mais il n'en est pas moins vrai que, en se constituant,
la cité commence par prendre modèle sur la famille[1]

---

1. Dans l *Année sociologique* (première année), publiée par M. Dur-

et que l'esprit urbain, quoique en apparence le contraire
de l'esprit domestique ou de l'esprit de clan, en provient.

Demandons-nous aussi pour quelle cause familles et
cités s'ouvrent de la sorte, à la longue. Est-ce simplement par suite d'un danger commun à repousser,
ou des avantages de l'association? Non, car c'est au
début surtout que ce danger est grand, que ces avantages seraient précieux, et on ne les sent pas alors. On
n'arrive à les sentir que lorsque, peu à peu, l'imitation
des familles ou des cités voisines a suffisamment agi.
Mais c'est dans le sein de la famille que ces hommes ont
pris l'habitude d'imiter; et c'est là aussi qu'ils ont
appris à se soumettre à un chef, sans quoi la formation
de la cité, puis de plus grandes formes de l'Etat, serait
impossible. — On voit que les mêmes principes, la
tendance de l'imitation à un rayonnement indéfini et
la stimulation réciproque entre l'imitation et la sympathie, font comprendre pourquoi les hommes s'emmu-
rent d'abord dans la famille, puis en sortent. Il leur
est aussi essentiel d'en sortir que de s'y enfermer,
comme il leur est aussi essentiel de sortir ensuite de la
cité, de la nation même, que de s'y enfermer.

Ce qui nous dissimule à présent, à nous civilisés, la
formation familiale des cités, ce sont des faits tels que
la fondation des villes américaines de nos jours, sur un
plan géométrique, ou bien celle des *bastides*, des *villes
neuves*, des *villes franches*, des *refuges* du moyen âge.
Mais ce sont là les produits d'une longue évolution.
Les villes se forment de mille manières, comme nous
le verrons plus loin. En généralisant beaucoup, nous
pouvons déjà distinguer 1° leurs formations spontanées,
2° leurs formations coloniales. Celles-ci ne sont possibles

kheim, M. Gaston Richard a contesté que le feu des vestales dérivât du
feu du foyer; mais il ne me semble pas avoir ébranlé sur ce point les arguments érudits de la *Cité antique*.

que parce que celles-là les ont précédées. Pour que,
d'une ville ou de plusieurs villes, se détachent des rameaux qui vont se planter en terre étrangère et fleurir
en cité nouvelle, il faut d'abord que la ou les métro-
poles aient pris naissance spontanément. Or, c'est tantôt par agglutination directe de clans ou de tribus, de
phratries, de dèmes, de dérivés de la famille, que les
villes se fondent, quand ce n'est point par voie de colonisation intérieure[1] ou extérieure; tantôt par fusion
de bandes d'abord errantes qui se fixent et s'enracinent
en se fusionnant. Ces bandes, même les plus criminelles, *fraternisent*, copient la famille; et, à mesure que
la cité germe, apparaissent les corporations. Les corporations sont des familles partielles et artificielles, des
familles interfamiliales, qui développent exclusivement un côté spécial des familles d'où elles procèdent:
corporations *religieuses, professionelles, militaires*. Le
pouvoir paternel, quand le pouvoir clérical, patronal,
militaire, se déploie à côté de lui, se trouve affaibli
d'autant; mais, sans lui, rien de cela ne serait. Supposez que, même de nos jours, où il est en rivalité
avec tant d'autres autorités, le pouvoir paternel ne
soit plus respecté; avant peu, quand les nouvelles
générations deviendraient adultes, le pouvoir politique
ne subsisterait que dénaturé à fond. Les hommes res-
teraient bien capables encore d'admiration et de
crainte d'une part, — d'autre part, d'ambition et d'orgueil, — mais ni de respect ni d'autorité tutélaire.

Quoi qu'il en soit, si la famille est toujours la source-
mère, elle cesse d'être, et de plus en plus, la seule source
de l'autorité. Il faut citer encore l'*église*, l'*école*, l'*atelier*,
le *régiment*, qui ont déployé séparément les germes
confusément éclos et indistincts dans la famille primi-

---

1. *Intérieure*, quand il s'agit de villes nouvelles fondées sur le territoire même de l'État, comme tant de villes du moyen âge.

tive. Le pouvoir politique peut naître, soit par délégation, soit par usurpation, en tout cas à l'image et sur le modèle, ou de la puissance paternelle, ou de la puissance sacerdotale, ou de la puissance patronale, ou de la puissance militaire. Il peut s'alimenter aussi et se fortifier d'autres prestiges, qui, sous ces puissances précises et reconnues, étendent et ramifient les racines de leurs influences enchevêtrées : la *richesse*, la *noblesse*, la *chance*, la victoire, le pouvoir surnaturel, le génie scientifique ou industriel, le génie artistique, littéraire, oratoire, la politesse urbaine, etc.

Le pouvoir diffère étrangement en étendue, en profondeur et en couleur suivant la nature de la source principale qui le reproduit incessamment. Le caractère de l'obéissance ne diffère pas moins que le caractère du commandement[1]. Un pouvoir né surtout de l'autorité paternelle et du prestige de la tradition agricole et rurale, comme celui de l'empereur de Chine, est autrement étendu et profond, autrement autorisé à réglementer la vie privée que le pouvoir électif d'un président des Etats-Unis, d'origine industrielle, ou même d'un Napoléon, tout militaire, ou le pouvoir héréditaire même, mais tout militaire aussi à l'origine, d'un empereur allemand de nos jours. L'empereur chinois, à une époque assez récente encore, rendait des décrets de promotion, par lesquels les âmes des ancêtres de ses sujets étaient élevées en grade dans la hiérarchie des êtres divins ou demi-divins. Mais, en revanche, ce « père et mère » de ses sujets ne pourrait pas les lever en masse et les mobiliser en un jour comme le pourrait l'empereur Guillaume. Il lui serait même plus mal aisé qu'à un président des Etats-Unis d'opérer une révolution économique par un décret de protectionnisme ou de libre-échange.

1. Il en est de même de la richesse, qui diffère profondément suivant qu'elle est due à la fabrication domestique ou à la grande industrie, à un atelier rural ou urbain.

Si le *hiao*, le sentiment de la *piété filiale*, sur lequel
repose l'autorité du Fils du Ciel, venait à disparaître
du cœur des Chinois, l'Empire du Milieu serait réduit
en poudre. Dans la même hypothèse, l'empire des
tzars s'évanouirait aussi.

Le pouvoir peut être héréditaire ou électif. Mais, héréditaire, il a commencé par être individuel, et les causes
qui l'ont suscité sont nombreuses, nous le savons :
non seulement l'élection, mais la prise de possession
directe par la gloire ou la violence, par la reconnaissance
publique ou la terreur générale : différence initiale qui,
si elle ne tarde pas à s'atténuer quand le pouvoir s'est
consolidé par l'hérédité, ne laisse pas de se faire sentir
toujours. D'autre part, quand le pouvoir est resté électif, il faut bien distinguer si ses électeurs sont des pères
de familles agissant comme tels et déléguant à l'élu
leur *patria potestas*, ou s'ils sont des seigneurs féodaux,
lui transmettant leur suzeraineté féodale contractuelle
et spécifiée, ou s'ils sont des individus majeurs et
supposés égaux, ne pouvant déléguer que l'autorité
qu'ils ont sur eux-mêmes puisqu'ils sont censés n'en
pas avoir d'autres. Et à ces sources réelles il faut ajouter
ou superposer les sources mystiques et sacrées, celles
qui résultent de l'élection supposée du chef, roi, empereur, tzar, pape, par une volonté divine. Dans le pouvoir des papes, au moyen âge, on distingue nettement
les deux origines différentes de leur pouvoir politique.
— je ne dis pas de leur pouvoir proprement religieux
que je laisse à part. Ce pouvoir de domination terrestre
procède d'abord, ou est censé procéder, des pouvoirs
vagues d'ailleurs et indéterminés, mais d'autant plus
redoutables, conférés à saint Pierre par Jésus, puis par
saint Pierre à ses successeurs inspirés par le Saint-Esprit ; et, en ce sens, il s'étend sur toute la chrétienté.
Il procède, en second lieu, en ce qui concerne le domaine dit de saint Pierre, de la donation faite par Char-

lemagne. Eh bien, la distinction de ces deux grandes branches du pouvoir politique des papes a été si bien sentie que l'une s'est affaiblie à mesure que l'autre s'est fortifiée. Au moyen âge, le pape, pendant qu'il faisait reconnaître jusqu'à l'extrémité du monde chrétien son droit de détrôner ou d'introniser les rois, de délier les sujets du serment d'obéissance, ne jouissait que d'une autorité des plus précaires sur les États-Romains ; il était souvent chassé de Rome par les rébellions de ses sujets. A la Renaissance, au contraire, sa puissance étendue et supérieure se retire pendant que sa puissance étroite et inférieure se consolide : il devient prince italien d'autant mieux obéi que, comme primat politique de l'Europe chrétienne, il perd chaque jour de sa force et de son influence.

Ce que je dis du pouvoir politique, il faut le dire aussi bien de la législation. La vertu impérative de la Loi varie d'après sa source : elle est bien loin d'avoir partout la même profondeur et la même étendue d'action.

III

L'INVENTION ET LE POUVOIR

Résumons-nous. Le Pouvoir est en quelque sorte un
bassin entretenu, malgré ses déperditions, par des
sources cachées, toujours coulantes : famille, atelier,
école, église, régiment. Et la nature du Pouvoir diffère
d'après celle de ces sources qui prédomine. Ces sources,
au début, se confondent toutes dans la famille, qui est
à la fois atelier, église, école, régiment, État. Une
partie de l'autorité paternelle passe, en s'amplifiant, au
prêtre, à l'instituteur, au patron, au capitaine, au
ministre, au journaliste même. Ce sont là des rejetons
du pouvoir paternel, devenus *tiges* à leur tour.

Mais pourquoi, si nous entrons dans le détail des
faits, l'autorité s'est-elle déplacée, à telle époque et en tel
pays, dans tel sens et non dans tels ou tels autres comme
ailleurs? Pourquoi l'autorité du père de famille passe-
t-elle ici à des chefs militaires, là à des rois pacifiques
et agriculteurs, autre part à des collèges de prêtres?
Pourquoi aux prêtres de telle religion et non de telle
autre, à telle dynastie plutôt qu'à telle autre, à tel capitaine plutôt qu'à tels autres? Et d'abord, pourquoi est-
ce au sein de la famille qu'est née et a dû naître la
première notion vivante du pouvoir? Ma réponse sera
d'abord que les hommes, dès leur plus tendre enfance,
tendent à se soumettre toujours à celui qu'ils *croient*

le plus apte à protéger les biens qu'ils *désirent* le plus
garder, à les diriger vers les biens qu'ils désirent le
plus acquérir. Personne, mieux que le père et la mère,
ne peut s'offrir à l'enfant comme protecteur et comme
guide ; de là l'obéissance filiale, la naissance du pouvoir dans la famille. Une fois né là, il en sort pour une
raison identique, et le sens de chacun de ses déplacements est déterminé de la même manière que son
premier jaillissement. L'explication de ses transformations est la même que celle de sa première formation.
A chaque modification, en effet, que subissent les désirs
généraux à diriger ou à protéger, ou les croyances générales en une aptitude tutélaire ou directrice, l'autorité
change. Or, qu'est-ce qui modifie les désirs et les
croyances, si ce n'est les inventions et les découvertes,
les besoins suggérés, ou les idées suggérées, par l'exemple contagieux d'hommes novateurs et influents?

Il s'ensuit que plus, dans un groupe social, il y aura
d'innovations, soit nées dans ce groupe même spontanément, ce qui est assez rare, soit importées de l'étranger, ce qui est plus fréquent, et importées militairement, ou commercialement, ou religieusement, n'importe comment, plus il y aura de changements du
Pouvoir, d'agitation politique. Nous voyons par là l'insuffisance des théories qui ont attribué le progrès des
peuples à leur seul contact belliqueux (Gumplowicz),
ou à leur seul contact commercial, ou à leurs seules
communications religieuses, ou même (Gobineau) au
plus ou moins d'inventivité de leur propre race sans
tenir compte des importations et des ensemencements
d'idées étrangères. Il suffit, pour que le progrès soit
possible partout, que des novateurs soient spontanément
éclos quelque part.

Mais ceux-ci, comment ont-ils innové? En rompant
pour quelques instants le charme de l'imitation ambiante,
et se mettant face à face avec la nature, avec le dehors

universel, représenté, réfléchi, élaboré en mythes ou en
connaissances, en rites ou en procédés industriels.
C'est une erreur de croire que les primitifs ne regardent
pas la nature : bien plus que pour nous, elle est trou-
blante et magique pour eux. Animaux énigmatiques,
plantes stupéfiantes, soleil, ciel : toujours apparaît, à
travers la *minceur* transparente du peu qu'on sait, l'inconnu immense. Le grand problème alors, posé par les
rapports de l'homme avec la nature, est de se nourrir
par elle et de se garantir contre elle. La part du risque
et de la chance, dans la vie du chasseur ou du pêcheur
primitif, est bien plus grande que dans notre vie à nous,
et le hasard est frère du merveilleux. Aussi voyons-
nous que, bien longtemps avant d'avoir peuplé l'univers d'esprits d'ancêtres, réputés protecteurs, les
hommes enfants s'étaient donné pour protecteurs quasi-
divins des animaux ou même des plantes. De là la
totem, qui dénote la préoccupation habituelle de la
pensée *extériorisée*.

La nature de la faune ou de la flore, du climat ou du
sol influe sur l'organisation de la famille et de la peuplade, en tant qu'elle suggère telles ou telles idées, tels
ou tels actes. Suivant la nature de l'animal particulièrement dangereux ou particulièrement utile, ou plutôt
réputé tel — lion, crocodile, serpent, âne, éléphant,
lama, gibier de poil ou de plume, poissons de côtes ou
de rivière — les talents et les aptitudes physiques re-
quises pour exterminer ou capturer cet animal diffèrent
beaucoup et désignent tel ou tel individu à la confiance, à l'obéissance de ses concitoyens. Car la légende
s'empare aussitôt de ce talent et le grossit. Ajoutez le
mystère dont s'entourent à l'origine les moindres re-
cettes utiles, remèdes, poisons, les moindres inventions
transmises de père en fils, comme les rites du culte,
comme des secrets d'État. Tel charmeur de serpents
devient sorcier. On lui prête non seulement le pouvoir

qu'il a d'apprivoiser les vipères, mais celui de faire pleu-
voir à volonté ou de changer les hommes en loups.

Distinguons les découvertes réelles et les découvertes
imaginaires, les inventions réelles et les inventions imaginaires. Qu'il y ait eu, dès les plus hauts temps, des
découvertes réelles, les langues, la première création
humaine, en sont la preuve. Chaque nom commun,
chaque verbe, exprime une petite généralisation, une
découverte vraie. Mais, en même temps, la mythologie,
née avec les langues, est un ensemble de découvertes
imaginaires. L'imaginaire et le réel, ici, découlent de la
même tendance innée à se projeter soi-même au dehors. La phrase, la proposition verbale, consiste, en
toutes langues, à regarder la *chose nommée* comme une
personne qui agit ou pâtit. L'animisme, première et
universelle forme de la religion, consiste à voir une
âme cachée dans toute chose frappante. — Qu'il y ait
eu, dès les époques les plus reculées, des inventions
réelles, rien de plus manifeste aussi : le fer, l'arc, les
poisons des sauvages, la poterie, l'apprivoisement du
chien, ne laissent pas de doute à cet égard. Et des inventions imaginaires : culte du foyer, sacrifices aux
morts, pratiques de sorcellerie, divination. Le tout
pêle-mêle, confondu.

Quiconque, par suite d'une croyance vraie ou fausse,
d'une découverte réelle ou imaginaire propagée dans son
public, parvient à s'approprier le monopole d'une de ces
inventions réelles ou imaginaires, dispose d'un pouvoir
spécial qui l'impose aux autres hommes. Et son pouvoir subsiste jusqu'à ce que la croyance dont il bénéficie se déplace ou que quelqu'autre invention jugée
préférable vienne supplanter celle qu'il monopolise.
Remontons aux sociétés tellement éblouies par le prestige du monde naturel qu'elles sont fières d'obéir à une
dynastie qui se vante d'avoir pour ancêtre éponyme,
pour protecteur divin, un animal, un végétal même,

ou un astre, souvent un minuscule et ridicule animal
tel que le rat, ou la moins brillante des étoiles. Il est
clair que chaque observation faite, par un observateur
clairvoyant, sur la régularité invariable des instincts, des
mœurs de cette espèce animale, sur la régularité invariable des mouvements de cet astre, qui semble comme
asservi à tourner quelque meule céleste — on nous a
rapporté les réflexions sceptiques d'un Inca méditatif à
ce sujet — tend à ébranler, et peu à peu à détruire la
foi admirative et superstitieuse en la puissance de cet
ancêtre supposé, et, par suite, l'autorité divine de la
dynastie qui fonde sur ce prestige son droit au respect.

C'est non la force réelle mais la force supposée d'un
homme, père, prêtre, capitaine, roi, qui fait son pouvoir. Et cette force supposée tient à un préjugé accrédité qu'un préjugé nouveau vient combattre. Quand on
croit que la malédiction paternelle fait mourir, que la
colère du patriarche de Constantinople — comme le
croyaient les Grecs byzantins, d'après Ranke — empêche
les cadavres de se décomposer et les rend impropres
à la résurrection future, que tel sorcier peut faire tomber la lune du ciel, etc., il est certain que le progrès
et la vulgarisation des connaissances physiques ou
physiologiques doivent singulièrement affaiblir l'autorité de ce patriarche, de ce sorcier, du père même. De
là non pas surtout un affaiblissement, mais un dé-
placement de pouvoir. Car le besoin de crédulité et de
docilité qui était auparavant satisfait par le pouvoir
paternel, sacerdotal ou autre, ne disparaît pas pour s'être
détourné d'eux ; il cherche ailleurs à se satisfaire, il se
tourne vers le confesseur de la nouvelle foi qui a détruit
l'ancienne, vers d'autres dépositaires de l'autorité.

Dans une société où pénètrent de nouvelles idées et
de nouveaux besoins, à la suite d'innovations imitées,
il arrive inévitablement que beaucoup de prestiges sont
ébranlés ou démolis : celui du vieillard, du chef de clan,

du noble de race, du riche propriétaire, etc. Mais les
habitudes d'obéissance, de confiance, de respect, que
ces prestiges ont fait naître, leur survivent comme
nous venons de le voir, et se reportent sur un autre
objet. C'est ainsi que, par exemple, vers la fin du
moyen âge, quand les divers fiefs ont été mis en communication plus facile et que le résultat de cette comparaison a été défavorable au seigneur local, éclipsé par
l'éclat du roi, naguère seigneur comme un autre, les
populations ont laissé leur docilité habituelle aller naturellement vers le représentant de l'autorité royale ; et,
peu à peu, s'est formé ainsi, comme un fleuve par la
convergence d'innombrables ruisseaux, l'absolutisme
d'un Louis XIV. — Il n'est pas même nécessaire que
les besoins nouveaux impliquent la négation des besoins
anciens pour que leur opposition affaiblisse les pouvoirs nés de ceux-ci. En effet, une société, comme une
personne, ne dispose, à un moment donné, que d'une
certaine quantité d'obéissance et de confiance, qui se
répartit entre les divers pouvoirs auxquels on se sou-
met. Si l'on vient à se montrer docile à un nouveau
pouvoir, ce ne peut être qu'au détriment des autres.
Par exemple, les protestants du xvi⁰ siècle et les jansé-
nistes du xvii⁰, à mesure qu'ils s'humiliaient davantage
devant Dieu, se montraient plus fiers et plus roides
devant les pouvoirs civils et politiques.

En somme, le changement des idées, résultant de la
série des découvertes, et le changement des intérêts,
résultant de la série des inventions, ont le double effet
de *transformer* la nature de l'autorité en chacune de ses
catégories, et de la *déplacer*. Ils la transforment : suivant que le père a été envisagé surtout comme un guerrier possesseur d'armes invincibles, ou comme un sacri-
ficateur disposant de secrets magiques, ou comme un
chef d'industrie possédant des secrets de fabrication, ou

comme un vieillard doué d'une sagesse supérieure, ou comme un simple tuteur légal et un banquier donné par la nature, son autorité a beaucoup changé de nature, plus ou moins mélangée de crainte ou d'amour, de superstition ou de tendresse. On en peut dire autant de l'autorité du prêtre, ou de celle du roi. Quant aux déplacements du pouvoir, ils accompagnent d'habitude ses transformations, mais peuvent s'opérer sans elles.

Y a-t-il un sens, une direction générale et irréversible, à cette suite de transformations? Y a-t-il un sens, une direction générale et irréversible, à cette suite de déplacements?

Oui, dans la mesure où il y a un enchaînement logique des découvertes et des inventions. Et nous n'en douterons pas si nous jetons un coup d'œil d'ensemble, d'une part, sur le progrès des connaissances, d'autre part, sur les grands groupes d'inventions solidarisées qui ont formé successivement l'art de la pêche et de la chasse, l'art pastoral, domestication du bœuf, du mouton, de l'âne, du chameau, du lama, l'art agricole, domestication des diverses plantes alimentaires ou textiles, enfin l'art industriel. A chacune de ces grandes étapes du progrès humain, et à chacun des pas qui mènent de l'une à l'autre, nous voyons le champ social toujours, et même le plus souvent le champ politique, s'agrandir, et les pouvoirs publics se déplacer en passant du chef d'un groupe plus étroit au chef d'un groupe plus ample, du chef de clan au magistrat de la cité, ou bien du seigneur au représentant du roi, et en même temps le pouvoir perdre de son caractère relativement sentimental, personnel, imprécis, pour revêtir un caractère relativement précis, impersonnel, objectif.

Toutefois, remarquons que le sens des *transformations* du Pouvoir est beaucoup moins nettement indiqué que celui de ses *déplacements*, et plus loin nous verrons pourquoi. Pour le moment, revenons au lieu des idées et des intérêts avec la nature et l'étendue du Pouvoir, et tâchons de le préciser.

En essayant d'esquisser ailleurs une théorie de la valeur [1], j'ai cru montrer que, dans la valeur des objets, il entre deux éléments : 1° le plus ou moins de foi dans leur aptitude à satisfaire un désir, et le plus ou moins de généralité de cette foi; 2° le plus ou moins de vivacité et de profondeur de ce désir, et sa diffusion plus ou moins grande [2]. De telle sorte que, si la foi en l'aptitude d'un objet se généralise ou s'intensifie pendant que le désir auquel il répond se resserre ou s'affaiblit, sa valeur restera égale (quoique ayant changé de nature). Il en est de l'autorité, du pouvoir d'un homme, comme de la valeur d'une chose. Le pouvoir d'un homme d'État, d'un fonctionnaire, d'un magistrat quelconque, a deux sources : 1° le plus ou moins de confiance qu'on a dans son aptitude à remplir ses fonctions, et le plus ou moins de diffusion de cette confiance [3]; 2° le plus ou moins de besoin qu'on a de cette fonction, et la diffusion plus ou moins étendue du sentiment de ce besoin. Quand, dans un temps de troubles, le besoin d'une police de sûreté grandit tout à coup et se répand, le pouvoir du préfet de police, l'autorité dont il est in-

---

1. Voir *Logique sociale*, chapitre de l'Économie politique.

2. J'omets un troisième élément, dont il n'y a pas à tenir compte ici : l'*inégalité des fortunes*, qui doit se combiner avec l'inégalité des désirs et des degrés de croyance pour rendre compte complètement du prix des choses.

3. Remarquons que la suggestion ambiante a bien plus de prise sur les *croyances* que sur les *désirs*, en ce qui concerne soit la valeur des objets, soit le pouvoir d'un homme. Aussi ne comprend-on pas qu'on ait méconnu, soit pour l'explication des valeurs, soit pour l'explication du pouvoir, l'importance des *idées* et qu'on se soit attaché seulement aux *intérêts*. — L'insuffisance de la loi de l'*offre* et de la *demande* provient de ce qu'elle ne tient pas compte de l'action suggestive de l'imitation, mais surtout en fait de croyances. De même, l'explication *utilitaire* de l'origine du Pouvoir a le tort de ne pas tenir compte de ce qu'il y a d'imitatif *dans la diffusion des idées beaucoup plus encore que dans la diffusion des désirs* ; car la résistance opposée par un désir ancien à un désir nouveau est plus grande que la résistance opposée par une idée ancienne à une idée nouvelle...

vesti, grandit aussi, à moins que, en même temps,
l'idée qu'on avait de son habileté n'aille en diminuant
par suite de quelque maladresse qu'on lui attribue. A
l'inverse, si, par suite de quelque heureuse capture, la
confiance dans le chef de la police a augmenté rapidement, son autorité augmentera, à moins que, en même
temps, le progrès rapide de la sécurité publique n'ait
fait décroître le besoin senti de son emploi. — Pareillement, le pouvoir d'un clergé augmente soit parce que
la foi religieuse, la crédulité à ses enseignements, s'est
accrue, soit parce que le besoin d'autorité religieuse se fait
sentir plus vivement et plus contagieusement. Ce pouvoir pourra paraître demeuré égal à lui-même quoique
la foi ait décliné, si la peur de l'irréligion s'est accrue.
— De même, la Presse a beau se déconsidérer de plus
en plus par la vénalité fréquente des journalistes, par la
connaissance croissante qu'on a de leur partialité vénale,
le pouvoir de la Presse se maintient et même s'agrandit
parce qu'elle répond à un besoin d'information et d'ex-
citation quasi-alcoolique des esprits qui se répand et
s'avive encore plus vite que la mésestime des publicistes.

La hausse ou la baisse de l'autorité militaire s'explique visiblement de cette manière. Voici un général
connu. Son autorité croît ou décroît, soit par suite des
diverses causes, — un article de journal, une diffamation sourde, une mauvaise chance au début d'une campagne, — qui font croître ou décroître son renom de
capacité, soit par suite des diverses causes, — la menace d'une guerre, une déclaration, un péril grave, ou,
inversement, la perspective d'une paix assurée, — qui
font croître ou décroître le besoin généralement senti
de commandement militaire et d'obéissance passive.

D'ordinaire, fort heureusement, dans les moments
où la nécessité d'un bon commandant civil ou militaire
devient impérieuse, la confiance en l'aptitude de celui

qui commande tend à grandir et même à devenir
aveugle. Le peuple, avide d'illusions autant que le
soldat, proclame son chef invincible quand il le sent
indispensable. Mais le peuple, comme le soldat, est
aussi prompt au désabusement qu'à l'aveuglement, et
il lui arrive de prendre plaisir à décrier ses conduc-
teurs, à les traîner dans la boue, même quand il sent le
plus urgent besoin d'être gouverné. Alors, la situation
d'un pays devient critique, et il n'est pas de pire anarchie que cette acceptation docile d'un joug réputé vil,
que cette soumission méprisante et unanime à des maîtres qui sont l'objet de la suspicion de tous.

L'autorité est d'une nature profondément différente,
suivant qu'elle repose davantage sur l'un ou sur l'autre
de ses deux fondements naturels. Appuyée sur le désir
public presque exclusivement, elle a quelque chose de
bas, de matérialiste, de *tyrannique* dans le vieux sens
grec du mot. Appuyée, avant tout, sur l'assentiment
public, sur une confiance générale et profonde, elle
revêt un air noble, élevé, *légitime*, alors même qu'elle
ne serait pas traditionnelle. La distinction de la *légitimité* et de l'illégitimité du pouvoir repose, au fond, sur
la dualité psychologique du croire et du désirer, mais
souvent en un sens un peu différent de celui qui précède, bien qu'il s'y rattache. En effet, on a l'habitude
d'appeler légitime le chef qui est jugé ou préjugé non
pas précisément le plus apte, mais le plus destiné par
sa naissance ou par la constitution du pays à l'exercice
de sa fonction gouvernementale, quoique le désir populaire, contraire en cela à la croyance populaire, le re-
pousse du trône; et l'on appelle illégitime, alors, le
détenteur du pouvoir quand il répond au désir du
peuple, mais non au préjugé ou au jugement involontaire du peuple, qui persiste au fond des esprits en dépit d'eux-mêmes. Rien de plus périlleux que cette crise,
que cette scission entre le gouvernement dit de droit et

le gouvernement de fait, entre l'autorité fondée sur des convictions vraies ou fausses et l'autorité portée par des intérêts et des passions bonnes ou mauvaises. La désignation héréditaire du détenteur de l'autorité a l'inconvénient de provoquer souvent ce péril: mais l'élection aussi.

Il est à remarquer que les diverses formes du suffrage, là où le pouvoir est électif, et qu'il s'agisse du suffrage censitaire ou universel, à un ou plusieurs degrés, sont bien plus propres à nous renseigner sur les désirs des électeurs que sur leurs jugements. Leurs votes désignent fréquemment le maître qu'ils désirent plutôt que le maître qu'ils croient le meilleur. C'est là, ce me semble, la plus grave lacune du suffrage et la preuve de son insuffisance comme source ou canal même du pouvoir. L'autorité vraie se reconnaît à bien des signes en dehors de l'élection proprement dite, à des signes d'autant moins trompeurs qu'ils sont plus involontaires, à des manifestations qui échappent au public et où se trahit malgré lui son respect pour des hommes impopulaires. Il est des attitudes, des abstentions plus significatives que certains votes: il est des silences plus significatifs que certains applaudissements.

En réalité, les pouvoirs les plus forts et les plus durables que la terre ait vus ne sont pas ceux qui sont sortis d'une urne électorale, d'une élection réelle, mais bien d'une élection imaginaire et mystique. À toutes les formes positives de l'élection, en effet, il faut ajouter et superposer ses formes sacrées, à savoir l'élection supposée du roi, du pharaon, de l'évêque, du pape, de l'empereur, par une volonté divine qu'atteste une cérémonie telle que l'ordination ou le sacre. Dans le pouvoir politique des papes au moyen âge, nous avons distingué nettement ces deux sortes d'élection. Ce n'est point comme l'élu d'un conclave, c'est parce que cette

élection faisait présumer celle du Saint-Esprit que le
pape imposait sa souveraineté supérieure. — L'autorité.
si souvent politique. exercée par les saints ou même
les saintes au moyen âge, — Catherine de Sienne —
leur provenait de ce qu'ils étaient réputés les élus de
Dieu, comme le montraient leurs austérités et leurs
miracles. Les macérations de saint Louis. autant que
les cérémonies de son sacre, lui ont valu son autorité
immense, européenne. Jeanne d'Arc aussi a été une
élue de Dieu. Et il n'est pas de confirmation plus écla-
tante de tout ce qui vient d'être dit sur la double source
psychologique du Pouvoir que ce pouvoir extraordinaire dont une jeune fille. bergère la veille, s'est trouvée
tout à coup armée pour le salut de la France, parce
que le besoin de salut était profond et universel et
qu'universelle et profonde aussi était la foi en la mission divine de cette guerrière improvisée.

Nous venons de voir que le Pouvoir repose sur des
croyances et des désirs. et c'est en tant que les découvertes et les inventions influent sur la direction des
croyances et des désirs, ainsi que sur leur intensité,
qu'elles expliquent les transformations. les déplacements, les hausses et les baisses du pouvoir. Cette effi-
cacité, remarquons-le, est directe ou indirecte. et c'est
surtout par son action indirecte qu'elle est importante.
Ce n'est pas surtout par les confirmations ou les contradictions manifestes qu'elles apportent aux croyances sur
lesquelles s'appuie l'autorité, que les nouvelles idées la
modifient et la déplacent, quand, par exemple, elles
dénient au patriarche de Constantinople le pouvoir
d'agir sur les corps enterrés, ou au roi de France le
pouvoir de guérir des écrouelles. Ce ne sont pas surtout
les inventions relatives au perfectionnement des armements et des administrations qui ont pour effet de faire
passer le Pouvoir aux mains de ceux qui monopolisent

ces progrès matériels, ou de l'accroître aux mains de
ceux qui le détiennent déjà. Il s'agit plutôt de *force* que
de pouvoir, quoique, dans une certaine mesure, l'accroissement de la force s'accompagne d'un accroissement d'autorité.

Occupons-nous de l'action, plutôt indirecte, exercée
sur le pouvoir par l'ensemble des manifestations du
génie inventif et découvreur. Et en premier lieu parlons
des découvertes. Les découvertes quelconques, en s'ac-
cumulant, suggèrent de nouvelles conceptions, inconscientes et irrésistibles, du but de la vie, de la raison
d'être des institutions sociales. Les découvertes de
Copernic et de Galilée, en dévoilant l'illusion du point
de vue *géocentrique* et *anthropocentrique* auquel se placent toutes les religions, ont du même coup atteint
quelque peu l'orgueil des rois et le prestige de leur
autorité, qu'il n'est plus permis d'élever si haut quand
on sait la véritable place de la terre dans le firmament
et le peu que pèsent les choses humaines dans la balance
de l'infini céleste. Sans nul doute, si les Péruviens
avaient su que le soleil n'était qu'une étoile comme une
autre et non des plus considérables, leur roi, ce fils du
soleil, et dont c'était tout le mérite d'en descendre, eût
beaucoup perdu de sa puissance de fascination. Il en est
ainsi de tous les pays, et ils sont nombreux, qui ont eu
des dynasties solaires ou lunaires. Déchues ainsi, dans
une certaine mesure, de la grandeur mystérieuse que leur
prêtait l'ignorance primitive, les royautés ont vu s'affaiblir en même temps le prestige de la religion sur lequel
elles appuyaient la leur, et ont dû, dès lors, chercher à
compenser ces déchets par un étalage plus fascinateur
de force militaire. De là, comme conséquence momentanée des découvertes astronomiques et physiques qui
ont fondé les sciences modernes, un caractère moins
superstitieux mais plus guerrier, moins patriarcal et
plus administratif des monarchies modernes.

Les idées religieuses, par suite de l'infusion de faits
scientifiques et de spéculations philosophiques à des
doses variables, ont beaucoup changé d'âge en âge. A
chaque poussée d'une grande hérésie correspond une
nouvelle conception du pouvoir. Il en est de même à
chaque poussée d'un grand ordre religieux, exutoire
fréquent de l'esprit hérétique larvé, éruption du dogme
au-dessus de lui-même pour éviter une émigration hors
du dogme[1]. Le pouvoir civil, en Italie, après l'apostolat
de saint François d'Assise, a été conçu un peu plus
démocratiquement qu'auparavant. Le protestantisme
a eu sur les gouvernements des effets singuliers : directement, immédiatement, en renforçant la souveraineté
de principicules allemands ou autres qui tremblaient
jusque-là devant la Cour romaine et qui sont devenus
d'un jour à l'autre de vrais papes-rois (sans parler de
Henri VIII d'Angleterre), il a produit des monstres de
tyrannie sans frein, il a contribué, comme le déchaîne-
ment du Droit romain à la Renaissance, à fortifier, à
dogmatiser, à asseoir le despotisme. Et la Contre-
Réforme catholique, inverse et semblable en ceci, a eu
le même effet immédiat[2]. Mais, indirectement, par
l'extension imitative et contagieuse donnée au principe
du libre examen, il a puissamment aidé et favorisé
l'avènement des gouvernements délibérants, du régime
parlementaire.

« La justification par la foi et non par les œuvres » :
quel rapport y a-t-il entre cette idée théologique de
Luther et les limites ou la nature du pouvoir politique ?
Un rapport intime. Nier le mérite des œuvres, c'était
nier la vertu des sacrements, et par suite la puissance

---

1. Puis, un grand ordre monastique introduit une discipline nouvelle,
et un monastère donne un exemple inouï de hiérarchie volontaire, de constitution politique souvent admirable à imiter, et qui a été imitée...
2. La monarchie pontificale en est elle-même fortifiée, et l'absolutisme
spirituel appelé *infaillibilité* s'y retrempe.

sacrée du prêtre qui les conférait. Le prêtre affaibli, le
roi ne pouvait faire moins que de l'ôtre à son tour.
Mais, si le protestantisme n'avait eu que ce côté négatif
et destructeur, on ne comprendrait pas son succès. En
même temps qu'il venait tarir ou amoindrir une des
sources du Pouvoir, il en grossissait une autre, en
vertu d'une nécessité de compensation que Cournot a
bien comprise. De là l'appui que Luther a cherché
dans les Écritures. Il a compensé l'amoindrissement de
l'autorité sacerdotale « par le rehaussement de l'autorité scripturale ». Et « le judaïsme et l'islamisme sont
là pour témoigner de la corrélation nécessaire » ou plutôt du jeu de bascule entre les deux. En exaltant et enracinant ainsi le prestige d'un Livre, le protestantisme
contribuait à fortifier en général le prestige des livres,
à substituer aux pouvoirs personnels, ou à établir auprès
d'eux et au-dessus d'eux, des pouvoirs impersonnels et
livresques, la puissance de « la Science ».

La découverte de l'Amérique a eu, à notre point de
vue, d'immenses effets. D'abord, en ce qui concerne la
politique extérieure et la puissance relative des divers
États, elle a déplacé vers l'Océan les courants de richesse et de succès qui sillonnaient la Méditerranée, et
fait grandir, au détriment des nations méridionales, les
nations occidentales, Espagne un moment, France,
Angleterre. Son action sur la politique intérieure n'a
pas été moindre. Elle a développé à un degré extraordinaire le besoin individuel d'émigration et le besoin
collectif de colonisation. Par là elle a offert aux ambitions collectives ou individuelles de tout nouveaux dé-
bouchés, des perspectives éblouissantes, et, comme les
moyens se transforment avec la fin, il était impossible
que cette nouvelle orientation donnée à la politique,
dans chacun des principaux États, n'y modifiât point
l'étendue et la nature même du Pouvoir. Partout, les
gouvernements sont devenus, depuis lors, plus contra-

lisés, plus forts, plus positifs, plus financiers (par la
découverte de mines d'or et d'argent, découlant de
celle du Nouveau-Monde) enfin plus laïques *et plus
aventureux*. Un gouvernement, à partir de cette époque,
a été réputé, non plus, avant tout, le protecteur des
intérêts et le gardien de la paix publique, mais bien le
directeur général des entreprises nationales. Au xvie et
au xviie siècle se déploie ce caractère singulièrement
romanesque et hardi, brillant et peu scrupuleux, de
l'autorité gouvernementale.

Veut-on d'autres exemples? Les idées nouvelles des
encyclopédistes ont eu les conséquences politiques que
chacun sait. Sans parler de leur rationalisme étroit qui
nous a valu la tyrannie jacobine, leur admiration pour
les institutions anglaises nous a dotés de copies plus ou
moins maladroites de celles-ci, jury et parlementarisme.
Au demeurant, il fallait bien toujours en venir, peut-être,
par un chemin ou par un autre, ou plutôt en revenir, à
un gouvernement délibérant. Seulement, l'inauguration
du journalisme à la fin du xviiie siècle, sous la Révolution,
tend à donner au parlementarisme une couleur tout à
fait neuve et imprévue. Les idées darwiniennes, dans la
seconde moitié de notre siècle, coïncidant avec la défaite
de nos armes, Darwin brochant sur Bismark, ont contribué manifestement à un retour de militarisme scientifique et brutal qui se combine, on ne sait comme, avec
notre cosmopolitisme international et qui imprime un
cachet d'incohérence si marqué à toute notre politique.

Il n'est pas jusqu'aux découvertes mathématiques les
plus abstraites qui n'aient leur répercussion sur le Pouvoir. Quand Descartes, par exemple, découvrait les
applications de l'algèbre à la géométrie ou de celle-ci à
celle-là, quand il représentait les variations de deux
grandeurs algébriques par les longueurs de deux lignes
perpendiculaires l'une à l'autre et la courbe qui réunit
leurs extrémités, il ne se doutait point que ce procédé

graphique servirait plus tard à peindre aux yeux de
tous le mouvement de la criminalité, la hausse ou la
baisse de la natalité, de la mortalité, des fonds publics,
les changements quelconques survenus dans l'état
social et susceptibles d'une expression numérique. Or,
cette extension graphique donnée à la statistique a beaucoup accru son importance, son action sur l'opinion.
Les courbes graphiques qui figurent les cours de la
Bourse donnent une idée précise et frappante du degré
de crédit des divers États et de leur puissance d'emprunt
qui a tant de rapports avec leur puissance militaire. Il
est donc certain que les spéculations de Descartes sur
les rapports de l'algèbre et de la géométrie n'ont pas
été sans quelque influence politique.

Si la découverte du télescope, en nous ouvrant le
monde des astres, a eu pour conséquence d'abolir le
prestige des pouvoirs politiques terrestres, même de
ceux qui n'étaient pas expressément établis sur des origines solaires ou lunaires, la découverte du microscope,
en nous révélant le monde des animalcules et des microbes, a rectifié la notion des rapports de l'animal
humain avec le reste de la faune terrestre. Voilà des
myriades d'êtres vivants qui échappent entièrement,
par leur petitesse ou par leur nombre, au pouvoir soit
d'extermination, soit de domestication de l'homme. Le
roi de la création est détrôné par des bacilles. Si de
pareilles découvertes, celles du microscope encore plus
peut-être que celle du télescope, avaient été faites dès
l'antiquité, elles auraient frappé au cœur l'art des
augures, qui a joué dans la politique militaire ou civile
des anciens le rôle que l'on connaît.

Le développement surtout mathématique, astronomique et physique des sciences au xviiᵉ siècle a eu pour
effet politique, indirect mais très puissant, d'affermir les
pouvoirs établis. Pourquoi et comment? Parce que la
science, en tant que mathématique, astronomique et

physique, n'apportait, par ses découvertes anciennes ou
récentes, aucune contradiction qui parût, à la réflexion,
capitale et insoluble avec le dogme chrétien, et que,
par suite, l'accord « de la raison et de la foi », en devenant possible, fortifiait à la fois la conservation religieuse et la conservation politique liées l'une à l'autre.
Mais, au xviiie siècle, commence, et au xixe siècle s'accentue, le développement de la science dans des voies
surtout biologiques, psychologiques et sociales, et,
pour une raison précisément inverse, il contribue à
ébranler et à renouveler tous les pouvoirs.

Me demandera-t-on, par hasard, l'influence politique
qu'ont eue la philosophie de Descartes, celle de Leibniz, de Locke, de Condillac, de Kant ? Mais toute philosophie, au bout d'un temps, engendre une littérature
qui agit sur l'opinion, la passionne et parfois la révo-
lutionne. De Locke et de Condillac procèdent les encyclopédistes. Descartes, en faisant fermenter toutes les
têtes, prépare le mouvement philosophique du siècle
suivant. Leibniz est père de Kant, qui a dans ses veines
aussi du sang de Rousseau, et de qui dérivent, à travers Schelling et Hégel, Proudhon et Karl Marx.

Maintenant, disons un mot des conséquences qu'ont
eues sur la nature et l'étendue des pouvoirs politiques
les principales inventions industrielles ou autres. Je ne
dirai rien de l'invention de la poudre et de l'artillerie :
on sait assez que, en donnant à l'attaque l'avantage sur
la défense, elle a peu à peu affaibli les pouvoirs féodaux
au profit du pouvoir royal. Sans l'invention de la boussole, l'Empire britannique eût été à jamais impossible.
La boussole a étendu prodigieusement le champ d'action de la politique extérieure et servi à l'assimilation
future des peuples, mis en contact social à des distances
infinies. Les inventions industrielles, suscitées par des
découvertes physiques ou chimiques, ont développé le

capital à côté de la propriété foncière, favorisé le prestige de la richesse au détriment de celui de la noblesse,
et, en minant l'édifice de la féodalité, préparé les
grandes monarchies modernes avec leur vaste outillage
administratif, militaire et financier.

L'imprimerie a érigé la formidable puissance de la
Presse, pouvoir spirituel des temps nouveaux. Alors
même que la Presse ne suggère pas, d'une manière
explicite, des idées révolutionnaires ou réformistes, elle
contribue sans cesse à dissiper, par la netteté et la rapidité croissantes de ses informations, le caractère mystérieux du personnel gouvernemental. Par là elle l'affaiblit. D'autre part, le journal est un stéréoscope
quotidien où passent, sous les yeux de son public, les
miroitements de la vie politique, sous le nom de nouvelles. Cette répétition périodique enracine et généralise le besoin de ce spectacle, et répand partout la tendance à considérer le Pouvoir comme un sport supérieur dont l'exercice a pour principal mérite d'être
intéressant. Ruineux, désastreux, tant pis : si un gouvernement tient ses spectateurs en haleine, s'il les
intéresse, il sera sûr d'être applaudi au moindre succès.

Toutes les inventions qui tendent à faciliter et à
multiplier les communications entre hommes, allongent
d'autant les bras ou les tentacules du Pouvoir, armés
en outre d'engins militaires toujours plus formidables.
En sorte que, si, par les divulgations plus rapides de
ses secrets et de ses coulisses, le Pouvoir est de plus
en plus déconsidéré, il est de plus en plus rigoureusement obéi à raison de ses croissants moyens d'action.
Cette progression inverse du Prestige et de la Puissance
chez les gouvernants, de la soumission respectueuse et
de l'obéissance forcée chez les gouvernés, crée une
situation dont nous avons déjà, sous un autre aspect,
signalé l'anomalie, anomalie telle que les théories anar-
chistes ont pu aisément, à sa faveur, faire leur chemin.

CRITIQUES DIVERSES

En résumé, c'est dans l'état des croyances générales et des besoins généraux d'un pays à un moment donné qu'il faut chercher la raison d'être du pouvoir politique qui le régit. Et c'est par les changements à la fois des croyances et des désirs, changements dus à des découvertes et des inventions accumulées ou substituées, que les transformations de ce pouvoir s'expliquent. Il en résulte que celles-ci sont « fonction » des transformations religieuses et des transformations industrielles avant tout. De là la complication plus grande du transformisme politique, l'accidentalité plus marquée de l'évolution des formes et des événements politiques : car les irrégularités des deux séries composantes se multiplient les unes par les autres dans le composé.

Avant d'aller plus loin, arrêtons-nous pour remarquer que cette explication est en opposition partielle avec deux groupes de théories contraires : 1° avec les théories tout intellectualistes dont celle de Fustel de Coulanges, exposée dans la *Cité antique*, peut être considérée comme l'exemplaire le plus pur : 2° avec les théories tout utilitaires, tout *économiques*, de la majorité des socialistes actuels. Répondons brièvement, et successivement, à ces deux sortes d'adversaires.

Fustel de Coulanges, dans sa *Cité antique*, explique
toute l'histoire politique par la succession des idées
religieuses et philosophiques et ne s'occupe presque
pas de la succession des besoins, des intérêts, des travaux à accomplir [1]. Cependant il est certain que, dans
une large mesure, la nature des travaux à exécuter dans
la famille, dans la tribu, dans la cité, influe sur l'organisation de la famille, de la tribu, de la cité. Cette
famille patriarcale, fondée sur le culte du foyer et des
ancêtres divinisés, d'où part Fustel, était-elle possible à
l'époque chasseresse, avant la domestication des animaux? Non, aucune tribu de chasseurs, en Amérique,
n'a présenté ce régime familial. La famille patriarcale
suppose l'ère pastorale et ne se maintient qu'en s'affaiblissant sous l'ère agricole. Il a fallu d'abord l'invention industrielle du feu, condition *sine quâ non* de
l'adoration du foyer. Les travaux à effectuer par les
chasseurs les dispersent, les éloignent de leurs femmes,
qui sont inutiles ou gênantes les trois quarts du temps
et s'occupent seules des enfants : de là l'absence de vie
de famille pour les hommes, et, par suite, malgré la
condition abjecte des femmes, l'habitude fréquente de
n'admettre la parenté que par les femmes, et le matriarcat ou ce qui a paru tel. Les vieillards aussi sont en-
combrants à cette phase de l'humanité : on les tue.
Impossible dès lors de concevoir le prestige du vieillard
et la divinisation de l'ancêtre.

Mais viennent les inventions pastorales : la nature
des travaux groupe les parents collaborateurs, ils

1. Quand Fustel de Coulanges s'est attaqué plus tard aux origines du
système féodal, aux transformations politiques de tout genre qui se sont
opérées aux époques mérovingiennes et carolingiennes, il a invoqué les
intérêts des hommes et non pas seulement leurs idées. C'est ainsi que
Taine, quand il étudie la Révolution, oublie profondément sa thèse de la
race, du milieu et du moment, et fait jouer aux individus le rôle prépondérant. Le bon sens des deux, leur sens historique profond, a prévalu sur
l'esprit de système.

voyagent ensemble, non dispersés, en caravane ; les femmes rendent les plus grands services, ainsi que les vieillards dont l'expérience a son prix. La femme devient *ménagère*. La famille patriarcale naît et se constitue. — Viennent les inventions agricoles ensuite : de nouveau, dispersion des travailleurs, mais bien moindre et compensée par leur cohabitation dans des demeures fixes. Le besoin de propriété individuelle se fait sentir et oblige à se relâcher l'autorité paternelle : pécule militaire ou civil.

Remarquons-le : à mesure que cette évolution, cette insertion successive d'inventions, a lieu, les produits du travail deviennent aptes à une conservation plus prolongée, à une plus grande accumulation. Cette considération a une haute importance. Elle me paraît propre, par exemple, à expliquer l'anthropophagie primitive. Quand des peuples chasseurs sont en guerre, en effet, ils ne peuvent plus chasser, et, comme le gibier qu'ils ont tué avant la guerre a été consommé immédiatement, de quoi peuvent-ils vivre si ce n'est de chair humaine ? Et que feraient-ils des captifs s'ils ne les mangeaient ? C'est le seul moyen de les utiliser, car les faire chasser avec soi c'est être sûr qu'ils s'échapperont, grâce à la nature dispersive de l'unique travail qui soit connu. — Cette même considération explique aussi l'inégalité croissante des familles ; pendant la période chasseresse, les familles, ou, si l'on veut, les groupes quelconques unis par une consanguinité réelle ou fictive, étaient à peu près égales en pauvreté, leur richesse n'étant jamais que momentanée et nullement capitalisable. Mais, à la période pastorale, naît le *capital*, le cheptel ; alors apparaît la noblesse aussi, le prestige des tribus riches, leur imitation par les autres. Il y a aussi des intérêts à défendre, autres que la vie à conserver. Les troupeaux attirent la convoitise des tribus pillardes : il faut se coaliser pour lutter contre elles. Mais la guerre s'adoucit, il devient plus avantageux de réduire le captif en esclavage que de l'immoler, à moins que ce ne soit comme victime religieuse. — Le besoin de protection des intérêts redouble à l'âge agricole. Avec l'accroissement énorme des richesses accumulées, la cupidité des agresseurs grandit et la nécessité de l'union défensive suscite des fédérations de tribus, qui deviennent des villes. dont l'inégalité va croissant. Et les capitales se montrent, succédant aux noblesses par leur rôle social.

Voilà des observations dont Fustel de Coulanges semble ne tenir aucun compte. Il ne dit pas un mot, non plus, et c'est là à mon sens la plus grave lacune de son livre. de l'action profonde et continue de l'imitation : il oublie cette sympathie imitative qui, au sein de la famille patriarcale la plus close. la plus exclusive et intolérante. forçait à regarder au dehors, à accueillir. de loin en loin, les exemples des familles voisines, et peu à peu préparait leur fusionnement futur. Si les choses avaient été telles que le grand historien nous les décrit. les agrandissements successifs du champ social. le passage de la famille à la phratrie, au dème, à la cité, à l'État. seraient inconcevables.

Il a raison de remarquer que, si la religion municipale du dieu de la cité. dans le monde italique et dans le monde hellénique, était restée aussi vivace. aussi énergique aux Ve, IVe, IIIe et second siècles avant J.-C. qu'aux VIIIe et VIIe siècles. la conquête romaine eût été bien plus difficile. sinon peut-être impossible. A coup sûr, s'il y avait eu la conquête romaine, il n'y aurait pas eu l'Empire romain. c'est-à-dire la fusion de tant de cités. italiennes. grecques et autres. en une même civilisation homogène. romanisation de l'univers méditerranéen; Il a fallu. pour cela. que le terrain eût été labouré pour la conquête et la fusion par la propagation des idées philosophiques de Pythagore, d'Anaxagore.

des sophistes, de Socrate, des stoïciens, qui ont en-
gagé dans les âmes ou dans les cités un long combat
infiniment multiplié avec les vieilles croyances, ébréché puis démoli ce rempart moral des cités, élargi le
domaine de la sympathie et du patriotisme.

Mais pourquoi cette propagation d'idées philosophiques a-t-elle eu lieu? Il a fallu d'abord qu'elles
aient été créées quelque part, qu'elles aient trouvé
quelque part les conditions favorables à leur éclosion :
et il a fallu ensuite qu'elles aient rencontré dans chaque
âme, dans chaque cité, les conditions favorables à leur
diffusion, c'est-à-dire telles que le duel logique, dou-
loureux, qui se livrait dans chaque âme antique entre
les idées nouvelles et les vieux dogmes, aient tourné le
plus souvent à l'avantage des premières. Or, les conditions favorables à la méditation philosophique se
sont produites surtout en Asie-Mineure et en Grande-
Grèce, là où une race bien douée a dû à sa richesse commerciale et maritime de longs loisirs. D'autre part,
l'amollissement des mœurs, suite de l'enrichissement
rapide, prédisposait à bien accueillir des idées libéra-
trices du joug sacerdotal. — Ajoutons, ou plutôt répé-
tons, que la même cause qui avait poussé les familles,
d'abord closes, à s'ouvrir et à se fusionner en cités,
devait à la longue pousser les cités elles-mêmes à se
sentir à l'étroit dans les murs moraux de la religion
municipale et du patriotisme civique. Cette cause était
la sympathie de l'homme pour l'homme, qui, précisément parce qu'elle s'exerçait en dedans de la famille
d'abord, de la cité ensuite, par l'imitation réciproque
et intense, se développait et aspirait à déborder ses
limites. Elle était aidée par toutes les inventions industrielles et artistiques, par les progrès de la navigation
notamment et du commerce d'exportation, qui avaient
développé le capital mobilier à côté de la richesse immobilière. Aussi les villes du littoral, comme Athènes,

étaient-elles ouvertes aux idées nouvelles beaucoup plus
que les cités situées dans l'intérieur des terres, telles
que Sparte, et l'opposition de la montagne et de la
plaine était, en général, liée à celle de l'esprit conservateur, aristocratique, religieux, et de l'esprit nova-
teur, démocratique, philosophique. On aurait de la
peine, soit dit en passant, à appliquer à cette opposition
celle de l'*industrialisme* et du *militarisme* chère à Spencer. Car les villes maritimes et industrielles n'étaient
nullement moins militaires, moins agressives que les
autres : elles l'étaient davantage.

D'après Fustel, le patriotisme, vers le vi⁰ siècle avant
notre ère, se transforme. D'étroit et d'essentiellement
religieux[1], qu'il était, il devient plus large, mais, dit-il,
essentiellement utilitaire. Ou plutôt il commence
d'abord par se dénaturer en esprit de parti; et, dans
chaque ville, le parti démocratique et le parti aristocratique formaient comme deux cités, chacune frater-
nisant, *inter-municipalement* pour ainsi dire, avec les
partis de même nom dans les villes étrangères. Mais, à
travers ces alliances antipatriotiques, peu à peu s'éla-
borait un patriotisme fédéral, plus ample, et qui ne

1. La répulsion contre l'étranger, dans la cité antique, comme dans la
tribu antique, a été un sentiment en parti artificiel formé ou renforcé
par la religion, qui devait lutter alors contre le goût intermittent et l'engouement pour l'étranger, contre l'amour pour les femmes étrangères,
pour les modes étrangères. Plus tard, au contraire, on voit partout la
religion travailler à étendre les frontières du cœur, à supprimer les rivalités et les haines nationales, à fusionner les peuples en une grande fédération, telle que l'islam ou la chrétienté. — Comment cela s'est-il fait?
Pourquoi, après avoir fortifié l'*imitation-coutume*, voit-on la religion
favoriser l'*imitation-mode*? Par la même raison que la religion de la
famille était devenue celle de la cité, puis de la nation, etc. Toute religion
ne devient pas prosélytique, c'est-à-dire *désireuse de se propager* en
dehors du groupe national ; mais, avant d'être prosélytique, une religion
brillante a inspiré à ses voisins le désir de la copier, et c'est ce désir passif,
antérieur toujours au désir actif, qui a agrandi le champ des religions
jugées supérieures, en dépit même de leurs résistances. — La preuve que
le culte du dieu de la cité n'avait pas le caractère d'exclusivisme rigoureux, étroitement patriotique, que lui attribue à l'excès Fustel de C...,
c'est la grande vogue, dès la plus haute antiquité, des oracles étrangers,
par exemple, en Grèce, celui d'Ammon.

semble, comme le premier, avoir été dominé par un
idéal, par un culte supérieur, non par des intérêts
seulement. On sentait, dit Fustel, « la nécessité de
sortir du régime municipal et d'arriver à une autre
forme de gouvernement que la cité. Beaucoup
d'hommes songèrent à établir au-dessus des cités une
sorte de pouvoir souverain qui veillât au maintien de
l'ordre. Phocion, un bon citoyen, conseillait à ses
compatriotes d'accepter l'autorité de Philippe et leur
promettait, à ce prix, concorde et sécurité. » Voilà où
en étaient moralement les cités grecques, et aussi bien
les cités italiennes de la Grande-Grèce et de l'Étrurie,
quand Rome, grâce à la supériorité de son organisation militaire, grâce à sa légion, à ses armes de jet, à
sa discipline, a commencé à conquérir l'Italie d'abord,
la Grèce ensuite. Et cette conquête a eu pour effet de
consommer la transformation intérieure de ces villes,
qui l'avait facilitée.

Fustel de Coulanges attribue donc à deux causes,
avec sa sagacité habituelle, cette transformation morale et politique des cités antiques. Ces deux causes
sont, dit-il, « l'une de l'ordre des faits moraux et intellectuels », l'autre « de l'ordre des faits matériels »,
à savoir : 1° la propagation d'idées philosophiques
contraires aux croyances religieuses ; 2° la conquête de
Rome. — Or, cette dualité d'une propagande et d'une
conquête, on la trouverait aussi bien dans toute révolution qui a eu pour conséquence d'étendre le champ
social. C'est là un fait général, car la défaite des armées
ne produit une véritable annexion morale et sociale du
peuple vaincu et la formation d'une société plus large
qu'autant qu'elle a été ou précédée ou suivie, soit
chez le vaincu, soit chez le vainqueur, de la diffusion
d'idées nouvelles qui sont devenues communes aux
deux.

Et il importe de remarquer que ces deux causes,

loin d'être profondément dissemblables comme le suppose Fustel, présentent une similitude cachée, fondamentale, que notre manière de voir permet de reconnaître. Si elles diffèrent, c'est comme la croyance
diffère du désir. — En effet, qu'est-ce que la conquête
romaine — et aussi bien égyptienne, assyrienne, ma-
cédonienne, arabe, — si ce n'est l'effet d'une série de
batailles où se sont heurtés, sous forme d'armées, deux
blocs de volontés, de désirs contraires, dont l'un a
écrasé successivement tous ses rivaux? Et qu'est-ce que
la propagande philosophique de la Grèce, — et aussi
bien, ou mieux, celle du christianisme, de l'islamisme,
du cartésianisme, du darwinisme, — si ce n'est l'effet
d'innombrables petits combats invisibles qui se sont livrés sous des crânes entre un groupe de propositions nouvelles, plus ou moins systématisées, et un autre groupe
ancien de propositions, moins cohérentes, qui, dans la
plupart de ces engagements successifs, ont succombé
devant cette invasion? Ainsi, les propagandes comme
les conquêtes sont la résultante d'une suite de combats
visibles ou invisibles, collectifs ou individuels, qui consistent toujours, essentiellement, en oppositions logiques, en duels d'idées ou de volontés. Ajoutons que
la distinction du collectif et de l'individuel, en fait de
combats, ne correspond pas toujours ici, malgré ce
qu'on pourrait induire de l'exemple choisi, à celle du
désir et de la croyance. Les conflits de croyances ne
restent pas tous renfermés dans le champ clos d'un
crâne individuel: ils se déploient souvent dans les
plaines en bataillons enthousiastes ou fanatiques. D'autre part, les conflits de désirs ne sont pas tous des luttes
guerrières. Enfin, sous forme collective même, des
luttes de croyances et de désirs ont lieu qui ne sont
point des *batailles militaires*, pour ainsi parler [1].

1. Voir sur ce point le bel ouvrage de M. Novicow sur la *Lutte des
peuples*.

Donc, il ne faut regarder les guerres que comme un cas singulier, le cas manifeste et retentissant, de la lutte soit individuelle, soit collective des croyances et des désirs. Réintégrées de la sorte dans ce fait général, perpétuel, universel, elles apparaissent à la fois comme quelque chose de bien moins exceptionnel et de bien moins nécessaire. De bien moins exceptionnel, puisque rien n'est plus ordinaire que l'opposition logique dont elles ne sont qu'une espèce, et de bien moins nécessaire, puisqu'on voit très bien que cette variété d'opposition, qui n'a pour elle que son intensité et sa férocité propres, peut être suppléée par d'autres et n'est pas la seule solution possible des problèmes sociaux. Des deux causes d'agrandissement du champ social, indiquées par Fustel de Coulanges, la première est seule absolument nécessaire; la seconde, quoique habituelle, ne l'est pas au même degré.

En résumé, ce que nous lui reprochons, c'est d'abord d'avoir outré le rôle des croyances au point d'avoir méconnu presque celui des désirs; c'est ensuite et surtout de n'avoir pas tenu compte du caractère de diffusion imitative inhérent aux désirs comme aux croyances. — Mais, malgré tout, sa thèse est digne de la plus haute attention. Il a eu raison de dire que les idées mènent le monde : il aurait mieux dit encore s'il se fût souvenu du mot d'un lettré psychologue : « Ce sont les idées sourdes, et non les idées claires, qui mènent la vie. » Les idées antiques n'ont eu tant de force que parce qu'elles ont été conçues par les anciens avec infiniment moins de netteté que par notre auteur. — Quoiqu'il en soit, si les intérêts ont pu les susciter, leur action a précédé celle des intérêts et leur a tracé la voie. Peut-être y a-t-il lieu de voir une confirmation de cet ordre de succession dans une remarque qu'on peut faire en lisant l'histoire. Partout et dans tous les temps, quand un homme a été investi d'une double puissance, spirituelle et temporelle, religieuse et politique, et qu'on a voulu l'amoindrir, on a commencé par lui enlever le pouvoir temporel et politique d'abord, et ce n'est qu'ensuite et beaucoup plus tard qu'on a contesté son pouvoir sacerdotal. Il en a été ainsi du pape aussi bien que du *basileus* grec primitif, ou de l'empereur japonais, ou du khalife. Dans toutes les cités grecques, les choses se sont passées de la sorte, ce qui donne une généralité très frappante à ce fait. Pourquoi cela? pourquoi pas l'inverse? N'en est-il pas du pouvoir comme de la mémoire dont les couches les plus récemment formées sont les premières qui s'effacent par l'usure des années? Et n'y aurait-il pas là une raison nouvelle de penser que le pouvoir spirituel a précédé et engendré le pouvoir temporel?

La thèse tout intellectualiste de Fustel sur l'origine et les transformations du pouvoir s'oppose à celle des socialistes d'aujourd'hui. Je ne dis pas d'hier; car l'explication donnée à notre problème par les socialistes français de 1848 était intellectualiste aussi[1]. On aurait de la peine à trouver une expression plus nette, plus crue, de l'idée nouvelle que celle qui a été publiée il y a quelques années par un économiste italien, M. Loria[2]. Sa thèse, celle de Karl Marx au fond, est double. 1° Le pouvoir, d'après lui, a toujours et partout été monopolisé par les détenteurs, par les usurpateurs de la richesse, et les changements du pouvoir ont été déterminés par les changements survenus dans la répartition

[1]. Je suis heureux de constater, parmi la plus récente génération de nos socialistes, une reprise de la tradition française à cet égard. Comme symptôme excellent de cette tendance, signalons le livre de M. Fournière sur l'*Idéalisme social* (1898) paru dans la *Bibliothèque générale des sciences sociales*. (Paris, Félix Alcan).
[2]. *Les bases économiques de la Constitution sociale*, par Loria, trad. franç. (Félix Alcan, 1893).

des richesses, par la succession des formes de la
richesse, par l'apparition notamment de la propriété
mobilière, du capital, à côté et au-dessus de la propriété
foncière. 2° Les détenteurs de la propriété, les propriétaires terriens ou capitalistes, ont toujours et partout
exercé le pouvoir en vue exclusivement de conserver
et d'étendre leur propriété.

A cela on peut répondre brièvement, après ce qui a
été dit plus haut. En premier lieu, le pouvoir se rattache à la noblesse plutôt qu'à la richesse, et ce n'est
pas seulement ni surtout la richesse qui est ennoblis-
sante, mais la manière dont elle est acquise, par le courage et non par la ruse. La gloire militaire ennoblit le
plus pauvre des capitaines. Souvent, dans le passé on a
anobli les plus grands serviteurs de l'État pour se dispenser de les enrichir, comme à présent on décore un
homme pour se dispenser d'augmenter son traitement.
Au moyen âge ces deux idées semblent se confondre :
mais, à cette époque même, il n'est pas vrai que propriété et souveraineté ne fassent qu'un à l'origine.
M. Flach, dans ses profondes recherches sur le régime
féodal, a montré clairement que la société féodale ne
reposait pas originairement sur la terre, que le serment
de foi, de fidélité, de dévouement personnel s'y montre
antérieur et supérieur au serment d'hommage pour le
fief, et que jamais la propriété n'a suffi à y expliquer la
souveraineté. Si cela est vrai du régime le plus *propriétaire* qui ait existé, à plus forte raison est-ce vrai
des autres. En cherchant bien dans toute institution
politique, on trouvera comme fondement, sous la cupidité, sous l'avarice, la foi et l'amour ou l'amour et la
haine [2]. L'erreur de M. Loria vient de ce qu'il oublie que
le pouvoir politique réside dans l'opinion des gouvernés
qu'il faut persuader et satisfaire à la fois. La vérité,
inverse de son idée, c'est que le pouvoir donne la fortune bien plus souvent que la fortune le pouvoir. En

temps démocratique, n'arrive-t-il pas souvent que l'enrichissement est une cause d'impopularité, et que, plus on s'enrichit, moins aisément on devient conseiller municipal, député, sénateur, ministre, — à moins qu'on ne soit devenu assez riche pour acheter un grand nombre de voix ou qu'on se soit assez aplati devant le peuple souverain pour se faire pardonner son luxe ?

Au demeurant, je veux bien que la richesse soit une des principales sources du pouvoir politique. Mais d'où provient la richesse ? Des inventions industrielles. Il suffit d'une invention nouvelle pour tarir bien des fortunes et en faire jaillir d'autres, pour déplacer entièrement le cours de la richesse. Le pouvoir doit donc être dit, à ce point de vue, fils de l'Invention, c'est-à-dire d'abord de la Découverte. Les *doctes* sont ceux qui se sont approprié les découvertes de leur temps et du passé et qui en font l'objet d'un enseignement en partie ésotérique. Les *riches* sont ceux qui se sont approprié les inventions de leur temps, application des découvertes de tout temps. Que cette appropriation soit un privilège injuste, c'est possible. Mais ce qui est certain, c'est que, sans cet accaparement par une élite, la vulgarisation des découvertes et des inventions n'aurait pas eu lieu ou aurait subi d'énormes retards. Les doctes servent à répandre la science qu'ils croient accaparer. Les riches servent à répandre la richesse qu'ils croient monopoliser.

En second lieu, il n'est pas vrai que l'œuvre du Pouvoir vise uniquement la conservation et l'extension de sa richesse. M. Loria ne nie pas, et ne peut pas nier que, dans certains cas, un peu partout dans le courant de ce siècle, en France, en Angleterre, en Amérique, il ait été pris des mesures législatives en faveur des classes ouvrières et au détriment des capitalistes. Il aurait pu reconnaître que, longtemps avant ces change-

ments de la législation, le changement des mœurs les
avait préparés. Il voit venir d'ailleurs une période meilleure encore où, « bien loin de viser à la protection et
à l'accroissement de la propriété, comme dans la première phase, c'est à la défense du travailleur, à l'amélioration de ses conditions que s'appliquera l'œuvre du
pouvoir collectif. » Mais comment concilier avec ce
grand mouvement humanitaire le principe d'où il part,
à savoir que la propriété règne et qu'elle ne fait rien,
ou n'a rien fait jusqu'ici, que dans son propre intérêt ?
Le savant italien ne s'embarrasse pas pour si peu. Il
croit expliquer la chose par la scission de la propriété
en deux branches, la propriété immobilière et le capital,
et par la rivalité réciproque de ces deux formes du revenu, et des deux classes qui les détiennent, les capitalistes et les propriétaires fonciers.

De bonne foi, peut-on dire que cette scission et la
rivalité qu'elle engendre soient la cause du socialisme
d'État qui déborde en France, en Allemagne, en Angleterre même, depuis une trentaine d'années ? Si cela
était vrai, ce courant philanthropique n'aurait pas
attendu si longtemps à se creuser son lit, car il y a des
siècles que le capital s'est dressé en face de la propriété
foncière. Déjà les traitants du xviii° siècle et les marchands enrichis de la même époque faisaient ombrage
aux gentilshommes terriens. Cependant ni alors, ni
sous le premier Empire, ni sous la Restauration, il n'a
été fait aucun pas vers le socialisme d'État. En outre,
pourquoi y aurait-il eu nécessairement rivalité, lutte, ou
plutôt émulation de philanthropie entre les deux branches de la propriété ? Est-ce que, au lieu de lutter
ensemble, elles n'auraient pas eu plus d'intérêt à s'allier contre l'ennemi commun ? Et n'est-ce pas au moment où cet ennemi commun, le *quatrième État*,
lève la tête, apparaît menaçant, que le capital et la
propriété foncière, loin de se combattre, devraient, si

l'égoïsme seul dictait leur conduite, former une alliance défensive et offensive ? On ne voit pas pourquoi les classes possédantes — les plus intelligentes, on l'affirme, et même on le leur reproche — seraient moins clairvoyantes, moins conscientes de leur intérêt collectif, et moins habiles à le poursuivre, que ne le sont les classes non propriétaires, qui savent si bien se coaliser, se syndiquer, pour monter à l'assaut du pouvoir.

Pour ne prendre qu'un exemple, comment comprendre, dans la théorie que je combats, la brusque innovation du suffrage universel en 1848, le don du pouvoir politique fait à des millions de prolétaires par une assemblée de capitalistes et de propriétaires ? Où est ici la correspondance prétendue entre « l'acquisition de la propriété et l'adjonction consécutive du pouvoir » ? Et n'est-il pas clair que ce grand événement politique a été déterminé par une propagation d'idées parmi un groupe de philosophes d'abord, dans les classes cultivées ensuite, et d'idées contraires à l'intérêt de ceux qui les ont jetées en circulation, de ceux surtout qui les ont accueillies ?

Si les détenteurs du Pouvoir n'avaient jamais agi que dans l'intérêt de leur bourse, jamais les classes inférieures, esclaves, serfs, plébéiens, roturiers, ne se seraient affranchies et élevées au-dessus de leur condition. C'est parce que la nature humaine, au fond, est bonne plus que méchante, est sociable avant tout, sensible à l'estime et à l'amour des inférieurs, d'autant plus sensible qu'ils s'assimilent davantage à leurs maîtres en les imitant, c'est pour cela que les inférieurs s'élèvent, s'affranchissent et viennent prendre place au banquet du Pouvoir.

En voilà assez sur ce point. Mais l'occasion nous est bonne de préciser un peu les rapports entre la propriété et le pouvoir. Y a-t-il un lien entre les caractères de l'un et les caractères de l'autre, entre l'évolution de l'un et l'évolution de l'autre? Et quel lien? Est-ce que, par exemple, la propriété collective, dans le clan primitif, s'accompagne du pouvoir collectif? Non, ce semble, le pouvoir du chef de clan, plus tard du *pater familias*, était essentiellement individuel, et même despotique le plus souvent. A l'inverse, l'apparition et le développement de la propriété individuelle ne sont nullement incompatibles avec le pouvoir collectif : la diffusion et le morcellement de la propriété sont ce qu'il y a de plus favorable à l'éclosion du suffrage universel, exercice de la souveraineté collective. L'évolution de la propriété et celle du pouvoir sont donc indépendantes dans une large mesure.

La mobilisation graduelle de la propriété, la substitution graduelle du capital à la terre, comme forme prépondérante de la propriété, est la grande transformation économique. De quelle transformation politique, qu'on puisse dire analogue, a-t-elle été accompagnée? Dira-t-on que c'est du passage de la féodalité à la monarchie administrative, d'un pouvoir terrien, fixe, routinier, à un pouvoir souple, mobile, envahissant, appuyé sur les finances de l'Etat? Mais, en Angleterre, où la puissance du Capital a été s'accroissant plus rapidement qu'ailleurs, ses progrès, à partir d'Elisabeth, ont eu pour accompagnement l'affaiblissement du pouvoir monarchique et l'avènement du pouvoir parlementaire. En France même, après avoir miné le pouvoir féodal et profité à la puissance du roi, les progrès du Capital ont eu, plus tard, pour conséquence la constitution, sous couleur démocratique, d'une ploutocratie[1]. Mais nous ne savons ce que nous réserve l'avenir.

Il n'en est pas moins vrai que, à chaque révolution

---

1. On peut se demander si ce que *certaines* démocraties ont de mieux à faire n'est pas d'être ploutocratiques. Là où il n'y a rien de mieux à opposer à la puissance du nombre que la puissance de l'argent, on a beau haïr et mépriser celle-ci, on lui doit cette reconnaissance de servir à l'autre de frein. Mais quel frein !

dans la répartition des fortunes, à chaque nouvelle forme de richesse qui surgit, correspond une transformation ou une extension du pouvoir. Il est bien certain, tout au moins, que, si la propriété n'eût pas évolué, l'évolution du pouvoir n'eût pas eu lieu, pas plus que toute autre évolution sociale. Si le régime collectiviste, ou plutôt familial, de la propriété primitive eût pu résister à toutes les causes qui devaient inévitablement le détruire, jamais l'humanité n'eût franchi les premières étapes de la civilisation. Quelques écrivains socialistes vont jusqu'à reprocher à la richesse d'avoir cherché à justifier son usurpation du pouvoir par la supériorité intellectuelle de ses détenteurs. Mais de quelle manière, autrement que par les loisirs individuels nés de la propriété individuelle, aurait pu se développer dans le monde social une élite de chercheurs et de penseurs désintéressés, curieux des secrets de la nature, et aussi une élite morale d'âmes affranchies d'un égoïsme étroit, soucieuses, par orgueil ou par ambition, du bien public, accessibles à une sympathie plus large et propres à élargir ainsi, par le rayonnement de leur exemple et leur apostolat, le domaine social et moral? Certes, l'enrichissement est souvent démoralisateur, souvent il dégrade le parvenu à l'instar de ces parasites végétaux ou animaux que leur parasitisme atrophie. Mais il suffit que, parfois, exceptionnellement même si l'on veut, la richesse ait suscité des intelligences et des âmes supérieures et qu'elle ait été jadis la condition nécessaire du développement mental, pour que tout le mal opéré par la plupart des riches soit promptement réparé et au delà par quelques-uns d'entre eux, et pour que l'institution de la propriété individuelle, en dépit de sa répartition monstrueusement inégale, soit justifiée historiquement, comme une voie indispensable de tout progrès, du progrès même en égalisation relative des fortunes.

V

LES NOBLESSES

Ces critiques faites, revenons à notre exposition d'i-
dées. Nous avons vu que les sources véritables, les sources profondes de tout pouvoir sont des découvertes ou
des inventions propagées. Maintenant se pose à nous une
question importante. Les conditions exigées pour la
création d'une institution sociale quelconque ou pour
une réforme de ces institutions, pour la formation ou la
transformation d'une langue, d'une religion, d'une
science, d'un gouvernement, d'un droit, d'une industrie, d'un art, d'une moralité, sont-elles les mêmes
que requiert la *propagation* de cette nouveauté? Non.
L'Europe moderne est dans les meilleures conditions
de diffusion et de propagation rapide d'une langue;
elle est incapable d'en créer une. La facilité et l'étendue de ses communications, la grandeur de ses États
et l'abaissement de leurs frontières permettent à un
idiome de se répandre avec une vitesse et une force
d'entraînement inconnues du passé: mais ces avantages
à cet égard sont des obstacles au point de vue de la
création linguistique, dont nous ignorons, à dire vrai,
les conditions exactes. Nous savons cependant qu'elles
sont, avant tout, un mélange tout primitif d'ingéniosité
et d'ignorance, de souplesse et de confusion d'esprit, de
curiosité et d'émerveillement devant l'écheveau du
monde extérieur à débrouiller, toutes choses bien diffi-

ciles à réaliser en dehors d'une peuplade étroite, isolée,
ramassée en soi, jouissant de longs loisirs en une région
plantureuse et n'ayant d'autre débouché facile pour
son génie inventif, à défaut de progrès industriels ou
esthétiques encore impossibles, que le jeu varié des
émissions vocales.

De même, notre monde moderne, à l'exception de
quelques nations moqueuses et sceptiques, est encore
dans des conditions assez favorables à la propagation
d'une religion existante ou du moins à sa conservation
de père en fils; mais il est certain qu'il a passé l'âge
des créations religieuses. La civilisation impériale de
Rome était une condition excellente pour la propagation du christianisme, mais ce n'est pas elle qui aurait
jamais pu le susciter, il y a fallu la fermentation intense
du petit peuple juif. Le xvie siècle est la dernière époque où cette puissance créatrice spéciale, chez nous,
ait donné signe de vie, et, certes, ses produits, les
sectes protestantes, sont loin d'égaler en richesse, en
imagination et profondeur, les grandes religions du
passé, à peu près comme l'anglais, la dernière création
linguistique de l'Europe, est loin, très loin, avec sa
pauvreté grammaticale, d'atteindre à l'originale beauté
du grec ou du sanscrit. Une religion ne s'élabore que
dans la conscience exaltée d'un homme qui vit en un
groupe étroit de disciples et d'apôtres s'enfiévrant réci-
proquement de son exaltation.

De même, à notre époque, un vieux tronc monarchique, tel que la dynastie des Hohenzollern ou la
maison de Savoie, peut être favorisé dans son expansion, dans la propagation extérieure de son prestige et
de son système de gouvernement, par les révolutions
mêmes, démocratiques et niveleuses, qui rendent impossible désormais la création de nouvelles souches
monarchiques viables et vivaces.

Nous fabriquons beaucoup de lois, à chaque séance

de nos parlements: mais est-ce là des créations juridiques véritables? Un Droit passé dans le sang d'un
peuple, un Droit réputé sacro-saint, obéi avec une sorte
de crainte amoureuse, un droit national, ne sort pas,
au grand jour, de l'écume des vagues parlementaires,
comme Vénus. Il n'a que deux manières de se former :
ou peu à peu, dans le mystère, par la vertu de la coutume enracinée d'abord dans un étroit canton, comme
le droit des Quirites, puis répandant ses racines dans
un vaste empire; ou bien *ex abrupto*, mais à la faveur
d'une gloire prestigieuse qui imprime à l'œuvre législative d'un Lycurgue, d'un Solon, d'un Justinien, d'un
Théodose, d'un Napoléon, le sceau apparent d'une
sagesse supérieure. Dans un temps comme le nôtre où
le respect s'est perdu, qu'est-ce qui peut s'établir de
respectable? Mais, si nous ne sommes plus capables de
créer une nouvelle législation viable, nous le sommes
toujours d'employer et même de propager au dehors,
pour répondre à notre besoin d'assimilation civilisatrice,
un corps de Droit déjà constitué. — Toutefois, cela n'est
vrai, encore une fois, que du droit vraiment national,
qui n'a que le nom de commun avec des lois d'un jour
votées par des Chambres.

M. Boutmy a signalé le fait que les institutions parlementaires et politiques dont l'Angleterre est si fière
n'auraient pu naître dans l'Angleterre d'aujourd'hui,
déjà démocratisée. « La démocratie a pu s'approprier
le régime parlementaire et l'imiter avec effort, après
que des exemplaires parfaits en ont été façonnés et fixés
par d'autres mains. Une aristocratie pouvait seule le
créer, en former les mœurs, en commencer les traditions. » Ces institutions anglaises qui ont fait le tour
du monde sont écloses au sein d'une noblesse peu
nombreuse, dans le coin d'une île[1].

1. Il en est des innovations destinées à se répandre le plus loin comme
des plantes importées du dehors ; elles ont besoin de s'acclimater par une

Ne viendra-t-il pas un moment où, tout en étant toujours favorable, et de plus en plus, à la vulgarisation des sciences, les conditions de notre vie civilisée seront moins compatibles avec la découverte de nouvelles théories scientifiques vraiment profondes? On trouve énumérées, dans l'*Histoire des sciences*, de M. de Candolle, les circonstances les plus propres à former de vrais savants, créateurs originaux : est-ce que cette vie de famille austère, morale, étroitement close, traditionaliste à la fois et inspiratrice, cette paix des champs, cette demi-solitude, que réclame le meilleur développement du génie scientifique, seront possibles dans le tourbillon de vie urbaine toujours plus affairée et plus dispersive où semblent courir les peuples modernes? — Et quelles sont les meilleures conditions pour la formation et la croissance du génie de l'art, dans toutes les voies? Assurément ce ne sont pas celles qui sont le plus favorables à son succès, à sa gloire, quand une fois il est né quelque part[1].

culture d'abord très restreinte dans une serre ou un petit enclos. Toute civilisation a commencé de la sorte par fleurir dans un jardin, avant de germer en pleine terre. J'ai dit, dans mes *Lois de l'Imitation*, que l'innovation qui consiste à admettre l'égalité des membres d'une société n'échappe pas elle-même à cette loi, et que, comme toute autre mode le plus souvent, elle doit ses premiers progrès à l'exemple donné par une aristocratie. Et, de fait, c'est par la haute noblesse, pairs en Angleterre, courtisans en France, que l'habitude de se traiter sur un pied d'égalité a débuté dans la pratique quotidienne. Quelle que fût la diversité des origines et des rangs, la pairie anglaise rendait égaux tous ceux qui entraient en elle. Il en était de même de la vie de cour. D'elle aussi, comme Cicéron de l'amitié, on pouvait dire : *pares aut facit aut invenit*. C'était bien de cela précisément que se plaignait Saint-Simon quand il revendiquait avec tant de hauteur pour l'ordre des ducs dont il faisait partie un privilège de considération et d'égards supérieurs qu'il voyait de plus en plus méconnu autour de lui. Car l'assimilation graduelle produite par l'intensité des relations de la cour s'y accompagnait inévitablement d'une égalisation graduelle. Plus tard, la vie de salon a continué et généralisé ce mouvement assimilateur à la fois et niveleur. En Angleterre, les divers étages de la Société ont donné le spectacle d'un travail pareil en vue de niveler chacun d'eux, malgré la distance qui les séparait les uns des autres et qui, d'une époque à l'autre, a beaucoup changé, tantôt diminuant, tantôt s'accentuant, au contraire, momentanément.

1. Sans être porté à abuser le moins du monde des comparaisons bio-

I

Après ces considérations générales, il convient de remarquer l'importance du rôle que jouent, comme créatrices ou comme propagatrices tour à tour d'une forme de gouvernement, et aussi comme pépinières du personnel gouvernemental, ces deux grandes supériorités sociales reconnues, dont l'une ou l'autre est dominante suivant les temps, une *noblesse* et une *capitale*. Une noblesse ou une capitale, en même temps qu'elle est un agent de propagation descendante, un château d'eau social, pour les nouveautés littéraires, religieuses, morales, industrielles même, nées en dehors d'elle[1], à l'étranger ou dans les couches inférieures de la nation, est un agent quelquefois nécessaire, toujours utile, de création pour les institutions politiques et administratives d'un pays. Ce n'est pas seulement la noblesse anglaise qui a fait la constitution anglaise ; c'est, en Amérique, l'aristocratie des grands planteurs des États du sud qui a fait la constitution des États-Unis. C'est la noblesse française qui a fait la monarchie capétienne et, après elle, c'est Paris qui a achevé la France, comme, après les lords, c'est Londres qui a fait l'Angleterre. Demandons-nous donc d'abord comment se

---

logiques, je puis me permettre d'ajouter que peut-être, dans le monde vivant aussi, la création d'une nouvelle espèce exige une réunion de circonstances toutes singulières et locales, reproduites à de longs intervalles (ce qui explique pourquoi nous n'y assistons jamais), tandis que les circonstances habituelles se prêtent très bien à la propagation des espèces déjà nées.

1. Parmi les défauts dont un « honnête homme » est exempt, et qu'il énumère, le chevalier du Méré, à côté de « l'injustice, la vanité, l'avarice, l'ingratitude, la bassesse, le mauvais goût, l'air qui sent le Palais, la bourgeoisie, la paresse, etc. », ne manque pas de noter « *la façon de procéder qui s'attache trop aux coutumes et qui ne voit rien de meilleur.* »

Ce qui prouve que l'aristocratie, de son temps encore — l'aristocratie dont l' « honnêteté » est l'expression la plus pure — était conçue comme la classe la plus ouverte aux innovations.

fonde une noblesse? Problème capital en sociologie
politique. aussi bien que cet autre qui sera examiné
plus loin : comment se fonde une ville?

Il y a plusieurs origines différentes, souvent co-exis-
tantes. de la noblesse : le succès à la guerre, la richesse. la sainteté ou la moralité transcendante et mystique. la culture esthétique et civilisée. Mais la supériorité à ces différents points de vue dépend toujours
de l'adaptation d'un individu — puis de ses enfants et
de sa famille. par hérédité présumée des aptitudes —
à l'état des connaissances et des ressources de tout
genre qui permettent de vaincre. de s'enrichir, d'être
jugé saint ou héroïque. d'être réputé empreint d'une
civilisation supérieure. Il s'agit toujours du rapport.
vrai ou supposé. entre cet individu d'abord. sa famille
ensuite. et les idées ou les besoins de son temps, aux
divers points de vue énumérés.

Quand on n'a inventé, en fait d'arme que la massue.
en fait de moyen de faire fortune que le harpon de
pêche ou l'arc et la flèche, en fait de moralité que la
fidélité aux prescriptions de la vendetta familiale ou
aux exigences d'un rituel fétichiste. en fait d'art ou de
luxe que le tatouage ou de grossières sculptures sur bois
de renne. le plus noble ne peut être que celui qui a le
plus de force musculaire et d'habileté comme archer.
qui est le plus férocement vindicatif ou le plus follement
superstitieux, qui possède le tatouage le plus compliqué ou le plus beau bâton de commandement. — Plus
tard. quand des animaux auront été domestiqués. que
l'art de la couture et du tissage aura été inventé ainsi
qu'un commencement de métallurgie. le plus noble
sera le meilleur cavalier. le plus riche en troupeaux.
le plus fidèle observateur de la religion du foyer et des
ancêtres et le plus savant en divination augurale. le
mieux paré de colliers d'or, de bracelets. de vêtements
de pourpre tissés par les femmes. — Plus tard encore.

quand la connaissance des plantes cultivables, l'invention des outils aratoires et des secrets agricoles, de la maçonnerie, auront rendu sédentaires les groupes sociaux et permis à de petites armées de se rassembler, de soutenir des sièges, quand les beaux-arts de tout genre se seront perfectionnés et que les idées religieuses se seront sublimées, la noblesse sera acquise, par l'habileté stratégique, par la richesse en terres, en domaines cultivés par des esclaves conquis à la guerre, par la conformité de la vie à des exemples divins, la possession de Livres Saints, les sacrifices dans les temples, par des combats de gladiateurs donnés au peuple, un grand luxe de vie, un grand luxe de table surtout, de vêtement et de logement, pas encore d'ameublement. — Enfin, à l'époque industrielle, quand les inventions et les découvertes se seront accumulées, la noblesse s'acquerra-t-elle encore? Oui, dans le sens d'aristocratie, de distinction tout industrielle, non héréditaire en général, mais prestigieuse pourtant. Alors on deviendra *gentleman*, sinon gentilhomme, par le génie déployé à manœuvrer des armées nombreuses, à diriger de puissantes batteries, par de hardies et heureuses spéculations commerciales, par de grandes entreprises industrielles, par la gloire scientifique, artistique, littéraire, ou simplement par un dilettantisme passionné.

Il est à remarquer que, à cette dernière époque, ces distinctions aristocratiques de divers genres, tout individuelles mais incessamment renouvelées et reproduites, transmises non plus par le sang, réellement ou fictivement, mais par l'exemple aidé de la sélection sociale, tendront à se concentrer dans les grandes villes, dans les capitales. Voilà pourquoi j'ai émis ailleurs [1]

---

1. Voir *Lois de l'Imitation*, p. 244-249 (2° édition), et *Philosophie pénale*, chapitre sur *le crime*, section II.

l'idée, mal contredite parfois, que les capitales sont
destinées à remplacer les noblesses. Elles sont les aristocraties impersonnelles des temps démocratiques et ne
sont pas sans participer aux vices et aux qualités propres des corps nobiliaires qu'elles amplifient même
en les reflétant : même orgueil entretenu par une
même admiration béate, où il entre une reconnaissance assez justifiée des services rendus; même rayonnement imitatif d'idées, de besoins, de modes quelconques, d'immoralité et de moralité supérieures ;
même usure et affinement rapide de la race qui vient
se consommer et se consumer là.

En somme, nous avons trouvé quatre sources de la
noblesse : une source militaire, une source économique, une source religieuse, une source esthétique.
Le tort de Fustel de Coulanges, dans son explication
du patriciat romain ou hellénique, est de n'avoir tenu
compte que de la source religieuse. L'insuffisance de
son interprétation des faits a déjà été indiquée [1]. Si
Fustel avait songé aux dettes des plébéiens envers les
patriciens et au rôle que ces relations de débiteur à
créancier ont joué dans l'histoire romaine des premiers
siècles, il n'aurait pu s'empêcher de remarquer qu'un
des traits les plus saillants du patricien était d'être riche
et notamment capitaliste. Il en était de même du noble
irlandais tel que nous le montre, d'après Summer-
Maine, le droit brehon : cette noblesse celtique était

1. Les familles patriciennes, d'après lui, sont celles qui ont eu seules
« la puissance de créer des dieux, d'instituer un culte, d'inventer l'hymne
et le rythme de la prière. » Soit, mais si c'était là la vraie et unique
cause du patriciat, comment eût-il pu se faire que les familles inférieures
— incapables, je le veux bien, d'inventer un culte (invention, d'ailleurs,
dont toutes les familles patriciennes n'ont pas dû faire les frais) — n'aient
pas songé à s'ennoblir en imitant en cela les familles patriciennes, ce qui
eût été si facile ? — N'y a-t-il pas lieu plutôt de penser que, ayant eu,
elle aussi des fétiches à l'origine, comme toute famille sauvage, la famille
plébéienne les a perdus, éclipsés qu'ils étaient par l'éclat supérieur des
dieux domestiques propres aux familles patriciennes. Or, d'où leur venait
cette supériorité d'éclat ?

riche en troupeaux, le capital de son temps, et son procédé d'assujettissement des classes inférieures consis-
tait à leur prêter des bœufs suivant un bail à cheptel
très singulier. La tenure féodale des *terres*, pendant
notre moyen âge continental, marque une phase plus
avancée des rapports économiques entre la noblesse et
le peuple. Mais il n'en est pas moins vrai qu'il n'est
pas de pays où il suffise de s'enrichir pour s'ennoblir,
quoiqu'il puisse parfois suffire *d'être né riche*, ce qui
n'est pas la même chose. Il faut y joindre un certain
degré de *respectabilité*, et de respectabilité *héréditaire*,
— car c'est là la caractéristique de la noblesse proprement dite, — dont les causes sont de nature religieuse
ou de nature militaire. Je laisse de côté la source esthétique, comme secondaire et plutôt *urbanisante* qu'*en-
noblissante*. Aussi y a-t-il, chez les Arabes, par exemple,
des familles de marabouts, où la sainteté est héréditaire, à côté des familles guerrières où la bravoure est
héréditaire pareillement [1]. La même distinction n'a pu,
à raison du célibat des prêtres chrétiens, s'établir dans
notre Europe : ici les pairs ecclésiastiques et les pairs
gentilshommes n'avaient l'air d'appartenir à la même
caste noble qu'autant que les premiers étaient gentilshommes de naissance. Mais, sous d'autres formes, la
dualité dont il s'agit se reproduit : notre noblesse de
robe est intermédiaire entre la noblesse militaire et la
noblesse religieuse des Arabes, et tient plutôt de celle-
ci que de celle-là. Il y a quelque chose de sacerdotal
dans la noblesse de robe, quelque chose d'ambigu
aussi. Suivant les époques, tantôt elle incline à constituer un clergé laïque, tantôt elle singe la gentilhom-
merie d'épée.

---

1. Chez les anciens, nous trouvons les deux noblesses presque confondues ; cependant, nous voyons en Grèce et à Rome des familles sacerdo-
tales exclusivement.

II

Mais l'essentiel, je le répète, c'est que, — née toujours d'un prestige individuel, car il faut toujours partir de là, — la supériorité d'une famille sur les familles environnantes devient noblesse quand la supériorité individuelle en question est censée avoir été transmise par hérédité. Dans le droit brehon, nous voyons que force paysans emprunteurs de bestiaux s'enrichissaient par les emprunts : ils étaient alors *bo-aires*, et leurs fils, mais non eux, devenaient nobles. Dans notre ancien régime, et partout, il en a été de même : un parvenu avait beau faire fortune, il ne se « décrassait » pas de sa roture, mais sa famille, après lui, « vivait noblement ». De même, la bravoure et la sainteté doivent, pour être ennoblissantes, être réputées héréditaires, comme il arrive pour tant de familles, où certains pouvoirs surnaturels, tels que le privilège de guérir les écrouelles par l'attouchement, étaient censés se transmettre de père en fils. Chez les *radjpouts*, chez les nobles écossais, on naît brave.

Ainsi, l'enracinement héréditaire des qualités ou des avantages, des pouvoirs, du luxe même, qui attirent l'attention sur un homme et sur les siens, est une condition *sine quâ non* de la noblesse. D'autre part, nous savons que la noblesse, quelle que soit son origine, a pour caractère propre de servir de modèle aux classes inférieures. C'est là le trait commun à toutes les noblesses, hindoues, écossaises, irlandaises, romaines, grecques, arabes, etc. Toutes sont des foyers d'imitation. Si nous réunissons ces deux caractères, nous voyons qu'une noblesse peut être définie une *sélection héréditaire propagée imitativement*. Et, par ce mutuel renforcement des deux formes — vitale et sociale — de la Répétition universelle, nous nous expliquons son extraordinaire puissance, sa persistance ou sa survivance indéfinie.

— A quelle phase du développement humain correspond l'apogée de la noblesse? Dirons-nous que, plus on remonte dans le passé, plus on le voit briller? Non. Ce n'est pas aux époques les plus primitives, à l'âge de la pêche et de la chasse, que l'inégalité des familles a atteint son plus haut degré. Les familles alors, à défaut d'accumulation possible des richesses, devaient être à peu près égales, ou du moins l'inégalité que tendait à créer entre elles la bravoure, l'adresse ou la chance supérieures de quelques-uns de leurs membres était peu de chose comparée à celle qu'accentuera, que creusera plus tard le régime pastoral, surtout le régime agricole, où la noblesse jette son plus vif éclat. Aussi la noblesse est-elle presque inconnue chez les Peaux-Rouges [1]. Chez les peuples chasseurs, où la vie de famille n'existe pas, l'inégalité des individus est bien plus frappante que celle des familles. L'individu est bien plus compté pour lui-même qu'à l'époque pastorale où il s'absorbera le plus souvent dans son groupe ramassé et organisé. Alors on sera bien plus porté à remarquer l'inégalité des familles que celle des individus. On distinguera des familles grandes et petites, glorieuses ou obscures, prospères ou pauvres, puissantes ou faibles, et l'on aura d'autant plus d'admiration pour les qualités supérieures prêtées à certaines familles qu'on sera moins habitué à admirer le talent ou le mérite d'un individu pris à part. Quoiqu'on ait d'abord remarqué ces qualités chez des individus exceptionnels, ceux-ci ont attiré l'attention non

---

1. On signale comme une exception une tribu, la plus esclavagiste de toutes, dont le *totem* tend à devenir une sorte de blason. — Letourneau fait observer que les tribus peaux-rouges les plus esclavagistes sont en même temps les plus *inégalitaires* ; et le fait n'a rien de surprenant.

pas sur eux, comme il arriverait à présent, mais avant
tout sur leurs familles, par suite de la solidarité sociale
inhérente à la consanguinité.

Si l'inégalité des familles nous frappe moins de nos
jours, l'inégalité des villes, en revanche, nous fascine
de plus en plus, et nous distinguons, sans nous l'avouer,
des villes nobles et des villes roturières, des grandes
villes, des capitales, où l'on est sottement fier de rési-
der quand on n'y est pas forcé, et des petites villes,
des bourgs, où l'on rougit d'être confiné. Ces sentiments ne sont pas étrangers, il s'en faut, à l'émigration des petites villes vers les grandes. — L'inégalité
des États est aussi de plus en plus remarquée et prise en
considération. Entre les grands États de l'Europe et
les petits États, l'abîme va se creusant de siècle en
siècle : le « concert » européen, — comme qui dirait
la *cour des pairs* nationaux, — n'admet qu'un nombre
limité de nations, qui règlent souverainement les affaires du monde. Et cette évolution amplifiante, cet
élargissement graduel du domaine des inégalités re-
marquées, ne s'arrête pas. Pareils aux barbares qui, s'a-
genouillant devant le succès de certaines familles, l'attri-
buaient à des dons mystérieux immortellement inhérents
à leur sang, de même, éblouies aujourd'hui par l'expansion coloniale et la prospérité croissante de l'Angleterre, par exemple, les nations contemporaines sont
trop portées à saluer en elle, comme un privilège de sa
race, comme un avantage immortel et inné, les qualités
qui lui ont valu sa prépondérance actuelle, due à l'à-
propos de ses défauts mêmes [1]. Et ce que je dis de
l'Angleterre, je pourrais le dire aussi bien de l'Allemagne ou des États-Unis. De là l'illusion historique
des explications tirées de l'idée de race, et le mensonge

1. J'ai dit ce que je pensais à ce sujet dans le *Figaro* du 11 octobre
1898, en réponse à une interview épistolaire de M. Jules Huret.

prestigieux de cette notion, qui tend à consacrer le
caractère quasi-nobiliaire, ou plutôt supra-nobiliaire, de
la supériorité, toujours passagère, manifestée par certaines nations. Il y aurait ainsi des nations nobles et
des nations roturières. Le malheur est, pour cette illusion, que si l'on prend la peine de remonter dans le passé
des peuples aujourd'hui prospères et entreprenants, on
les voit pauvres, faibles, sans nul esprit d'initiative, et
que, si on lit l'histoire des peuples aujourd'hui dé-
primés, routiniers, languissants, on est tout surpris
de les voir jadis héroïques et puissants, aventureux,
superbes, quoiqu'il ne soit pas prouvé le moins du
monde que la race ait changé.

VI

LES CAPITALES

Il y a, en général, un rapport inverse entre l'influence politique ou sociale des noblesses et celle des villes. Dans l'antiquité, nous voyons le patriciat romain et athénien décliner pendant que Rome et Athènes qu'ils ont formées s'élèvent. La noblesse française et Paris, les magnats florentins, pisans, génois et Florence, Pise, Gênes présentent le même rapport [1]. Inversement, après la chute de l'Empire romain, le dépérissement graduel des grandes villes a été accompagné de la formation et de l'élévation graduelle des noblesses féodales. Autre exemple, plus récent. En Amérique, où tout se passe plus rapidement qu'ailleurs, on a vu, aux États-Unis, l'aristocratie terrienne des grands planteurs du Sud, religieuse mais sans rien de militaire, noblesse-richesse essentiellement, fonder l'Union, arriver à son apogée, à une époque où il n'y avait encore que de toutes petites villes, et pâlir, décroître ensuite, même

1. Venise semble faire exception, car le pouvoir politique de sa noblesse se fortifie en même temps que sa prospérité rayonne. Mais il ne s'agit que de la fraction urbaine de l'aristocratie vénitienne; la noblesse rurale allait déclinant pendant que cette noblesse citadine, sorte de dynastie complexe, sentait, malgré ses efforts, grandir sous elle un esprit municipal hostile à l'esprit aristocratique. Il s'agissait d'ailleurs d'une noblesse du type économique et militaire, beaucoup plus que religieux, d'une noblesse richesse, la plus propre à s'urbaniser.

avant la guerre de sécession, tandis que brillaient d'un éclat grandissant les villes des Etats du Nord et de l'Est. D'après M. Paul de Ronziers, une aristocratie nouvelle est en voie de formation dans la grande République américaine : mais, à vrai dire, les grands patrons industriels dont il entend parler composent une aristocratie toute urbaine et individuelle qui, n'ayant rien *jusqu'ici* d'héréditaire, n'est pas une noblesse. C'est plutôt une sélection d'hommes éminents qui viennent se grouper dans certaines villes et qui attachent à ces villes un caractère d'élévation en quelque sorte aristocratique. Ces milliardaires cherchent à se recommander par leur générosité plutôt philanthropique ou utilitaire que fastueuse. Dès que la noblesse héréditaire, la vraie, est envahie par une noblesse individuelle, dès que le gentilhomme fait place à l'*honnête homme* du xvii⁰ siècle qui est déjà un *gentleman* français, copie originale et agrandie du *cortigiano* italien de la Renaissance, le rôle des noblesses a commencé à s'amoindrir et celui des villes à grandir.

I

Pourquoi en est-il ainsi ? Pourquoi cette inversion ? Parce que, — à partir de la *maisonnée* primitive, du premier noyau social, quel que soit le nom qu'on lui donne, qui se présente comme formé par le lien de *consanguinité* réelle ou fictive combiné avec celui de *cohabitation*, et surtout, bien entendu, par la communauté de langage, de culte, d'intérêts, d'autorité, — il n'y a que deux voies d'agrandissements possibles pour le groupe social : 1° le grossissement du groupe familial, la réalité ou la fiction de la consanguinité poussée aussi loin qu'elle peut s'étendre sans cesser d'être sentie comme un lien social : par cette voie on obtient des clans, des tribus, et, parmi ces

tribus et ces clans, des castes nobles : 2° l'association
de plusieurs familles [1], de plusieurs clans ou tribus,
et leur fusion en un groupe nouveau, susceptible
d'infiniment plus d'extension, et fondé sur le lien de
cohabitation, non dans une même maison, mais sur un
même territoire, de plus en plus vaste.

Ces deux voies, l'une monogéniste, l'autre polygé-
niste, d'agrandissement social, peuvent être rapprochées
d'une bifurcation analogue que nous observons dans le
monde vivant. Il y a là aussi deux méthodes d'agrandissement vital, l'une monocellulaire, l'autre polycel-
lulaire. Cette comparaison, d'ailleurs, n'est pas pour
justifier le moins du monde l'intrusion des idées biologiques en sociologie : autre chose est d'assimiler une
société à un organisme pour chercher dans celui-ci
l'explication de celle-là, ou même dans celle-là l'explication de celui-ci, autre chose de les comparer pour
mettre en lumière ce fait important, que cet Esprit
mystérieux qui s'agite dans la vie est soumis comme
notre esprit social à certaines nécessités logiques, qu'une
même logique domine à la fois le monde vivant et le
monde social. Pareillement, lorsque Cournot fait
observer qu'il y a dans les appareils digestifs, circula-
toires, respiratoires, musculaires, des ressemblances
frappantes avec nos cornues, nos corps de pompe, nos
soupapes, nos soufflets, nos leviers, il entend, non pas
expliquer mécaniquement ou physiquement ou chi-
miquement la vie, mais montrer que les corps vivants,
quand ils veulent faire œuvre chimique, physique, mé-

---

1. Les membres détachés de plusieurs familles peuvent aussi former
une horde, qui, en s'organisant, deviendra secte ou corporation, et n'aura,
elle-même, pour se développer, que le choix entre deux voies : 1° devenir une caste, grande famille supérieure, tribu professionnelle, où règnent
l'endogamie, un culte spécial, où l'on ne mange jamais avec l'étranger ;
2° se confédérer avec d'autres corporations qui, dès lors, forment une
ville et peuvent se recruter non plus par hérédité ou adoption mais par
élection.

canique, procèdent à peu près comme nous, semblent
appliquer les mêmes principes que nous, et, par là,
attestent la vérité objective, et supérieure à nous, de
nos sciences, de notre mécanique, de notre physique,
de notre chimie [1].

Entre les formations monogénistes et polygénistes,
la différence essentielle est que, dans les premières,
l'imitation est subordonnée et attachée à l'hérédité,
tandis que, dans les secondes, elle s'en détache. Ajoutons que le type familial n'offre aux élargissements et
aux perfectionnements possibles du groupe social qu'un
champ très limité. Le type urbain est seul compatible
avec de grands Etats et des civilisations élevées : ces
deux types de développement social peuvent coexister,
comme dans le monde arabe, comme dans l'Inde
même, mais dans ce cas l'évolution urbaine ne va pas
très loin et l'évolution familiale se dénature en la réflé-
tant. C'est peut-être l'explication de la caste hindoue,
sorte de tribu demi-civilisée [2], fondée sur la commu-

1. L'estomac est une sorte de cornue, notre tube digestif est un alambic,
les divers types de nos leviers sont réalisés par le jeu de nos muscles et
de nos os, notre cœur est un corps de pompe avec des valvules analogues
à nos soupapes, etc. Que prouvent ces coïncidences? Elles prouvent que
nos conceptions mécaniques, physiques, chimiques, sont adaptées à la
nature des choses, puisque, sans s'être copiés assurément et sans se res-
sembler en aucune manière, le génie de la vie et notre génie à nous, dans
la poursuite de leurs fins, sont conduits à appliquer les mêmes principes.
— Il y a donc, et c'est important, dans quelques-unes au moins des
sciences que nos sociétés élaborent, des vérités qui dominent de très haut
la société comme la vie, et qui, comme nous en avons la conviction, régissent aussi bien toutes les planètes et toutes les étoiles du firmament.
Mais on peut me demander : Pourquoi n'y aurait-il pas aussi bien une
biologie ou une sociologie supérieures, une biologie qui formulerait des
vérités réalisées par nos sociétés humaines aussi bien que par nos organismes, et une sociologie qui découvrirait des principes explicatifs du
monde vivant aussi bien que du monde social? C'est une question de fait ;
fût-elle résolue affirmativement, ce qui est possible mais non démontré,
il ne s'ensuivrait nullement qu'organisme et société sont identiques.
2. La caste indienne est *endogamique*, comme toutes les tribus, et les
clans qui la composent, comme tous les clans, sont *exogamiques*. Indiquons, à ce propos, l'explication, toute conforme à nos idées, que donne
M. Senart, dans ses remarquables études, de l'endogamie générale des

nauté de profession autant que sur la fiction d'une descendance commune. Quoi qu'il en soit, nous compre-
nons maintenant pourquoi les noblesses, qui sont des
supériorités familiales, demandent, pour atteindre à
leur apogée de puissance, un monde encore régi par le
lien de la consanguinité, et commencent à s'affaiblir
devant l'éclat naissant des capitales.

II

A présent, il s'agit de répondre à cette question :
comment se fonde une capitale? Mais d'abord à celle-
ci : comment se fonde une ville? Question qui répond
en partie à cette autre : « comment se fonde un pouvoir politique? », puisque ce qui devient plus tard un
simple pouvoir municipal a commencé par être un
pouvoir souverain.

Il y a toujours un noyau autour duquel les maisons
se groupent et qui renferme le principe vital de la nouvelle ville. Une ville peut naître : 1° autour d'un
temple, d'un sanctuaire miraculeux, d'un lieu de pèle-

castes indiennes. Elle se serait formée, d'après lui, par imitation de la
caste supérieure. Après la conquête aryenne, les conquérants auraient songé
à défendre la pureté de leur sang en proscrivant toute alliance avec les
vaincus. « C'est l'analogie, c'est l'imitation de ce groupement primitif qui,
se répandant de proche en proche, avec l'autorité que lui prêtait la sanction des classes dirigeantes, aurait multiplié à l'infini les ramifications,
dérivées, tour à tour et suivant les cas, de causes diverses : communauté
de langage, voisinage ou identité de profession, etc. » Cette explication
est vraisemblable et peut s'étendre à toutes les régions où l'on trouve
des tribus, qui toujours sont endogamiques : car, quel est le pays qui
n'ait pas été conquis, quel est le conquérant qui n'ait pas considéré
comme une mésalliance l'alliance avec le vaincu de race inférieure, et
quel est le sujet qui ne soit pas tenté de singer son maître ? — « L'imitation des règles brahmaniques, dit M. Senart, s'est infiltrée jusque dans
des populations restées d'ailleurs très barbares. Elles montrent à les adopter
un penchant des plus forts. Le rite brahmanique du mariage s'est im-
planté jusque dans des tribus qui n'appellent même pas de brahmanes à
leurs cérémonies. »

rinage, d'un monastère, d'une lamaserie ; 2° autour
d'un fort ou d'un palais ; 3° autour d'un port, d'une
gare, d'un hôtel bâti près d'une source minérale, ou
d'un puits dans le désert, ou d'une fabrique, ou d'une
mine d'or, de fer, de houille. Dirons-nous, enfin, qu'il
y a des villes qui se construisent : 4° autour d'un champ
de courses, d'un jeu de paume, d'un cirque, d'un
théâtre, d'un musée ? Non. Ce n'est pas qu'il n'existe
des villes d'un type avant tout esthétique, comme il en
est où domine le type religieux, ou le type militaire,
ou le type économique : mais celles même qui ont fini
par avoir pour âme dominante un théâtre, un musée,
un cirque, n'ont pas commencé par là. Ainsi, nous
compterons quatre types principaux de villes [1], comme
de noblesses, mais, pour les uns comme pour les
autres, trois sortes d'origines seulement.

Ces types embrassent des variétés fort distinctes :
les *villes-temples* et les *villes-écoles* diffèrent de plus en
plus ; les *villes-forts*, d'origine seigneuriale, et les *villes-
palais*, d'origine monarchique, telles que Versailles,
ne diffèrent pas moins : les *villes-ports*, les *villes-fabri-
ques*, les *villes-hôtels* (villes d'eaux), les *villes-gares*,
ajoutons, pour l'Amérique, les *villes-abattoirs* et les
villes-greniers, appelées *villes de viande* et *villes de blé*,
n'ont pour trait commun que l'esprit mercantile : les
villes-théâtres (Bayreuth), les *villes-musées*, sont aussi
diverses entre elles que les chefs-d'œuvre de l'art.

---

1. Notons cette multiformité que nous retrouvons partout, dès les plus
hautes origines où il nous soit permis de remonter. C'est ce qui frappe
tout observateur sérieux, Masqueray, par exemple, qui, tout en bornant
son champ d'observation à des villes formées par des populations plus ou
moins parentes et coreligionnaires, y distingue toutes les formes possibles
de constitutions. — Remarquons aussi que, suivant le même observateur
sagace, le site, l'emplacement topographique des cités ne sert pas à grand'-
chose pour expliquer leur formation et leur nature. Il en donne la preuve.
— L'identité de races n'explique pas non plus la fusion des familles ou
cités. Le plus souvent, ce sont, dit-il, des tribus hétérogènes qui se sont
unies.

Les villes saintes, dont Moscou est un exemplaire,
survivant en pleine vie moderne, sont peut-être les
plus anciennes de toutes[1]. Au moyen âge, on voit les
villes ecclésiastiques, monastiques, précéder les villes
seigneuriales et royales; et il est probable que le même
ordre de succession s'est observé dans l'antiquité. Les
villes industrielles ou commerciales ont apparu les
dernières. Entre autres caractères extérieurs qui les
mettent en contraste avec les précédentes, notons que
les villes d'industrie ou de commerce s'étendent dans
des plaines, tandis que les villes militaires se dressent
sur des hauteurs. Lenormand, dans la Grande-Grèce,
a constaté, sur beaucoup de points du littoral, le dépla-
cement alternatif, séculaire, d'une même ville qui, suivant les temps de sécurité ou d'insécurité, de commerce
ou de guerre, descendait sur le rivage ou remontait sur
la colline voisine[2].

Il ne faut pas confondre non plus les villes formées
peu à peu, par évolution lente, et les villes nées brusquement, *ex abrupto*. On les distingue sans peine, rien
qu'à jeter un coup d'œil sur leur plan. On trouve un air
de courbes vivantes aux irrégularités gracieuses des
premières, à leur pittoresque urbain qui, adouci plus
tard et comme humanisé par des nivellements et des
alignements, par des *haussmanisations* successives, n'en

---

[1] Et les plus prospères souvent. Pour n'en citer qu'un exemple, les
cinq villes saintes du Mézab, bien avant dans le sud africain, « ont été
bâties, dit Masqueray, au xiᵉ siècle (précisément à l'époque de nos bastides, lieux d'asile aussi et noyau de repeuplement) par des puritains
(musulmans) persécutés, dont les pères et les ancêtres avaient fertilisé
l'Ouad-Rhir. » Il s'y est joint des fugitifs accourus des régions voisines.
« Tous ensemble ont creusé des puits, planté des palmiers, ouvert des
marchés... Leurs villes sont non seulement plus prospères, plus grandes
que les villages de Chaouia (de l'Aurès) et des Kabyles, mais encore l'organisation en est plus complexe, et peu s'en faut qu'elles ne ressemblent
exactement aux nôtres. »

[2] Le même phénomène a eu lieu en Afrique. D'après Masqueray, les
villes du mont Aourès, au sud de Constantine, auraient été formées pendant l'invasion des barbares, avec les débris des cités antiques de la
Numidie qui se seraient réfugiées alors au cœur de ces hautes montagnes.

subsiste pas moins pour imprimer un caractère esthétique même aux quartiers neufs d'une vieille ville. Au
contraire, les villes créées par génération spontanée se
reconnaissent à leur tracé géométrique. Regardez le
damier régulier et froid d'une ville américaine. Dans
l'antiquité aussi, les villes grecques bâties par des
colons, et, au moyen âge, les bastides, présentaient cette
forme quadrangulaire, ces rues se coupant, rectilignes,
à angles droits. Notons, en passant, que, lorsque les
formes géométriques se rencontrent, par hasard, dans
les œuvres de la vie, c'est dans les organismes inférieurs,
rayonnés, diatomées : à mesure qu'on s'élève, la dys-
symétrie augmente et la sinuosité. Mais, dans les
œuvres sociales, il y a une tendance à la régularité, à la
symétrie, qui croît avec la civilisation, malgré l'obstacle
qu'elle rencontre dans la nature des choses, éprise de
libre diversité.

D'ailleurs, quel que soit leur type, et que leur formation ait été lente ou brusque, les villes sont toujours
dues à l'initiative d'un ou de quelques individus qui,
ayant eu l'idée d'utiliser les avantages spéciaux de leur
emplacement, ont attiré là des familles de colons, des
corporations, ou fixé là des hordes, des bandes guerrières et nomades [1].

Toutes les fois que nous pouvons remonter à l'ori-

---

1. Ce principe que l'individuel est la source première du général a
beau être d'une vérité palpable, il contrarie si fort cette idolâtrie naturelle du langage d'où procèdent toutes les métaphysiques nébuleuses,
qu'il a été souvent contredit avec obstination. L'explication des choses par
des termes abstraits, par des entités, qui sont des généralités, n'est, au
fond, que le renversement de ce principe. Je lis dans Masqueray que les
historiens arabes, lorsqu'ils cherchent à se faire une conception générale
de l'humanité, conçoivent « le monde barbare *comme une masse homogène* (tout à fait le rêve de Spencer) subdivisée en nations, peuplades,
tribus, familles, de sorte que, dans leur système, la nation engendre la
peuplade, la peuplade la tribu, et ainsi de suite jusqu'à l'individu qui se
trouve être la fin, non le début, de la société... » Ces sociologues musulmans ont été, on le voit, les précurseurs de beaucoup des nôtres.

gine d'une ville antique ou moderne, de n'importe
quelle partie du monde, nous découvrons qu'elle a été
non pas l'œuvre impersonnelle et anonyme d'une foule,
mais l'œuvre d'un homme. Fustel de Coulanges a
retrouvé, sous des broderies légendaires, la réalité indé-
niable des fondateurs que les cités antiques se vantent
toutes d'avoir eues pour pères. Les cités africaines aussi
ont un fondateur, un héros éponyme, mais le plus souvent oublié[1]. Pas toujours cependant. Les Aoulad Abdi
se prétendent tous des descendants d'un romain qu'ils
désignent sous le nom de Bourk « et doivent peut-être
leur cohésion, dit Masqueray, à cette antique parenté. »
Partout, dans les cimetières arabes, s'élèvent haut les
tombes des marabouts protecteurs de la cité.

Non seulement les archéologues ont cessé de regarder
comme fabuleux le récit que nous fait Plutarque, dans
sa vie de Romulus, des rites religieux accomplis par
son héros lors de la fondation de Rome, mais encore il
paraît, d'après certaines découvertes contemporaines,
qu'on retrouve dès l'âge du bronze ces rites traditionnels. Il s'agit du tracé solennel, par l'augure, des
quatre lignes à angle droit qui formaient l'enceinte, et
du creusement d'un fossé à l'entour. « Or, dit M. Geffroy, ces traits primordiaux, qui ont présidé aux premiers commencements de la ville Éternelle et probablement à ceux des petits États de l'Italie centrale qui
l'avaient précédée, ces traits dont plusieurs ont subsisté
à travers les temps historiques, par exemple dans le
mode d'établissement des colonies romaines et du
camp romain[2], les antiquaires italiens croient pouvoir

1. On a cité la Kabylie comme la population la plus démocratique, la
plus égalitaire. Cependant nulle part le rôle des *grands chefs* n'est plus
apparent; et, pour mettre en mouvement ces cités closes, pour entraîner
ces masses, il faut, là comme ailleurs, un conducteur, un séducteur
d'hommes. Il n'est ni foule sans meneur, ni parti sans chef, ni ville sans
fondateur.

2. C'est à l'imitation des *castra stativa* romains, d'après Flach, que

les reconnaître maintenant jusque dans les *terramares*
de l'âge du bronze. Les terramares, fréquents dans
l'Italie du Nord-Est, sont des lieux d'habitation humaine
primitive, construits en terre ferme sur un plancher
factice que soutiennent des pilotis, à l'exemple et sans
doute à la suite des cités lacustres... La forme des terramares est presque toujours quadrilatérale, il y a un
fossé extérieur. » D'autre part, les fouilles faites dans
les nécropoles de l'Etrurie ont abouti à cette remarque
importante « que des ressemblances incontestables rattachent la civilisation de cette période (de la plus
ancienne période étrusque) à celle des terramares. Le
rite est le même : l'incinération ; les formes des vases y
sont pareilles, particulièrement celles des ossuaires ; il
y a certaines particularités caractéristiques qui sont
communes dans la fabrication de ces objets d'usage
familier, agrafes, épingles à cheveux. »

M. Small, savant américain[1], nous apprend comment se forme une ville en Amérique. Il nous montre
d'abord le pionnier arrivant dans une vaste prairie, au
bord d'une rivière (il s'agit de fonder une ville du type
économique) avec sa femme, son chien, sa vache, son
chariot à bœufs, des poules et un coq. D'autres familles arrivent. Peu à peu un village, et le village
devient ville. Mais de quelle manière devient-il ville ?
Il faut, pour cela, une conception individuelle, un
dessein, un plan. « Des pionniers estiment que ce lieu
convient à la création d'une ville, forment *une société*[2],
dans laquelle entrent plusieurs fermiers et qui obtient

---

les bastides du moyen âge ont été construites. « Le plan était traditionnel :
une enceinte carrée ou rectangulaire, flanquée de tours, percée de quatre
portes orientées et communiquant par des rues qui se coupaient à angles
droit ».

1. M. Levasseur a rendu compte de son livre dans la *Revue de sociologie*, d'octobre 1895.

2. Cela ne rappelle-t-il pas la corporation du moyen âge, la confrérie
principale, qui fait la *commune jurée* ?

la cession d'une section *carrée* d'un mille de côté[1], et achète une bande complémentaire de terrain qui rend la future ville riveraine du cours d'eau. La corporation trace le plan des rues se coupant à angle droit, attribue un certain nombre de lots aux membres de la société comme parts de fondateur, en donne en outre gratuitement quelques-uns pour attirer des hôteliers, des manufacturiers[2]. » Puis viennent les grands travaux d'édilité : égouts, aqueducs, etc. D'après la nature différente des populations, l'ordre dans lequel se suivent les travaux publics diffère beaucoup. Ici c'est le temple, qui est le premier édifice, ailleurs c'est l'hôtel ou la banque ou la gare. Le dernier est-ce l'hôpital? Parfois c'est le théâtre.

Les déclassés, les aventuriers de toutes sortes, abondent dans le berceau d'une ville américaine. Et il en a été de même dans les bastides du moyen âge. Mais, M. de Rouziers nous le dit, les vraies forces vives, il faut les chercher dans les familles de 12 enfants, dans ces ménages honnêtes, qui s'y établissent aussitôt. « Il y a, dans quelques États de l'ouest, des régions entièrement peuplées de familles de même nationalité et liées les unes aux autres par des attaches plus ou moins fortes. » Voilà le noyau familial, vraiment fécond, des formations urbaines, en Amérique ou ailleurs, et c'est ce qui permet aux autres éléments, aux repris de justice même, de concourir à leur prospérité. On nous cite un essaim de Ménonites, établis près de Hilsboro, dans le Kansas. Ces Ménonites, Allemands d'origine, se refusent, par principe religieux, au service militaire. Au nombre de 4.000 agriculteurs ils ont émigré aux États-Unis, comme jadis les Puritains d'Écosse.

1. Se rappeler la forme carrée des villes de refuge au moyen âge, des terramares, etc.
2. Se rappeler les privilèges, les franchises promises à ceux qui viendraient bâtir dans les *villes franches* ou les *villes neuves* ou les *sauvetés* du moyen âge.

Mais ces groupes de familles ne partiraient jamais si quelque individu plus entreprenant que les autres ne les entraînait par son exemple. Et cet individu plus entreprenant se retrouve toujours, dans tous les cas — car le cas de colonisation en masse, par groupes de familles, est exceptionnel. « C'est sous la pression exercée par des hommes riches et puissants, dit le sagace observateur déjà cité, que les territoires nouvellement ouverts sont enlevés aux Réserves indiennes ». M. de Rouziers cite le nom et raconte l'histoire de l'un de ces « colons éminents », de ces fondateurs de nouvelles colonies. Les Réserves indiennes sont de nos jours successivement empiétées, de la même manière que l'ont été les grandes forêts, les Réserves de bêtes fauves, dans la haute antiquité et au moyen âge, ou comme, sous l'Empire romain, l'était le désert africain par les colonies militaires. Un moine aventureux, héroïque, au moyen âge, fondait un monastère, ovule initial et fécondé d'une ville, au milieu d'un marécage. Quand ces hommes d'une volonté tenace, indomptable, ont ouvert la voie, les hommes ordinaires suivent.

Ce n'est pas seulement au début, c'est à chaque pas en avant d'une ville, qu'une initiative industrielle est indispensable. « Une condition est nécessaire, dit M. de Rouziers que nous ne saurions trop citer ici, c'est un *leader*; il faut que, parmi tous ces hommes, il s'en trouve au moins un capable de conduire le mouvement... Quand cet homme fait défaut, il n'y a jamais de *boom* sérieux et durable. » Ce ne sont donc pas les conditions géographiques qui expliquent, avant tout, l'essor de certaines villes. L'émulation est extraordinaire entre toutes ces villes américaines. Il n'y a pas un village nouvellement fondé qui ne rêve aux destinées de Chicago. Entre les mieux situés, le hasard du génie humain décide. N'est-il pas vraisemblable que, dans le

très haut passé égyptien, il en a été des premiers villages
pré-pharaoniques comme de ces villages du Nouveau-
Monde?

III

Nous devons insister sur la composition familiale ou
corporative des agglomérations urbaines. Elle a été con-
testée et donne lieu à des objections spécieuses. Dans
les villes récentes et civilisées, il est vrai, cela nous
paraît tout naturel que diverses familles s'unissent et
se soumettent à la même autorité. Mais, dans les temps
et les pays barbares, la chose est ardue. La difficulté est
de comprendre comment deux ou plusieurs familles
ont pu, à l'époque où la vie familiale est dans toute sa
force, se fusionner. Et la difficulté apparaîtra très
grande si l'on songe à ce qu'avait d'abrupt le rempart
de préjugés, d'orgueil collectif, où se retranchait chaque
groupe domestique. Comment ce rempart a-t-il pu être
ébréché? Il n'a pu l'être que par la sympathie imitative
qui rend l'homme sociable et sans laquelle la famille
elle-même ne serait pas, et d'abord par l'éclat de quelque individu exceptionnel qui a attiré sur lui l'attention, l'admiration non seulement de son groupe mais
d'autres groupes. Alors ces groupes peuvent tendre à
se rapprocher et à s'ouvrir discrètement les uns aux
autres, et il y a des signes auxquels on reconnaît que
cette demi-fusion s'accomplit.

D'après Lyall, quand deux Hindous étrangers l'un
à l'autre ont mangé ensemble et qu'ils acquièrent la
permission de se marier ensemble, eux ou leurs enfants, ils ont fondé une nouvelle caste. A ces deux signes
extérieurs de la formation d'un nouveau groupe social,
il en faut ajouter un troisième, qui est indiqué par
Masqueray à propos des Arabes. Après que deux familles
arabes ont échangé de bons procédés, pratiqué l'hospita-

lité réciproque, marié leurs enfants, elles commencent
à se fédérer; mais le sceau n'est mis à leur union qu'à
partir du jour où elles enterrent leurs morts ensemble[1].
Dès lors elles ne se sépareront plus. « Deux familles, dit
cet auteur, se fusionnent ainsi, puis une troisième, puis
une quatrième. Et, ainsi naît la cité chez nos Africains
sédentaires, quelque nom qu'elle porte, Taddert chez
les Kabyles, Taqueleth dans l'Aurès, Arch chez les
Béni-Mézal, Tireremt au Maroc. »

Comment donc Masqueray peut-il dire, après cela,
que la cité arabe ne naît point de la famille? Il y a ici
un mal entendu. Il veut dire, cela est clair, que *l'esprit
de cité* est opposé à l'esprit de famille, à l'esprit de
caste, en ce sens que l'exclusivisme propre au groupe
familial a été détruit par le groupe urbain. Mais il est
plutôt vrai de dire que cet exclusivisme s'est élargi.
Les remparts des familles ne se sont abaissés que pour
la construction d'un rempart urbain commun à plusieurs
d'entre elles; l'antipathie des diverses familles ne s'est
dissoute que pour former l'antipathie des diverses cités.
Nous avons, nous, civilisés européens, poussé plus
avant cette transformation. L'antipathie des cités a fait

---

1. Les Américains des États-Unis, ce peuple si remuant et si actif, qui
ne saurait se fixer ni à un métier ni à une demeure, qui toujours change
de campement et de profession, ne souffrent pas qu'on déplace les tom-
beaux de leurs morts. Et, dans des grandes villes dix fois plus affairées
que les nôtres, dans des capitales où on ne connaît pas de foyer stable,
une tombe stable est si assurée aux morts qu'on n'y désaffecte jamais les
anciens cimetières. (Voir de Ronziers, p. 489 et 490 à ce sujet.) « En
France, aucune de nos grandes villes ne présente l'activité prodigieuse de
New-York. Aucune n'a cru pouvoir conserver dans son enceinte ses anciens
cimetières : on a bâti des casernes, des théâtres ou des maisons de rapport
sur des terrains qu'ils occupaient, sans souci de la profanation que l'on
commettait ainsi. Et cependant, on loue emphatiquement le respect parisien des morts... Mais ce respect même est léger et passager, superficiel et
peu durable, et il affecte des allures théâtrales, comme tout ce qui est
parisien. On enguirlande les tombes une fois l'an — jusqu'à ce qu'on les
oublie et qu'on les laisse détruire. En cela la jeune Amérique s'est mon-
trée moins utilitaire et plus respectueuse que ses aînées. »
« Chez eux (les Américains), l'esprit de tradition s'allie très bien avec
le culte du passé... »

place à celle des provinces, puis des États. Le champ
de la haine, comme le champ de l'amour, a été ainsi
s'élargissant mais s'amincissant. Et la paix sociale, en
somme, a gagné au change.

Une considération semble venir à l'appui de l'idée
de Masqueray : par la formation de la cité, dit-il, les
liens de l'individu avec sa famille sont rompus ou re-
lâchés, et, au lieu d'être solidaire de tous les siens et
sans valeur propre, il acquiert une personnalité relativement libre, une responsabilité individuelle. Cela est
certain, mais n'oublions pas que, si les liens de l'individu avec son groupe familial sont détendus, ils sont
remplacés par des liens nouveaux avec son groupe urbain ; et, en temps de guerre, il n'est pas moins assu-
jetti à sa cité qu'il ne l'était à sa famille. Et d'où lui
vient, si ce n'est de la famille, cette facilité d'obéissance,
de discipline, de dévouement, que la cité emploie à ses
fins ? — Masqueray dit que l'explication vraie, universelle, des cités africaines, c'est, non pas la famille, mais
la sympathie innée de l'homme pour l'homme, de l'individu pour l'individu. Il oublie que, précisément, cette
sympathie précieuse a été cultivée par la famille, et
que, sans les développements qu'elle a reçus dans la
famille, elle n'aurait pas manqué de se noyer dans un
déluge de sang. — En somme, la cité n'est qu'une
plus grande famille, et c'est pour cela qu'elle naît contraire à la famille puisqu'elle s'en nourrit et la copie en
l'agrandissant. En effet, c'est sur le modèle de la famille qu'elle se constitue et qu'elle agit. Elle a sa *horma*,
son honneur collectif, comme la famille ; elle a son
hospitalité sacrée, inviolable, ses repas fraternels [1], son

---

1. En Kabylie existe un usage à rapprocher des repas publics de Sparte
et d'autres villes. Avec le produit des amendes, la cité achète un bœuf
ou des moutons et en partage la viande entre les maisons. Avoir mangé
de ces parts, cela engage, cela resserre la solidarité des copartageants
quasi communistes.

culte des morts, comme la famille, et, comme elle, sa
protection (anaya) accordée à tel ou tel voyageur. —
L'esprit de cité ressemble et s'oppose à l'esprit de
caste, de même que plus tard l'esprit de nation, le patriotisme, né de l'esprit de cité élargi, ressemblera et
s'opposera à l'esprit de cité.

M. Flach, résumant ses belles recherches sur les
fondations urbaines au moyen âge, arrive à la même
conclusion : « C'est la famille élargie, par la parenté
fictive ou la parenté spirituelle, qui a enfanté les éléments primordiaux de la commune (*fara* ou *genealogia*,
associations de voisinage, corporations, gildes, confré-
ries) et fourni à la commune même son cadre essentiel. » Les villes étant l'expression la plus intense de la
sociabilité et de la sympathie humaine, l'élaboration
domestique de la sympathie était leur préparation nécessaire ; et cette origine familiale sert à comprendre
pourquoi, soit dans l'Amérique moderne, soit dans le
monde antique ou au moyen âge, pelotonnées autour
d'un temple ou d'un marché, d'un port ou d'un cou-
vent, d'un château-fort même, les villes ont toujours
été fondées pour la défense ou le travail, rarement pour
le plaisir, jamais pour l'attaque. Quand les hommes se
sont rassemblés dans un but criminel d'agression et de
pillage, ils ont organisé des bandes, rempli des cavernes,
tout au plus construit un château-fort. Mais, quand ce
château-fort est devenu le cœur d'une ville par le groupement des maisons peureuses autour de lui, c'est sa
protection contre les ennemis qu'on a recherchée, non
son aide pour attaquer les voisins. Il n'en est pas moins
vrai que toutes les villes finissent par se militariser et
quelquefois deviennent agressives. Mais leur principe
vital est essentiellement pacifique.

Il l'est alors même qu'il s'agit d'une colonie militaire, comme il y en a eu tant sous l'Empire romain.
Ici, c'est la légion qui a joué souvent le rôle de la fa-

mille initiale et pour ainsi dire ovulaire. « Dans la
Germanie romaine, les premières cités qui s'élevèrent
sur la rive gauche du Rhin naquirent autour des camps
militaires construits par les légions. Telle fut l'origine
de *Colonia Agrippina* (Cologne), d'*Ulpia Noviomagus*
(Nimègue), de *Mogontiacum* (Mayence). Il en fut de
même sur la frontière du Bas-Danube, dans la Mœsie-
Inférieure ou Scythie (par exemple Iglitza) » [1]. Les
Romains, depuis Auguste, ont souvent fondé aussi des
colonies de vétérans, de soldats licenciés. Seulement,
tantôt, sous Auguste et ses premiers successeurs, on
envoyait une légion tout entière de vétérans, avec son
corps d'officiers, ses tribuns et ses centurions, avec son
organisation militaire, pour servir de noyau à la cité
qu'on voulait fonder et qui se complétait bientôt par
l'affluence de familles indigènes; tantôt, et Tacite dé-
plore quelque part ce changement, qui s'est produit de
son temps, on groupait ensemble, artificiellement, des
vétérans isolés, pris dans des légions diverses, pour les
envoyer coloniser. « Ignoti inter se, diversis manipu-
lis, *sine rectore, sine affectibus mutuis, numerus magis
quàm colonia*. » Tacite a grandement raison, en un
sens, de se lamenter sur cette substitution d'un groupe
factice, sans unité de tête et de cœur, à une vraie corporation ou confrérie militaire : celle-ci, du temps
d'Auguste, jouait précisément, parmi les familles d'indigènes accourus, le rôle joué au moyen âge par la
corporation dominante qui parvenait à s'imposer aux
autres et à constituer la *commune jurée*. Cependant,
M. Toutain a aussi raison de remarquer que, grâce à
sa moindre cohésion, le groupe des vétérans hétérogènes rassemblés du temps de Tacite pour coloniser,
avait l'avantage de se fondre plus aisément avec la population autochtone. Dans les deux cas, d'ailleurs,

1. Toutain. *Essai sur l'histoire de la colonisation romaine.*

nous voyons la vie municipale se produire comme la fermentation d'une pâte soulevée par un levain. La pâte, ce sont les familles du pays : le levain, ce sont les vétérans et leur chef.

IV

Il ne suffit pas de dire qu'une ville est née d'un rassemblement de familles, ou de dérivés de la famille, entraînés par une initiative individuelle. Car pourquoi cette initiative a-t-elle été suscitée ici plutôt qu'ailleurs? Et pourquoi ces familles ont-elles composé en se rassemblant une ville de tel type et non de tel autre? Ici il faut faire intervenir, comme conditions fondamentales, la manière d'être des campagnes environnantes, leur état industriel, religieux, moral, social en un mot, état produit lui-même, il est vrai, par d'autres initiatives individuelles imitées, mais anciennes, qui, (suscitées elles aussi par d'autres plus anciennes encore, et ainsi de suite), ont fait l'industrie, les connaissances, les mœurs, les particularités locales et les singularités historiques d'une région. Il y a un lien étroit entre la nature des populations rurales et la nature de la ville qui se fonde au milieu d'elles. Campagnes et villes se sont mutuellement nécessaires et se complètent. M. de Rouziers explique très bien la naissance et le progrès des « villes de viande », dont la plus florissante est Chicago actuellement (jadis Cincinnati), là où elles ont apparu. Le développement de l'élevage des porcs et des bœufs dans les régions de l'Ouest, de porcs et de bœufs destinés à la consommation de l'Est, faisait désirer, dans la zone intermédiaire entre l'Est et l'Ouest, un lieu de grand marché permanent, qui ne pouvait être qu'une ville. C'est ainsi qu'au milieu de steppes ou de déserts traversés par des tribus nomades

et commerçantes, il faut aussi, — quand la période
agricole a donné l'idée de la vie urbaine, — des villes
spécialement affectées au repos des caravanes, à leur
approvisionnement, à leurs échanges. Cette explication
peut être étendue à toutes les villes du type commercial. Partout où il existe dans une région une culture
spéciale, une industrie spéciale, le besoin s'y fait sentir
d'une ville spéciale pour la fixation des prix et la commodité des transactions : ici d'une ville de viande, ailleurs d'une ville de blé (Minnéapolis), ou d'une ville
de vin (Bordeaux), ou d'une ville de soie (Lyon), etc.
Si la nécessité dont il s'agit est plus rapidement et plus
infailliblement sentie en Amérique que jadis dans notre
Europe, c'est parce qu'il y existe, grâce à l'invention des
chemins de fer et des télégraphes, des moyens de communication plus faciles. S'il y avait eu au XIIIe siècle
des voies ferrées, combien de villes y auraient prospéré
qui n'ont pas pris naissance !

Or, pourquoi l'élevage du porc et du bœuf s'est-il
répandu dans l'Ouest américain? D'abord, parce que
ces animaux y ont été importés et acclimatés par l'initiative de colons entreprenants; puis parce que d'autres
colons, trouvant ce mode d'exploitation des ressources
du sol plus avantageux que les autres modes à leur
portée, les ont imités. Mais pourquoi n'avaient-ils à
choisir qu'entre ces divers modes? Cela dépendait de
l'état de l'agriculture, qui tenait à la nature des découvertes ou des inventions déjà faites et connues. Que
telle ou telle culture, par suite d'inventions agricoles
vulgaires, devienne ou paraisse plus avantageuse que
cette utilisation pastorale du sol, et l'élevage sera remplacé par elle. C'est certainement à des initiations individuelles aussi qu'il faut attribuer l'importation de la
fabrication des soieries dans le Lyonnais, de la fabrication des cotons à Manchester.

Les villes du type militaire, ou religieux, ou artis-

tique, s'expliquent de la même manière, au fond, et
avec plus d'évidence encore. C'est le caprice de tel
moine d'Occident, c'est l'état de son âme, mystique-
ment éprise des bois ou des rochers, des vallées ou des
monts, qui a décidé de la fondation et de l'emplacement d'un monastère, centre de cristallisation d'une
ville chrétienne. La [1] renommée d'un pèlerinage, d'une
grotte d'ermite, rendue fameuse par un miracle, phénomène individuel s'il en fut, a de tout temps suffi à
susciter des villes saintes ou à sanctifier les localités les
plus profanes. Tel seigneur féodal est allé percher son
donjon sur ce plateau rocheux, où bientôt une ville se
formera, parce que, de son temps, l'état de l'artillerie
rendait ce lieu presque inexpugnable. Un siècle ou deux
plus tard, il se fût bien gardé de se planter là et eût
préféré un tout autre site, à cause des inventions qui
ont renouvelé l'armement et transformé la balistique.
— Il est à peine besoin d'indiquer qu'une ville devient
un foyer d'art à raison des génies esthétiques qui y ont
fleuri et qui lui ont laissé leur couleur.

En somme, une ville n'a pas qu'un fondateur, elle
en a des milliers. Son fondateur apparent, et aussi bien
chacun de ses transformateurs successifs, n'est venu
là, comme toutes les familles et les individus qui l'ont
suivi, que pour mettre à profit les ressources offertes
par de nombreux inventeurs obscurs ou célèbres, sans
lesquels la cité ne serait pas ou ne serait pas ce qu'elle
est. Il faut toujours en revenir à cette cause profonde :
le fonctionnement de l'invention et de l'imitation, la
propagation imitative d'initiatives.

Il est surtout une nature ou une voie spéciale d'ini-

---

1. Flach nous apprend que Sens, en 1308, émerveille les contemporains par sa prospérité « grâce à la foule des pèlerins qui y accourt, à
la nouvelle qu'on vient d'y découvrir des reliques extraordinaires, la verge
de Moïse entre autres. »

tation qui joue un grand rôle dans la formation ou
la transformation des villes, et dont nous n'avons encore rien dit. Les villes ont un penchant prononcé à
se copier les unes les autres ou plutôt à copier l'une
d'entre elles. Le premier sentiment collectif qui se développe dans une ville naissante, dès que les maisons
commencent à s'y aligner le long d'une rue unique
baptisée *grand'rue* (car à peu près toutes débutent
ainsi, quand elles naissent peu à peu), c'est l'amour-
propre et l'émulation. Il n'est pas de si petite ville
américaine qui ne tienne à honneur d'avoir un éclairage électrique et des tramways, alors même que leur
inutilité est manifeste [1]. — À voir toutes les villes de
l'Empire romain, même les plus éloignées de Rome,
même les plus étrangères nationalement au génie de
Rome, par exemple les cités africaines, se peupler
d'arcs-de-triomphe, de thermes, d'amphithéâtres, d'exè-
dres, de basiliques, de monuments de tout genre en
tout semblables, au degré près, à ceux de la ville Éternelle, on pourrait croire que cette romanisation splen-
didement monotone de l'univers a été imposée par les
maîtres du monde. Mais non : dans son livre sur les
Cités romaines de Tunisie (1896), M. Toutain démontre
que la plupart de ces grandes constructions ont été
édifiées par les municipalités elles-mêmes ou par des
associations privées. Il y a eu là imitation spontanée,
tout au plus suggérée, mais nullement obligatoire et
contrainte. Tel a été le prestige de la ville impériale.

---

1. M. de Rouziers cite une petite ville nommée Guthrie, où l'on
allume consciencieusement chaque soir 5 ou 6 feux électriques pour éclairer
un espace vide au sommet d'un coteau, mais bien en vue. — Sous cette
vanité, il est vrai, il y a un calcul, et cet étalage est une réclame qui,
donnant à une bourgade l'apparence d'une ville en progrès, tend à faire
monter le prix des terrains. De tout temps, la vanité a été cupide ou la
cupidité vaniteuse. Au moyen âge, les seigneurs qui faisaient annoncer à
son de trompe la fondation prochaine d'une bastide sur leurs terres ne
songeaient-ils pas à voir s'élever, sinon le prix de leurs terres environnantes, du moins celui de leurs produits agricoles ?

Il y a à distinguer, chez les villes, le désir d'en imiter d'autres et le désir d'en être imitées. Ce dernier désir, qui est la forme active du premier, est, au fond, l'inspiration principale de ces entreprises de colonisation qui, depuis la plus haute antiquité, se sont multipliées à certaines époques. Il n'est pas une cité grecque un peu ancienne qui n'ait essaimé en Grande-Grèce, en Asie-Mineure, en Sicile, des images vivantes d'elle-même et agrandies, où elle se revoyait avec fierté. Toute ville prospère a toujours rêvé d'être métropole. Il y a un peu de ce besoin de maternité urbaine, ou plutôt nationale, mais sous une forme très amplifiée, dans les colonisations des nations modernes. Il y aurait peut-être lieu de ne pas confondre, avec les colonisations qui procèdent de ce mobile conscient ou inconscient, celles qui naissent d'une imitation plus passive, du besoin de reproduire la mère-patrie ou la ville-mère et non, chez celle-ci, le désir d'être reproduite. Mais, dans un cas, comme dans l'autre, il y a fièvre coloniale, sorte de rut social. Ce n'est pas seulement depuis la découverte de l'Amérique que l'Europe a connu cette maladie féconde. Le moyen âge n'y a pas échappé. Seulement, c'était surtout de colonies à *l'intérieur* qu'il s'agissait, quand, par exemple, après la Peste de 1346 ou la guerre de cent ans, il a fallu songer à repeupler les territoires dévastés. Alors a commencé la série rayonnante des bastides, des villes symétriquement bâties sur un plan presque uniforme à partir de la première, avec des privilèges calqués les uns sur les autres, et conviant les émigrants de toutes les villes, de toutes les campagnes, à venir y chercher refuge. La colonisation de ces petites Amériques-là [1], ou plutôt

1. « Le cas n'était pas rare, au moyen âge, de domaines entièrement déserts et puis repeuplés par de nouveaux colons. » Exemples : A la fin du viiie siècle, la Septimanie « que les guerres des Arabes avaient réduite en solitude, est repeuplée par des réfugiés espagnols. » Dans les siècles sui-

de ces petites îles océaniennes de l'Europe, s'est opérée
à la faveur de grands courants, intermittents et fié-
vreux, comme celle du Nouveau-Monde.

Ces *villes neuves* ressemblaient étrangement aux
anciennes, aux villes-mères, d'où elles sortaient et
qu'elles copiaient. Mais elles s'en distinguaient aussi,
et précisément comme les États-Unis diffèrent de l'Angleterre, c'est-à-dire en accentuant beaucoup plus fort
les tendances naissantes et à demi-avortées dans leur
pays d'origine. Villes de refuge, villes relativement
exemptes de traditions ou de préjugés, elles devaient à
cet affranchissement relatif leur prospérité matérielle
souvent supérieure. Sans compter qu'elles étaient formées d'éléments plus audacieux et plus actifs. — La
mode des villes neuves, des *bourgs neufs*, qui commence au xiᵉ siècle, est née, d'après M. Flach, à l'imitation des bons effets produits par l'immunité ecclé-
siastique, par la protection dont un monastère couvrait
l'agglomération urbaine qui, spontanément, se formait
autour d'elle. La puissance protectrice d'un saint, du
tombeau et des reliques d'un saint, a paru d'abord
supérieure à celle d'un grand, d'un prince, d'un roi.
La première confiance collective suffisante pour grouper des masses d'hommes en une ville est née de
croyances religieuses. On appelle *sauveté* un asile d'origine religieuse, bien que garanti plus tard par le pouvoir laïque. Le territoire d'un sauveté était délimité et
rendu apparent par quatre croix, qui indiquaient où s'é-
tendait « la paix de Dieu ». Impunité était assurée aux
criminels [1]. Or, cette paix de Dieu a été imitée par la
« paix du roi » des sauvetés plus récentes, d'origine

vants, les dévastations des Normands dans le Nord, des Sarrazins au Midi,
des Hongrois à l'Est, sont réparées de la même manière (Flach).

1. N'est-ce pas là, au fond, ce qui a attiré tant d'émigrants en Amérique ? Les États-Unis eux-mêmes, en dépit de tous les traités d'extra-
dition, inexécutables, n'ont-ils pas été longtemps un véritable *asile* ?

seigneuriale ou royale. De même que le terrain compris entre les quatre croix avait été assimilé à une
église, il le fut dorénavant au palais du roi. C'est aux
xiie et xiiie siècles que s'opéra cette *laïcisation* des villes
de refuge.

V

Nous venons de répondre, un peu longuement, à la
question de savoir comment se forme ou se transforme
une ville. Nous pouvons être plus brefs dans notre
réponse à cette autre question : Comment une ville
devient-elle ou naît-elle capitale?

Une ville est capitale, d'abord. parce qu'elle est,
en pays monarchique, la résidence du monarque. La
capitale de l'Égypte ancienne a changé d'après les déplacements des Pharaons. Le sort d'une ville est souvent lié aux destinées d'une famille puissante qui l'a
choisie pour séjour : la prospérité des Habsbourg a
fait celle de Vienne; celle des Hohenzollern, la suprématie de Berlin; celle des ducs de l'île de France, le
succès de Paris. Si la dynastie des Bourbons avait per-
sisté à habiter Versailles, sans nul esprit de retour à
Paris, la vraie capitale politique de la France eût fini par
être Versailles. — Il y a ainsi quelquefois, dans un État,
plusieurs villes qui se disputent la prépondérance.
deux ou trois capitales. l'une ancienne, l'autre nouvelle (La Haye et Amsterdam au commencement de ce
siècle encore, Lyon et Paris sous les Mérovingiens, etc.),
de même qu'il y a dans certains pays une ancienne et
une nouvelle noblesse en rivalité. Madrid est devenue
capitale de l'Espagne pour deux raisons : parce que les
événements historiques ont favorisé la primauté de la
maison de Castille parmi les maisons régnantes des
petits royaumes de la péninsule; et parce que Philippe II y a transporté le siège du gouvernement.

Avant lui, sous Charles-Quint, Tolède était capitale de toutes les Espagnes, après l'avoir été de la Castille seulement. Si la dynastie carolingienne avait duré, si l'Empire de Charlemagne ne se fût point morcelé, Aix-la-Chapelle eût pu être la capitale de toute l'Europe occidentale.

Pour la formation d'une capitale aussi bien que d'une ville quelconque, et de même que pour la formation d'une aristocratie, il faut distinguer un procédé évolutif, naturel, et un procédé brusque, artificiel. De même qu'il y a des noblesses créées par décret, il y a, nous le savons, des villes bâties sur plan, et aussi des capitales qui, comme Byzance, montent sur le trône du soir au lendemain.

Même sans être la résidence d'une famille dynastique, une ville peut, par sa situation privilégiée comme port, comme route commerciale, s'enrichir et se peupler à tel point qu'elle est regardée comme la *capitale sociale*, sinon politique, d'un pays : telle est New-York à l'égard de Washington. — Une ville devient encore capitale, soit par sa fécondité coloniale qui lui fait une auréole de villes-filles la reconnaissant pour métropole, soit par la conquête de villes voisines, soit à la fois par les deux voies, comme Rome.

Nous avons distingué la capitale politique de la capitale sociale dans certains cas. Cette dernière catégorie demande à être subdivisée : elle comprend : 1° des capitales religieuses, des villes saintes, La Mecque, Jérusalem, Moscou, qui correspondent aux noblesses religieuses, à la sainteté héréditaire des familles des marabouts ; 2° des capitales économiques, puissantes par leur richesse, Tyr, Venise, équivalent des noblesses financières ; 3° enfin des capitales esthétiques, rectrices de l'art, du luxe et du goût, comme certaines noblesses finissantes. En sorte qu'il y a quatre types de capitales comme d'autres villes.

Mais, en général, la capitale politique, autant vaut
dire militaire, tend à attirer à soi tous les prestiges. Elle
suppose la centralisation du pouvoir et grandit à mesure
que celle-ci progresse. Plus un État est centralisé, plus
il est *capitalisé*, pour ainsi dire. Une capitale vraie, une
capitale sans épithète, est souvent le foyer dont la nation n'est que le rayonnement : ainsi Rome a fait
l'Empire romain, Athènes l'Empire athénien, Carthage
l'Empire punique, Venise la république vénitienne,
Londres même, jusqu'à un certain point, l'Angleterre.
D'autres fois ce foyer n'a été allumé qu'à la longue par
la convergence des rayons partis de tous les points du
territoire. C'est le cas de Paris. Mais, une fois née
n'importe comment, une capitale est toujours l'ouvrière
de la prospérité ou de la ruine d'un peuple. Et quand
ce peuple est en déclin, elle continue souvent à prospérer et à briller, comme Paris au cours de ce siècle,
comme Alexandrie sous les Ptolémées, comme Constantinople sous le Bas-Empire, comme Florence et Venise pendant la décadence de leurs Etats [1]. Et, quand
un peuple est mort, la capitale le plus souvent lui sur-
vit : Rome a survécu à l'Empire romain, Athènes à la
puissance athénienne, etc. — Est-ce qu'une capitale,
tout en humant et absorbant les forces d'une nation, ne
contribue pas, malgré tout, à la retenir sur le penchant
de sa décadence, comme fait un grand arbre pour un
terrain en pente, qu'il épuise et retient à la fois ?

Remarquons enfin que, à toutes les époques, dans le
groupe des peuples qui ont formé une même civilisation, dans le monde asiatique, dans le monde grec, dans
le monde romain avant même l'achèvement de la conquête romaine, dans la chrétienté du moyen âge, dans
l'islam de la conquête arabe, dans l'Europe moderne, il

---

1. N'est-ce pas l'éclat grandissant de Paris qui a dissimulé aux Français de notre siècle, jusqu'en 1870, la diminution graduelle de l'influence
de la France dans le monde ?

y a eu parmi la constellation des villes-reines une étoile
de première grandeur, une capitale des capitales : Babylone, Athènes, Rome, Bagdad, Constantinople, Paris.

VI

Mais l'ère des capitales sera-t-elle sans fin ? Non, et,
malgré l'accroissement numérique de la population des
villes en général, il y a longtemps que leur importance
relative a commencé à décliner. Revenons en arrière.
Au commencement de la période agricole, les villes,
même déjà grandes, ont été d'abord bien peu de chose,
politiquement et même socialement, à côté des noblesses.
Une ville s'élevait, il est vrai, parmi des villages, comme
une famille patricienne parmi des familles plébéiennes.
Mais, tant que le groupe social le plus fortement organisé était le groupe domestique, la maisonnée, tant que
le groupe villageois des maisonnées semblait quelque
chose de factice et une pure entité, un nombre plutôt
qu'un être, que pouvait bien être la plus volumineuse
de ces entités, une ville, si ce n'est une réalité bien faible
encore ? Peu à peu, cependant, cette demi-réalité se
précise, s'accentue et atteint une organisation si puissante que celle de la famille, qui s'amoindrit et se resserre, pâlit singulièrement [1]. Alors luit à tous les yeux,
comme la réalité sociale par excellence, le groupe urbain : et, sur divers points du globe, une ville, qui
s'appelle La Ville, éblouissante et retentissante, surgit :
Memphis, Thèbes, Babylone, ailleurs Mexico ou Tombouctou, — par-dessus tout Rome. Rome a réalisé l'a-
pogée suprême du groupe urbain, son triomphe écla-
tant. A elle seule, elle paraissait avoir plus de réalité,

---

1. Les villes, néanmoins — ou plutôt par suite — se modèlent sur les
familles qu'elles remplacent. Elles adoptent des armoiries à leur image.
Les corporations, à l'image des familles nobles aussi, avaient leurs blasons,

de vie, d'importance que l'Empire romain. Et, de fait,
n'était-il pas clair, encore une fois, que Rome avait fait
la *romanité*, que l'État romain tout entier n'était que la
multiplication variée de son image, que, sans elle, sans
son visage auguste et déifié rayonnant au centre, tous
ces innombrables reflets d'elle-même auraient perdu
leur raison d'être? Son apothéose, chose toute nouvelle,
était toute naturelle.

Eh bien, c'est pourtant Rome qui a le plus travaillé
à susciter le groupe social qui devait succéder au
groupe urbain et le subordonner : la nation. Existait-il,
avant l'Empire romain, une nation sentie comme telle,
à part de la cité qui en était l'âme et le foyer? Nulle
part. Mais l'Empire romain était si discipliné, et si homogène malgré sa grandeur, que le sentiment d'une
nationalité commune à tous les sujets de Rome, et non
pas seulement d'une *concitoyenneté* en tant que pourvus
du droit de cité à Rome, prit naissance et se répandit.
— Ainsi, en même temps que la vie municipale atteignait à Rome son plus haut faîte de gloire et d'éclat,
elle inaugurait la vie nationale qui, en se développant
plus tard, devait la reléguer au second plan. Il ne faut
pas, en effet, s'imaginer que nos capitales modernes
soient à leurs États respectifs ce que Rome était à
l'Empire romain. La France, pour le Français, subsisterait après que Paris aurait été détruit; de même la
Prusse sans Berlin pour le Prussien, et l'Angleterre
sans Londres pour l'Anglais. L'esprit de patriotisme,
né du sentiment de la nation réelle et vivante, s'est
substitué à l'esprit de civisme urbain. Une ville à présent, même capitale, est bien peu de chose à côté d'une
nation, j'entends d'une nation véritable, aux racines
historiques, France, Angleterre, Italie même, non Autriche-Hongrie.

Ce déclin relatif de l'importance et de la réalité du
groupe urbain, malgré l'émigration des campagnes

vers les villes, deviendra de plus en plus apparent. Jusqu'ici il est masqué par ce fait que le pouvoir politique, tout en passant, comme la réalité sociale, des villes aux nations, est resté le plus souvent localisé dans une ville, dans la capitale, de même que jadis, en passant des familles aux villes, il était resté attaché à une famille dynastique. Mais l'importance que la capitale acquiert par là est de nature toute nationale et non principalement urbaine. Si, ce qui pourrait bien arriver dans l'avenir, il n'y avait plus de capitale politique unique et permanente, l'amoindrissement de la vie urbaine comparée à la vie nationale apparaîtrait avec évidence.

Donc, c'est entre la prépondérance du groupe familial, clans, tribus, noblesses, et la prépondérance du groupe national, États, que se place la prépondérance du groupe urbain, cités, capitales. La loi d'Amplification progressive, ou de Répétition amplifiante et diversifiante, que nous retrouvons partout en sociologie, s'applique manifestement ici au groupe social.

On entre dans une ville moderne d'à présent avec la plus grande facilité, on s'y incorpore même sans la moindre peine, à la condition d'être un national. Tout Français, né n'importe où, peut, en résidant six mois à Toulon ou à Lille, devenir citoyen toulonnais ou lillois. Il n'y a plus, à vrai dire, de *droit de cité*, expression qui est une survivance. En revanche, il faut toujours remplir des formalités assez difficiles pour être naturalisé Français, et n'entre pas dans la nationalité française qui veut. — Qu'est-ce que c'est, comme être collectif, que cet immense rassemblement hétéroclite de Normands, de Bretons, de Gascons, de Berrichons, d'étrangers quelconques, qu'on appelle Paris? On y professe toutes les religions, on y pratique tous les genres de mœurs ou d'immoralités, tous les partis politiques s'y déploient à leur aise. Qu'est-ce que ces gens-là ont de commun et de propre à la fois, qui les réunisse et qui les

distingue du reste des Français, si ce n'est de voir ensemble passer certains grands enterrements, ou le cor-
tège du Bœuf gras, ou de voter, quand ils votent, pour
les élections municipales ? Combien nous sommes loin
des citoyens d'Athènes confondus dans le culte de Pal-
las, assistant religieusement à la procession des Pana-
thénées, navrés d'une douleur unanime si les hermès
des coins de rue ont été ébréchés, ou si le feu sacré de
la cité s'est éteint par mégarde ? — Ce sentiment de
sympathique et amoureuse solidarité qui unissait jadis,
dans l'antiquité, au moyen âge, les citoyens d'une
même ville en dépit de leurs discussions fréquentes,
perd de sa force et de sa profondeur à mesure que la
cité s'etend au-delà de certaines limites. Il n'est réellement vif, efficace, qu'en deçà d'un certain chiffre d'habitants. Le malheur est que si, par cette extension prodigieuse des villes qui est la caractéristique de la vie
moderne, le cœur collectif, pour ainsi dire, s'affaiblit,
l'amour-propre collectif continue à grandir ; et l'on est
d'autant plus fier d'être Parisien ou Berlinois que Paris
ou Berlin est plus populeux. C'est donc l'orgueil, et
non l'amour, qui bénéficie du développement moderne
des villes. et aussi des nations : car on est d'autant
plus fier d'être Allemand, Russe, Anglais, que la population allemande, russe, anglaise, répandue sur le globe,
est plus nombreuse et plus rapidement croissante. Ce
serait un danger pour la Paix sociale, si l'affaiblissement des liens de sympathie entre compatriotes n'était
une condition nécessaire de l'atténuation des antipathies
entre étrangers.

Les noblesses, inconsciemment, ont travaillé à se rendre inutiles. Nées pour servir de château d'eau social,
elles fonctionnent un certain temps, répandant autour
d'elles la fécondité, souvent malsaine, de leurs exemples,
et quand, par leur inégalité même, elles ont contribué
à égaliser, elles tendent à disparaître ou à se survivre

sous forme esthétique. En sera-t-il de même des villes,
des capitales surtout? Est-ce que, après avoir rempli
leur office de vulgarisation et d'égalisation démocratique, elles déclineront, perdront de leur puissance et
de leur prestige et ne conserveront plus que leur beauté
ou leur charme de vie? La question mérite d'être exa-
minée. Revenons encore en arrière. Quand le cercle urbain s'est tracé autour des familles, le *pater familias* de
chacune d'elles a cessé d'être roi ; la famille est restée
famille mais elle a cessé d'être un petit Etat. Quand, autour des cités, s'est tracé le grand cercle national, la
ville à son tour a cessé d'être un petit Etat, et les magistrats municipaux ont dû abandonner aux chefs du
groupe national le pouvoir politique[1]. Seulement, parmi les familles fusionnées en cité, il en est d'ordinaire
une prépondérante, *dynastique*, qui a d'abord monopolisé le pouvoir politique de la cité d'abord, de la nation
ensuite. Et, parmi les cités fusionnées en une nation, il
en est une le plus souvent en qui s'est localisé le pouvoir politique de la nation. En général même, et encore
de nos jours, on a vu coexister ce monopole du pouvoir dans une famille régnante et sa localisation dans
une capitale. Or, quand une nation monarchique s'est
transformée en république, est-ce que, après avoir sup-
primé le privilège dynastique, elle songe aussi à faire
disparaître le privilège municipal de sa capitale? Est-ce
que la France de 1792, après avoir décidé qu'il n'y aurait plus de dynastie, que les dépositaires du pouvoir
seraient librement élus dans n'importe quelle famille
française, a décidé aussi qu'il n'y aurait plus de capitale,
et que Paris deviendrait une ville française comme une

1. Le pouvoir politique est toujours le pouvoir *suprême*, celui qui
régit le cercle social le plus étendu, dans lequel sont emboîtés des cercles
moindres, province, canton, ville, famille, qui, jadis pourvus du pouvoir
politique, en ont successivement été dépouillés à mesure que se traçait un
cercle supérieur à chacun d'eux.

TARDE. — *Transf. du pouvoir.*   8

autre, de même que la famille Capet était devenue une
famille française comme une autre? Au contraire, le monopole politique de Paris s'est renforcé de la suppression du monopole politique enlevé aux Bourbons, et
jamais Paris n'a autant régné sur la France que depuis
que nulle famille royale ne règne plus sur la France et
Paris. Or, doit-on voir là une inconséquence destinée à
être sentie et effacée, ou n'est-ce pas plutôt une nécessité
pratique de compensation instinctivement recherchée?
En réalité, les États démocratiques, pour être vraiment
d'accord avec leurs principes, devraient promener de
ville en ville la tente nomade de leurs ministères. Mais
cela ne se peut et la fixité locale du gouvernement s'impose d'autant plus qu'il grandit davantage. Toutefois,
de même que les États qui ont conservé la forme monarchique parce qu'ils ont jugé son maintien commode
et rassurant, l'ont vidée d'à peu près tout son con-
tenu de puissance et ne lui ont laissé qu'une valeur de
symbole vivant, encore utile, de même, les capitales
maintenues commencent à voir leur absolutisme ébranlé, démoli chaque jour, par les progrès de la représentation nationale, d'où résulte inévitablement une décentralisation politique de fait, très supérieure dans la
France actuelle à la décentralisation apparente et de
droit. Le Conseil municipal de Paris de nos jours, comparé à la commune de Paris de 1793, suffit à donner
l'idée de cette diminution de pouvoir.

VII

LA RÉPÉTITION AMPLIFIANTE

Nous venons, dans tout ce qui précède, de nous promener librement dans notre sujet. Mais nous ne l'avons traité avec quelque étendue qu'à un seul des trois points de vue auxquels, d'après des idées exposées ailleurs[1], chaque science en général doit se placer pour être complète, et en particulier chacune des sciences sociales. La plus avancée de celles-ci, la science de la richesse, aurait avantage à remplacer la division quatripartite qu'elle conserve par routine et dont les lacunes ou les doubles emplois et les superfluités sont manifestes, par une division tripartite. Elle étudierait les phénomènes qui lui sont propres sous le rapport, tour à tour, de leur *répétition*, de leur *opposition*, et de leur *adaptation*. La répétition économique comprendrait la reproduction (ce qu'on appelle faussement la production) des richesses, et d'abord la propagation des jugements et des besoins spéciaux qui donnent à ces richesses toute leur valeur, toute leur raison d'être, toute leur

---

1. Voir notamment *Lois sociales* (Félix Alcan. 1898).

existence sociale. Elle verrait dans la tendance de cette propagation à rayonner indéfiniment la cause de l'agrandissement des marchés et des industries. L'opposition économique traiterait de la concurrence, de ses causes et de ses effets, et de sa transformation dans le sens d'une amplification grandissante. Et l'adaptation économique embrasserait l'invention, l'échange, l'association, présentées comme les trois grands procédés connus de l'harmonisation des travaux sur une échelle toujours plus vaste.

De même, la science du Pouvoir, la sociologie politique, devrait, pour être complète, envisager son objet sous ce triple rapport. Or, c'est surtout, et presque exclusivement, du premier que nous nous sommes occupés jusqu'ici. Nous n'avons à peu près parlé que de ce qui a trait à la répétition politique. Nous avons vu par quelles propagations d'idées et de besoins, suscités par des initiatives fécondes, se produit, se reproduit, s'étend le pouvoir; que c'est, au fond, la cause de tous les déplacements et de toutes les transformations de l'autorité, la raison pour laquelle l'autorité sociale et politique passe, notamment, des noblesses aux capitales, devient, de rurale et de familiale qu'elle était, urbaine et nationale, et s'impersonnalise en s'amplifiant. Nous avons, il est vrai, touché à bien d'autres questions, et effleuré en passant ce qui a trait à l'opposition et à l'adaptation politiques. Mais il reste à traiter avec plus d'étendue ces deux grands côtés de notre sujet. Il convient même de compléter d'abord, et ce sera l'objet de ce chapitre, ce qui a été dit sur le premier aspect, élémentaire et fondamental, de la vie politique.

I

Insistons donc de nouveau sur le rôle que joue l'imitation dans la vie politique[1]. Et, à ce propos, commençons par répondre à une objection, fondée sur un simple malentendu, qui m'a été adressée par quelques sociologues. J'ai dit que le caractère universel et permanent des actes et des faits sociaux quelconques (parler, prier, travailler, *commander*, peindre, sculpter, etc. — écouter, consommer un service, obéir, regarder un tableau, une statue, etc.) était d'impliquer un rapport ou des rapports d'imitation, de se composer d'actes ou de faits élémentaires qui, à l'origine, ont été imités d'homme à homme. A cela on a opposé que beaucoup d'actes d'obéissance et d'entraînement ont lieu par *contrainte* et non par suggestion de l'exemple, et que, en outre, « si l'imitation est un phénomène social parce qu'elle est une forme de l'influence (suggestive), toute influence (toute suggestion) n'est pas initiative.[2] » « Soutenir que l'homme ne puisse influencer que par l'exemple les jugements, les décisions et les actes de son semblable, c'est vraiment pousser un peu loin l'analogie entre l'espèce humaine et les autres espèces biologiques. » Aussi n'ai-je pas dit cela, mais je prétends qu'il n'est pas une forme de l'influence suggestive ou même de la contrainte — si on laisse de côté la contrainte purement physique, sans rien de social, — qui ne se compose et ne s'accompagne de rapports d'imitation. L'humanité, dans son passage préhistorique de l'état de société animale à l'état de société humaine, a passé par degrés du com-

---

1. Dans sa *Politique* (chap. III, p. 79 et suiv.), Bluntschli dépeint, sous le nom de l'*esprit du temps*, une *puissance*, mystérieuse suivant lui, et dont il parle en style de visionnaire didactique. Et il se trouve que cette puissance, qu'il n'appelle jamais de son véritable nom, est tout simplement celle de l'*imitation-mode*. Ce sont précisément les caractères et les effets de celle-ci qu'il attribue à l'*esprit du temps*, sans les rattacher les uns aux autres ni à leur cause commune. Tout ce chapitre, *lu au point de vue de l'imitation*, devient parfaitement clair en ce qu'il a de vrai, et ce qu'il a de chimérique et de faux apparaît non moins clairement.

2. C'est l'objection que m'adresse M. Edmond Goblot, dans sa *Classification des sciences*, livre très creusé d'ailleurs (Paris, Félix Alcan).

mandement non verbal au commandement verbal. Or, que pouvait être un ordre donné, avant l'invention de la parole, si ce n'est un exemple suggéré? Alors, le rapport de maître à sujet, comme dans les troupeaux de chevaux ou de bisons, a été celui de modèle à copie. Mais, en même temps qu'il copiait le maître, chaque sujet copiait les autres sujets ou se copiait soi-même par cette imitation de soi-même, physiologiquement organisée, qu'on appelle l'habitude[1]. Et le maître lui-même ne répétait-il pas, dans ses initiatives plus apparentes que réelles, toujours partielles, jamais complètes, ses actes habituels, empruntés imitativement à ses parents et à ses prédécesseurs? Rien n'est changé quand la parole apparaît, si ce n'est que l'obéissance cesse alors peu à peu d'être une imitation du maître par le sujet[2], mais elle continue à être, ou plutôt elle devient de plus en plus, un acte imité des autres sujets, car on ne peut jamais commander qu'un acte déjà connu, un acte pratiqué et répété maintes fois : on ne décrète pas le génie. D'autre part, le maître, en parlant, fait acte d'imitation au premier chef : rien de plus imitatif que la parole ; et en commandant, il imite aussi, il emprunte à la tradition quelques-unes des formes du commandement déjà en possession de la vertu impérative qui s'attache aux produits de l'imitation-coutume, ou bien il emprunte à l'étranger des formes nouvelles du commandement que le prestige de la mode est en train d'acclimater. En somme, le maître ne saurait qu'être imitateur en ordonnant, à moins d'être incompréhensible, et le sujet ne saurait être qu'imitateur en obéissant, à moins d'être génial et de faire ce qu'on ne lui commandait pas. De l'imitation procède

1. Retenons, en passant, une excellente définition que donne quelque part M. Goblot de l'habitude : « La transformation de l'organe par la fonction. »
2. Encore y a-t-il ici des transitions significatives : la parole commune peut être accompagnée d'une gesticulation intense qui est l'ébauche de l'acte à accomplir.

l'obéissance. Un peuple qui ne serait pas né copiste ne
serait pas gouvernable, alors même qu'il sentirait très
fort le besoin d'être gouverné. Une nation composée
d'hommes de génie, qui seraient (par hypothèse) gé-
niaux sous tous les rapports, donnerait le spectacle de
la plus complète anarchie. — C'est donc bien à tort
qu'on m'objecte les idées de M. Durkheim sur la contrainte sociale, idées que je n'adopte pas du reste, mais
qui, fussent-elles vraies et démontrées, n'entameraient
en rien ma définition du rapport social élémentaire.

Cette parenthèse fermée, ne revenons plus sur les innombrables *éditions d'exemples* à millions et milliards
d'exemplaires que la vie politique postule, comme tout
autre aspect de la vie sociale, considérée par son détail
intime et individuel. Mais, considérant les faits de masse,
indiquons le caractère imitatif des influences que les
nations différentes ou les différentes classes ou provinces
d'une même nation exercent les unes sur les autres au
point de vue de leurs institutions politiques. Quand on
a constaté les similitudes frappantes de ces institutions
dans une vaste région, — dans une région qui s'élargit
à mesure que les communications sont plus faciles — il
reste à les expliquer. A l'époque contemporaine, c'est
aisé. Nous savons, à n'en pas douter, que, dans l'ère
moderne, la seule où l'histoire voit très clair, il y a toujours eu en Europe un peuple *à la mode*, jouissant du
privilège d'être imité, grâce au prestige du succès ou d'une
civilisation jugée supérieure : l'Italie au xve siècle, au
xvie siècle l'Espagne, à partir du xviie la France, et
plus tard l'Angleterre. L'idée de l'État moderne, administratif, laïque, est née dans les petites principautés
italiennes, et s'est reproduite, amplifiée, dans les grandes nations voisines. Si l'absolutisme monarchique sé-
vit dans presque toute l'Europe sous Louis XIV, c'est à
l'imitation du type français de gouvernement. Après
1815, le parlementarisme anglais, dès que la France l'a

adopté, se répand partout, des deux côtés de l'Atlantique, jusqu'en Turquie, jusqu'au Japon[1].

Mais ce qui est évident pour l'ère moderne n'est pas moins vrai des âges plus anciens. Si le régime féodal règne au moyen âge, ce n'est pas que les conditions d'existence qui l'ont rendu viable l'aient suscité partout à la fois : c'est que, suscité quelque part, on ne sait au juste comment, il a rayonné de là. Dans le monde hellénique de l'antiquité, nous remarquons, entre les nombreuses cités qui constellent la mer Egée, les rivages de l'Asie et de l'Italie, des ressemblances qui attestent soit qu'elles procèdent les unes des autres par colonisation, sorte de génération imitative, soit aussi que des vents de mode ont soufflé sur elles à certaines époques où Sparte et Athènes tour à tour fascinaient les autres villes. Et, s'il en est ainsi, l'induction nous conduira à expliquer de la même manière un grand nombre de similitudes, d'ordre politique ou autre, qui sont signalées par les voyageurs entre peuplades sauvages ou barbares, souvent même séparées par de grandes distances. Quand ce ne sera pas par voie d'*essaimage*, de colonisa-

---

1. Voir, notamment, l'ouvrage de M. Dareste sur les *Constitutions modernes* et celui de M. Seignobos, sur l'*Histoire politique de l'Europe contemporaine*. La France, battue par l'Angleterre en 1814, n'a rien de plus pressé que de l'imiter politiquement. La charte de 1814 s'inspire du modèle anglais « qui attirait alors particulièrement l'attention ». Et toutes les Constitutions qui ont suivi, à savoir celles « des Pays-Bas (29 mars 1814), de la Norvège (4 novembre 1814), de la Bavière (26 mai 1818), du grand-duché de Bade (22 août 1818), du Wurtemberg (25 septembre 1819), les deux chartes portugaises des 23 septembre 1822 et 29 avril 1826 », sont faites à l'imitation combinée de l'Angleterre et de la France. — La Révolution française de 1830 eut pour effet de propager dans les pays germaniques un mouvement constitutionnel — d'origine britannique et française à la fois. La Révolution de 1848 a eu aussi son grand contre-coup européen. On voit alors s'étendre une crise des plus alarmantes, provoquée par l'attrait des deux innovations de 1848 : la République et le suffrage universel. Partout on s'agite sous l'action de ces ferments français. Une réaction terrible effaça en majeure partie l'effet de ces changements politiques, mais « l'exemple de la réaction était encore venu de la France ». La Révolution de 1870 est la seule de nos Révolutions qui n'ait eu « aucun contre-coup en Europe ».

tion familiale pour ainsi dire, que ces analogies seront
explicables, ce sera, en général, par voie d'emprunts uni-
latéraux ou réciproques. Il est certain cependant que si
l'on partage le préjugé pseudo-scientifique relatif au
prétendu misonéisme universel des primitifs, cette dernière explication doit être repoussée à priori. Si nombreuses, donc, si étroites, si précises que soient les
ressemblances entre les grammaires ou entre les diction-
naires de deux langues, entre les dogmes ou entre les
rites de deux religions, entre deux institutions, entre
deux arts, entre deux industries, nous devons, pour nous
conformer à ce préjugé, admettre que ces choses si semblables sont autochtones, nées sur place, et écarter
l'hypothèse d'emprunts faits à l'un de ces peuples par les
autres. — Mais, fort heureusement, les faits observés
protestent contre cette horreur des innovations et des
importations étrangères, que l'on prête aux peuplades
barbares ou sauvages. Tous les bons observateurs, à
commencer par les missionnaires, qui ont mis à profit
l'amour des nouveautés chez ces peuples pour les con-
vertir si facilement, ont noté l'extrême avidité du nouveau et de l'exotique chez les femmes et les jeunes gens
des tribus réputées les plus routinières. Elles sont obligées, comme le remarque Le Play, de prendre des
mesures contre l'humeur novatrice de la jeunesse pour
se retenir sur la pente dangereuse de trop rapides changements. Mais on a beau faire, leur langue change avec
une extrême rapidité, et la langue est le miroir le plus
fidèle de leur état social[1].

1. Voir un *Royaume polynésien*, par Sauvin (1893). L'auteur a
voyagé en Polynésie, il raconte ce qu'il y a vu de la modernisation si
rapide des îles Sandwich. Elle s'est opérée à la suite de la conquête de
ces îles par le grand Kamahamaha I, le Napoléon polynésien, contemporain du nôtre. Tout sauvage qu'il était, ce chef a ouvert son pays aux
exemples étrangers, et, après lui, ç'a été une invasion d'idées, d'institutions anglaises et américaines, françaises aussi, à la suite de la conversion
des indigènes au christianisme. Le Japon ne s'est pas modernisé plus vite

II

Ce n'est pas à dire qu'il n'y ait souvent, entre les institutions quelconques de deux nations, force analogies remarquables sans que les unes aient été le moins du monde imitées des autres[1]. Mais ces similitudes internationales elles-mêmes, qui sont à bon droit dites spontanées — et dont le nombre, d'ailleurs, se réduit d'autant plus qu'on y regarde de plus près — se produisent, dans chaque peuple séparément, par application des lois de l'invention d'abord, et ensuite des lois de l'imitation. Celles-ci n'ont pas besoin d'être importées pour être appliquées, car elles sont essentielles à la

ni plus complètement que les îles Hawaï. Le parlementarisme s'y est enraciné, et le christianisme protestant, sous sa forme la plus froide et la plus nue, s'y est substitué aux plus poétiques superstitions des aïeux, sans parvenir cependant, heureusement, à faire disparaître les danses nationales, amoureuses et charmantes. Cependant, depuis des siècles, le Hawaïen vivait attaché aux mêmes coutumes, et, surtout après le massacre de Cook, pouvait passer pour le plus bel échantillon de *misonéisme*. La vérité est que, si le sauvage souvent n'*imite que l'antique*, ce n'est nullement par *horreur du nouveau*, mais parce qu'il n'a jamais eu occasion de rencontrer une nouveauté qui, par la manière dont elle lui est présentée ou par la classe de gens qui la lui offrent, lui inspire une sympathie admirative. Il faut, pour que son très réel amour du nouveau se révèle, que le nouveau lui soit offert par ses supérieurs habituels, reconnus tels — par exemple Kahamaha I... — « La caractéristique du Canaque, nous dit M. Sauvin, n'est pas, comme on pourrait le croire, la brutalité ; c'est, au contraire, sous une enveloppe barbare, un fort penchant pour le mystérieux, une remarquable douceur de voix, de gestes et de mouvements, une générosité sans ostentation, un grand désir de l'inconnu, et une aptitude spéciale à s'assimiler la civilisation étrangère... » Et tout ce que M. Sauvin avance là, il en donne la preuve abondante. — Le Canaque n'est pas du tout *business-man* ; « il a souvent les vices du blanc, mais n'est jamais égoïste, jamais intéressé » Sa langue est « une douce musique ». D'ailleurs, il se modernise au point de dépasser ses maîtres. « L'obligation et la gratuité (de l'instruction publique) étaient établies dans le Royaume à l'époque où la question était encore en France très discutée... » À Honolulu, la capitale, il y a 14 journaux, dont 4 quotidiens...

1. Dans mes *Lois de l'Imitation*, tout un chapitre est consacré à l'interprétation de ces similitudes non imitatives.

nature humaine. — Par exemple, au Japon, comme
dans notre Europe du moyen âge, comme dans d'autres
pays, il y a eu une organisation féodale, et certainement
il n'y a pas lieu de penser que la féodalité japonaise ait
été suggérée par l'exemple de la féodalité européenne.
Mais, soit au Japon, soit en Europe ou ailleurs, la
féodalité, quand les conditions qui la rendaient possible
se sont trouvées réunies, s'est réalisée conformément à
la loi de l'imitation du supérieur par l'inférieur : après
une conquête, le monarque conquérant cède des terres
à ses compagnons d'armes devenus ses vassaux moyennant certaines obligations militaires ; ceux-ci à leur
tour, à son exemple, ont des vassaux, et ainsi de suite.
Cet échelonnement de fiefs et d'arrière-fiefs est inévitable dès que le roi a eu l'idée — bien simple invention
à coup sûr, s'offrant d'elle-même à l'esprit — de diviser
le pays conquis entre ses principaux officiers à la charge
de le servir de nouveau à la guerre.

J'aurais pu choisir d'autres exemples comme celui de
l'organisation et de l'évolution pénales comparées chez
un grand nombre de peuples. L'organisation et l'évolution économiques feraient ressortir des rencontres
encore plus frappantes et précises. Or, il n'est rien de
plus essentiellement imitatif. Partout, chez les Incas ou
les Aztèques, comme en Grèce et dans tout l'ancien
monde, une monnaie apparaît et se répand dès que
l'assimilation imitative des besoins et des produits a
atteint un certain niveau. Partout, en raison de la tendance des exemples à rayonner en tous sens, les marchés vont s'étendant, et leur extension graduelle pro-
voque le passage à la petite à la grande industrie, en
commençant par les industries de luxe. — Autre
exemple. Nous voyons la lettre de change et les opérations de banque usitées à Athènes dès une haute
antiquité puis, après une interruption de quelques
siècles, nous voyons ces institutions refleurir à Venise

et à Gênes. Y a-t-il eu suggestion imitative dans ce dernier cas? Ce n'est pas très probable. Dans beaucoup de sociétés, l'idée de la lettre de change ou du billet à ordre, l'idée de la banque, ont dû apparaître spontanément comme une nécessité logique dès que les éléments de ces inventions assez simples se sont rencontrés. Or ces éléments, à savoir la vente à crédit généralisée, l'écriture vulgarisée, et un marché commercial étendu au delà des limites de la tribu et de la cité, supposent le fonctionnement des lois de l'imitation (et de la logique). Cela est évident pour la vente à crédit, car rien n'est plus affaire d'imitation que la hausse ou la baisse de la confiance, et c'est en s'assimilant de plus en plus par l'échange des exemples que les hommes arrivent à se fier davantage les uns aux autres.

Ainsi, même les similitudes internationales, qui ne sont pas l'effet direct de l'imitation, en procèdent indirectement. Et cela est vrai, spécialement, des similitudes d'ordre politique.

Mais l'assimilation imitative que requiert la vie politique n'est pas la même que l'assimilation imitative exigée par la vie économique, et il est à remarquer que la première est, en général, plus aisée à opérer que la seconde, qu'elle devance. Les besoins d'ordre économique, en fait d'alimentation, de vêtements, d'abris, sont bien plus lents à se [1] répandre par contagion que

---

1. La règle n'est peut-être pas sans exception. On peut se demander si les idées libérales au xviiie siècle se sont propagées avec plus de rapidité que (je demande pardon du rapprochement) la culture de la pomme de terre. À coup sûr, elles ont fait moins de chemin, ont été moins loin, d'un pas moins sûr et moins continu, moins sujet aux rétrogradations. On n'a pas assez admiré avec quelle continuité, malgré tout ce qu'on a dit sur la routine de nos paysans, s'est généralisée, universalisée, cette culture féconde. Et cette remarque est applicable à la plupart des pratiques agricoles. Elles sont, de toutes les actions humaines, celles qui se sont propagées le plus loin par l'action ininterrompue de l'imitation de voisin à voisin. M. Guiraud nous dit que l'agriculture hellénique a subi l'in-

les croyances ou les passions relatives à des droits
nouveaux, à l'acquisition de nouveaux pouvoirs, de
nouvelles garanties, de nouvelles libertés. Aussi la
grande politique a-t-elle partout précédé la grande
industrie : en France, en Espagne, en Angleterre, en
Russie, en Allemagne. Les anciens n'ont jamais connu
la grande industrie, ils ont souvent pratiqué la grande
politique. — La grande industrie suppose la diffusion
des mêmes besoins de consommation, ou de production
en ce qui a trait au bien-être individuel : la grande politique suppose la diffusion des mêmes aspirations idéales,
notamment juridiques, relativement à la prospérité
collective. Peu à peu, d'abord très faible et très clair-
semé, puis plus intense et plus répandu, puis très fort
et très général, le désir d'acquérir certains droits grandit, se précise, se fortifie. Alors, en agissant sur ces
aspirations communes qu'il emploie à ses fins, l'homme

fluence de la Perse, de l'Égypte, de Carthage, de Rome. Il en est ainsi
de tous les peuples, même les plus renfermés en soi et les plus sédentaires.
Et il est remarquable que ce soit précisément parmi les couches les plus
sédentaires de la population, les plus attachées au sol, que s'opère avec le
plus de succès le transport des exemples aux plus grandes distances, en
dépit de tous les obstacles des frontières et des mœurs. Sur toute l'étendue
de l'Égypte, partout l'agriculture était pareille, partout les mêmes procédés d'ensemencement et d'arrosage par la *noria*, tandis que, d'un dème
à l'autre, c'était d'autres dieux, d'autres cultes, d'autres mœurs, d'autres
langues même. — C'est que, si rivé qu'il soit à son coin de terre, l'agri-
culteur ne cesse de regarder autour de lui, dans son voisinage, même les
terres de son ennemi, pour en comparer les récoltes aux siennes, les procédés de culture aux siens. Lentement, mais sûrement, de la sorte, à
partir d'une initiative heureuse, marche et rayonne l'imitation dont elle
est l'objet. Et rien ne l'arrête, tandis que souvent la différence des langues ou des religions arrête l'émigration ou l'immigration des idées, que
la différence des mœurs arrête la propagation d'autres industries et de la
plupart des arts et des littératures. — L'agriculture est bien propre à
montrer le véritable rapport entre l'imitation-mode et l'imitation-coutume, celle-ci procédant de celle-là et la consolidant. Ici, les deux se font
voir plus fortes qu'ailleurs. En effet, si rien ne se transmet plus fidèlement
et plus sûrement de voisin à voisin que les exemples agricoles susceptibles
d'être imités avec avantage, rien non plus ne se transmet avec une fidélité plus invariable de père en fils. Leur pérennité est aussi admirable que
celle des racines linguistiques. Voyez l'usage de la vigne liée aux ormeaux
en Italie.

d'État dispose d'une grande force, ce meunier peut
faire tourner une grande roue.

L'*imitativité politique*, pour ainsi parler, étant de
nature plus rapidement contagieuse, mais non aussi
continue ni aussi tenace que l'*imitativité économique*[1],
il ne faut pas s'étonner que les révolutions politiques
l'emportent en éclat et en soudaineté sur les révolutions
sociales, qui cependant ont plus de profondeur et de
durée. Sociales ou politiques, du reste, elles sont des
accès d'imitation exaspérée, jusque dans leurs nouveautés les plus radicales.

III

Il arrive souvent que, sous l'empire d'une crise d'orgueil, un homme se propose de faire quelque chose qui
ne ressemble à rien, qui ne soit copié sur personne.
Mais alors, outre qu'il est toujours copiste sans le savoir,
il cherche à offrir un modèle nouveau à l'imitation du
monde. C'est ce qui est arrivé au peuple français au
moment où la Révolution a éclaté. Un orgueil immense
s'est emparé de tous les français, et, quand on lit les
écrits du temps, dit Tocqueville. « parmi tous les projets de réforme qui viennent d'éclore, on n'en trouve
presque aucun où l'on daigne imiter l'étranger. On ne
veut rien imiter, ni rien faire qui ne soit nouveau. Il
n'y avait pas un Français qui ne fût convaincu qu'on
allait introduire dans le monde de nouveaux principes
de gouvernement *applicables à tous les peuples de la*

---

1. La vie artistique suppose l'assimilation imitative des sensibilités,
surtout visuelles et acoustiques. Aussi, les sensations étant moins contagieuses que les croyances et les désirs, les changements de goût esthétique se montrent fort lents, comparés aux changements des idées politiques. L'*imitativité esthétique*, en d'autres termes, est d'une assez
grande lenteur ; les révolutions du goût *public* ont moins de brusquerie
que les révolutions de gouvernement — même à notre époque.

terre et destinés à renouveler la face des affaires humaines. » On sait assez que ces nouveautés gouvernementales, quoique les plus vraiment neuves qu'un peuple ait jamais enfantées, consistaient en combinaisons et ajustements d'emprunts faits à la République américaine, à l'Angleterre, à l'antiquité classique, le tout amalgamé sous l'inspiration des idées de Rousseau qui lui-même a été copiste plus qu'il ne semble à première vue.

Taine me paraît s'être trompé en attribuant à l'exagération de l'esprit classique, à son culte de la symétrie et de la raison, la fermentation intellectuelle qui a suscité la Révolution, ou qui a le plus contribué à la provoquer. Il fallait, avant tout, pour déraciner à ce point toutes les institutions du passé, que la vieille France en vînt à concevoir un mépris profond pour tous les exemples des aïeux, pour tout ce qu'elle avait chéri et vénéré jusque là. Mais comment une telle perversion du cœur national eût-elle été possible sans un engouement et un enthousiasme passionné, maladif, pour des exemples étrangers, qui, contraires à ceux des ancêtres, devaient entrer en lutte avec ceux-ci ? En fait, de 1760 à la Révolution, a sévi chez nous une anglomanie enragée, épidémique, dont rien ne peut nous donner aujourd'hui l'idée. Ou plutôt, c'est dès les premières années du XVIII° siècle que cette maladie nationale apparaît ; mais alors elle n'atteignait, et avec une bénignité inoffensive, salutaire même d'abord, que quelques esprits novateurs, tels que Voltaire, et s'attachait surtout aux idées philosophiques et scientifiques [1], dont l'importation commença à faire pâlir, devant Newton et Locke, l'éclat de notre Descartes et de

---

1. On peut voir là un nouvel exemple à l'appui de la loi de l'imitation *ab interioribus ad exteriora*. L'imitation de l'Angleterre a commencé par le fond des idées et des sentiments ; elle s'est continuée par les institutions, les usages mondains, les vêtements...

ses disciples. Plus tard, elle s'est généralisée, se répandant parmi les classes élevées et dirigeantes, et descendant jusqu'aux moindres usages de la vie mondaine. On en vint au point de s'appeler *sir* et non *monsieur*, et d'affecter les manières brusques des Anglais en opposition avec la courtoisie des manières françaises. Cette invasion britannique dans les cœurs et les esprits, dans les mœurs et les usages, eut pour effet de substituer peu à peu à l'esprit exclusivement classique dont nous avions vécu jusque-là un esprit nouveau, ou bien de faire tenter entre cet esprit nouveau et l'esprit ancien des croisements hardis, dont Jean-Jacques Rousseau fut le produit à la fois hybride et fécond [1].

Ce n'est donc pas au moment de la Révolution que l'esprit classique est dans toute sa force, et ce n'est pas à son excès qu'il est permis d'imputer ce grand soulèvement, car, si la tradition classique eût continué à régner, ou à régner seule, et fût demeurée toute-puissante, elle eût contribué au contraire à consolider, par une sorte de solidarité inconsciente et profonde, toutes les autres formes de l'imitation ancestrale et nous eût préservés de la Révolution. Mais, triomphant sur tant de points importants, grâce à l'anglomanie, l'imitation-mode s'est déchaînée, a débordé sur tout et produit le plus grand cyclone social qui se soit vu. Et par là je ne veux pas dire que l'influence anglaise se fasse sentir beaucoup dans les programmes révolutionnaires. Non, ceux-ci sont dictés par un tout autre esprit que l'esprit anglais, par l'esprit de chimère et d'utopie, classique seulement par la symétrie des formes. Mais, avant tout, il fallait trouver la force destructive du passé français, et c'est à cela qu'a servi l'esprit de dénigrement du passé français, inspiré par l'anglomanie.

---

1. Voir à ce sujet l'ouvrage de M. Texte sur *J.-J. Rousseau et le cosmopolitisme littéraire*.

C'est ainsi que, grâce à l'anglomanie, les idées du
contrat social, si peu britannique pourtant, ont pu se
répandre et sévir sur nous. Or, ces idées d'où la Révolution procède, d'où procèdent-elles elles-mêmes?
Certes, je ne veux pas contester l'originalité du grand
Genevois. Mais elle a consisté avant tout dans une
combinaison de copies partielles et inconscientes. Car
cet orgueilleux qui se piquait de n'imiter personne a
beaucoup copié. Il s'est inspiré, sans s'en apercevoir,
des constitutions suisses dont il est tout pénétré, et il les
a combinées, chose bien plus étrange, avec une inspiration d'un tout autre genre que Sumner-Maine a fort
bien signalée. Dans son *gouvernement populaire*, il nous
montre que la conception du Peuple souverain, de l'État
démocratique omnipotent, a été inspirée à Jean-Jacques
par le modèle qu'il avait sous les yeux, par le Roi de
France[1]. « Le despote souverain du *contrat social*, la
communauté toute-puissante, est une image renversée
du Roi de France, investi précisément de l'autorité que
réclamaient pour lui ses flatteurs courtisans et ses légis-
tes obséquieux mais que lui refusaient tous les esprits
élevés du pays. La démocratie omnipotente est le roi
propriétaire de toutes les fortunes et de toutes les personnes ». Supposez que la conception du Peuple souverain, souverain absolu, eût été proclamée au moyen-
âge par quelqu'un de ces frères prêcheurs qui ont été
les commis-voyageurs révolutionnaires de ces temps-là.
Est-ce qu'elle y aurait été accueillie ou seulement com-

---

1. Dans le même ouvrage, Sumner-Maine montre que le Président
des États-Unis a été conçu d'une part, sur le modèle du roi Georges III
d'Angleterre, et, d'autre part, à l'exemple de l'élection des Empereurs
d'Allemagne, dont le dernier venait d'être élu quand la Constitution
américaine a été faite. — Il est à remarquer que ce type américain du
pouvoir, destiné à un si grand avenir démocratique, a été créé par des
aristocrates, comme le type anglais. — D'ailleurs, toute la formation des
États-Unis, à partir des premiers États dont la Constitution a été plus ou
moins copiée par les suivants, vient à l'appui des idées ci-dessus exposées.

prise ? Ç'eût été impossible, car, à cette époque, il
n'existait nul pouvoir humain supérieur à la Coutume,
et l'idée d'un homme jouissant du droit *de faire la loi à
son gré*, de légiférer envers et contre la Coutume, le Droit
romain ou le Droit Canon, ne pouvait venir à personne.
Cela eût paru monstrueux, quoiqu'on jugeât tout simples des pouvoirs qui nous scandalisent, tels que le
pouvoir personnel d'un suzerain sur son vassal ou d'un
seigneur sur son serf. Il fallait donc, avant de pouvoir
faire accepter la notion *d'un pouvoir législatif illimité*,
qualifié souverain, et attribué à une assemblée ou à la
masse populaire, qu'il se fût réalisé quelque part, dans
la personne d'un roi.

Ainsi, il n'est pas jusqu'aux procédés révolutionnaires, qui par leur mode de formation et de développement, ne se conforment aux lois de l'imitation. Et par
là ils sont un démenti à ce qu'il y a de chimérique dans
l'esprit révolutionnaire. Sa chimère, c'est sa prétention
trop fréquente d'établir partout à la fois dans un grand
pays le type de perfection qu'il a rêvé. En admettant que
ce type soit réalisable, — et il l'est parfois, — il ne
peut l'être, d'après notre manière de voir, confirmée
par l'histoire tout entière, que par un procédé antipa-
thique au parti de la Révolution, alors même qu'il
s'exerce dans le sens de ses vœux. En effet, le procédé
naturel pour établir l'égalité, par exemple, dans la mesure où elle est possible et désirable, c'est celui qui
consiste dans la formation d'un petit groupe, isolé d'a-
bord, exceptionnel, — la cour du roi, un salon, une
petite assemblée — dont tous les membres se trai-
tent familièrement de pair à pair. Peu à peu cet exemple
est imité et le cercle des égaux s'étend. L'essentiel est
donc, pour qu'un grand progrès populaire s'accomplisse,
que son germe ou son bourgeon éclose quelque part —
dans une aristocratie ou dans une capitale. La première
fois qu'il s'est formé autour d'un prince une petite so-

ciété de gens polis, le contraste entre cette politesse et
la brutalité des mœurs ambiantes a dû être choquant
et creuser une inégalité plus profonde entre les classes.
Il n'en est pas moins vrai que le résultat dernier de
cette nouveauté, quand elle s'est répandue et généralisée, a été d'égaliser et de niveler les rangs. — Dirons-
nous cependant qu'il est impossible à l'Etat, supposé
maître absolu et tout-puissant, d'imposer de toutes pièces et partout à la fois, un progrès nouveau, en faisant
fonctionner cette sorte d'imitation obligatoire dont il a
le monopole? Non; mais du moins faut-il que l'innovation ait été préalablement expérimentée en petit, assez pour servir d'exemple à l'appui du commandement
législatif. D'ailleurs, en admettant même que tel ou tel
programme révolutionnaire vînt à se réaliser d'emblée
et sans nul essai préalable, ce ne serait là qu'une apparence. N'aurait-il pas fallu que les idées de ces programmes, avant de devenir réalisables en fait, eussent
fait leur chemin dans les esprits, lentement, souterrai-
nement dans les classes supérieures d'abord et les cen-
tres urbains?

V

Nous n'avons encore rien dit de la forme, sinon la
plus importante, du moins la plus frappante et la plus
volumineuse, sous laquelle se présente à nous la loi de
Répétition amplifiante appliquée à la Politique. Ce ne
sont pas seulement des exemples isolés qui se répètent
et qui, en se répétant, se conforment ou tendent à se
conformer à la loi du rayonnement imitatif qui les amplifie. Ce sont encore des groupes d'exemples, des
groupes partiels et des groupes totaux, et la répétition
de ces derniers donne lieu au phénomène connu sous
le nom de *colonisation*. A ne œuvre, une action humaine.

est imitée parce qu'elle est adaptée à son but, harmonieuse et logique. Mais ces harmonies s'harmonisent les unes avec les autres, s'utilisant les unes les autres ou convergeant vers une fin commune, et cette adaptation complexe, c'est-à-dire le système social, soit partiel (grammaire, crédo, Droit, science, gouvernement, industrie, art) soit total (type national), tend à se reproduire en bloc. De là, d'une part, les conversions religieuses, linguistiques, gouvernementales, économiques, esthétiques, juridiques, morales ; d'autre part, les colonisations par lesquelles le type national tout entier se répète et se multiplie, le plus souvent en s'agrandissant.

La colonisation peut s'opérer à l'intérieur comme à l'extérieur ; et, quoique ce mot s'entende d'habitude dans cette seconde acception, la première n'a pas moins d'importance. Dans la France du moyen âge, dépeuplée par la grande peste ou la guerre de Cent ans, chaque ville qui se fondait autour d'un monastère, chaque *bastide*, chaque *ville franche*, était une colonie intérieure, comme l'est de nos jours, aux Etats-Unis, chaque nouvelle ville *de blé* ou ville *de viande* qui se cristallise autour d'une gare. L'émigration des populations rurales vers les grandes villes, qu'elle hypertrophie, peut être aussi regardée comme une colonisation intérieure, et ne diffère en rien d'essentiel des émigrations européennes vers les deux Amériques. Mais occupons-nous seulement des phénomènes de colonisation extérieure.

Pour être frappé de la similitude entre la métropole et les colonies, il convient de ne pas établir la comparaison entre ces deux termes pris en masse, car ici les différences semblent l'emporter sur les ressemblances. Mais, si l'on compare les villes principales de la nation-mère ou des nations-mères avec celles des nations-filles, on apercevra des coïncidences remarquables, d'origine imitative, au point de vue architectural, industriel,

religieux, politique ou autre. C'est ainsi que, d'un arbre à l'autre, dans la même espèce, la différence de
port et de volume est considérable, tandis que l'analogie est parfaite entre leurs bourgeons ou entre leurs
fleurs.

Etant donné que la colonisation est une imitation en
grand, concrète et complète, pourquoi n'y aurait-il pas
des lois de la colonisation comme il y en a de l'imitation, et dérivées de celles-ci? Est-ce qu'il n'y a pas, par
exemple, une *tendance* de tout groupe social à émigrer
et coloniser pour se multiplier en se reflétant? Et, si
cette tendance ne se réalise pas toujours, n'est-ce pas
parce qu'elle est neutralisée par une propension contraire et plus forte, telle que le besoin du luxe et du
bien-être casanier, de même qu'en s'engraissant un organisme devient moins prolifique? — Un peuple est-il
émigrant et colonisateur pour des raisons principalement climatériques et physiques, parce que la fertilité de
son sol le fait se propager et s'essaimer, ou au contraire
parce que la stérilité de son habitat le force à se débar-
rasser d'un excédent de population qu'il ne peut nourrir? Ou bien est-ce pour des raisons physiologiques,
tirées du tempérament et de la race? Faisons remarquer
que toutes les races, tour à tour, ont eu leur moment
d'expansion colonisatrice, que l'Angleterre, jusqu'au
xvie siècle, n'avait donné aucun signe de l'aptitude à
coloniser, qu'avant cette époque la nation la plus colonisatrice peut-être de l'Europe était l'Italie, qu'après
cette époque et pendant un siècle, les Espagnols, à présent si recueillis dans leur péninsule, ont colonisé le
Nouveau-Monde tout en s'annexant une bonne partie
de l'Ancien. Eux et les Portugais ont été pendant longtemps les grands navigateurs, les grands agitateurs, les
grands exploiteurs de la planète. Nous, Français, nous
avons eu, à cet égard comme à bien d'autres, une
suite de sommolences et de réveils en sursaut. Au temps

des croisades nous étions le boute-en-train de l'Europe.
Après la guerre de Cent ans, nous avons été saisis d'une
frénésie de conquêtes et d'expansions en Italie, qui
ont un caractère quasi-colonial. On sait nos colonisations
rapides et passagères au XVIIᵉ, au XVIIIᵉ siècle. De nos
jours nouvel élan.

Dirons-nous que c'est là une affaire d'*éducation*? Soit,
et cela n'est pas douteux, car l'éducation c'est, avant
tout, l'exemple domestique. Mais il ne faudrait pas croire
que l'exemple domestique et scolaire soit tout, ni que,
sans lui, on ne puisse rien. Dans telle région du sud
de la France où l'organisation de la famille et de l'é-
cole ne diffère guère de l'organisation environnante, on
émigre beaucoup parmi les adultes qui s'entraînent les
uns les autres dans telle ou telle direction à travers l'O-
céan. Qu'il y ait suggestion exercée soit par les parents
ou les frères, soit par les amis et les voisins, dans ces
courants d'émigration si bien nommés, cela est manifeste. Mais pourquoi, parmi d'autres exemples entraî-
nants, différents ou contraires, celui-ci et non d'autres
a-t-il prévalu ici et succombé ailleurs? Il faut compter
en première ligne l'accident individuel des *initiatives
heureuses* qui, à la faveur des circonstances, ayant ouvert la voie à l'émigration d'un certain côté et fait luire
de ce côté des perspectives imprévues, des espérances
inespérées, ont ébloui la jeunesse aventureuse.

La colonisation est, du reste, un fait aussi vieux que
le monde social : mais il a évolué dans le sens d'une amplification presque continue. A l'origine, les tribus es-
saiment autour d'elles : dans la Grèce primitive, les γένη,
les clans, formaient autant de petits États domestiques,
dont l'intervalle était rempli par les excommuniés ou
les déserteurs de la famille[1], par les aventuriers de la
famille. Ils l'abandonnaient pour coloniser, comme les

1. Voir *Propriété foncière en Grèce*, par Guiraud.

cadets d'ancien régime, et former de nouveaux clans. —
Plus tard, ce sont des cités qui ont projeté des colons
au loin, maritimes ou continentaux, fondateurs de cités nouvelles. Et les colonisations modernes diffèrent
de ces colonisations antiques en ce que, dans l'antiquité, c'était d'une ville que partait l'essaim colonial, tandis que, à présent, c'est d'une nation ou même d'un
groupe de nations. On disait autrefois d'une ville nouvellement fondée : c'est la nouvelle Athènes, la nouvelle
Corinthe, la nouvelle Carthage. Maintenant, on dit :
la Nouvelle-Angleterre, la Nouvelle-Galle, la Nouvelle-
Calédonie. Si l'on a donné à certaines villes nouvelles
le nom de villes européennes (Nouvelle-Orléans, New-
York), c'est par fantaisie et sans qu'il y ait le moindre
lien de métropole à colonie, au sens antique, entre Or-
léans et la Nouvelle-Orléans, entre York et New-York.
Le vrai nom des États-Unis devrait être la *Nouvelle*
Europe, car presque toutes les nations de l'Europe ont
contribué à former ce grand peuple.

Entre les colonisations les plus antiques et les colonisations les plus modernes, des phases de transition
s'interposent, telles que la conquête d'Alexandre et la
conquête romaine. Le vaste empire d'Alexandre a été
pour la petite Grèce ce que l'Amérique, l'Inde, le Cap,
l'Australie ont été pour l'Angleterre : un champ immense à exploiter et à coloniser. Resserrés jusque-là dans
des limites si étroites, les Grecs se dilatent en un monde relativement immense, où ils se dispersent pour l'hel-
léniser. Ce fut là, pour la Grèce, une cause notable de
dépopulation, mais de dépopulation féconde, compensée par le peuplement et l'assimilation de l'Asie. « Un
puissant courant d'émigration, dit Guiraud, amena sans
cesse en Égypte, en Asie, jusqu'aux bords du Tigre et de
l'Indus, des flots de mercenaires grecs, de littérateurs
et de savants grecs, qui rarement retournaient ensuite
chez eux ».

Les agrandissements de Rome sont de deux sortes. Aussi longtemps qu'elle s'est arrondie en Italie, s'annexant les Samnites ou les Etrusques, ses conquêtes avaient précisément le même caractère que celles d'un Etat européen qui s'agrandit en Europe même. Elles ressemblaient, par exemple, aux conquêtes de la Castille devenant l'empire de Charles-Quint ou aux conquêtes de la petite Prusse devenant l'Allemagne actuelle. Mais, quand Rome s'étend hors de l'Italie, c'est une sorte de fièvre coloniale qui s'empare d'elle, et les nouvelles provinces qu'elle s'annexe ont le même rapport avec elle que les colonies de l'Angleterre ou de la France avec la métropole. L'Empire romain, du moins à ses débuts, au premier siècle de notre ère, peut être considéré comme une sorte d'empire colonial. — La différence entre les deux espèces de conquêtes que je viens de distinguer, c'est que la première est toujours à la fois plus difficile et plus durable que la seconde. Quand Rome s'attaquait à ses voisins du Latium, quand Frédéric le Grand bataillait en Saxe ou en Silésie, la parenté ethnique des combattants, la parité de leurs armements et de leur stratégie rendaient la lutte plus acharnée et la victoire plus sanglante ; mais aussi, après le triomphe, la fusion des vaincus et des vainqueurs était plus facile et plus complète. Toutes les possessions romaines en Asie ont coûté à Rome moins de légions que le Samnium ou la Gaule cisalpine, de même que l'Inde entière à conquérir a bu moins de sang anglais que la petite Ecosse. Mais ni l'Asie Mineure ne s'est romanisée aussi complètement que l'Etrurie ou le pays des Samnites, ni l'Hindou ne s'anglicanisera jamais aussi pleinement que l'Ecossais.

Seulement, la dissemblance entre les annexions italiennes de Rome et ses extensions hors de l'Italie, entre le *sol italique* et le *sol provincial*, n'a jamais été aussi profonde, il s'en faut, que l'est, parmi nos nations modernes,

la dissemblance entre leurs annexions continentales et
leurs extensions coloniales. Une distance bien supérieure
sépare celles-ci de celles-là, une distance d'espace et surtout de race, de mœurs, d'idées, de civilisation. Impossible, semble-t-il, de jamais songer à faire de l'Australie,
de l'Inde, du Cap, de l'Égypte, du Canada, un seul État
anglais centralisé et unifié, comme a fini par l'être l'Empire romain. Impossible? Est-ce bien vrai? Si les distances ont grandi, physiques et morales, les moyens
de les combler ont grandi aussi, les moyens de locomotion et les moyens de *dénationalisation*[1]. Rien ne prouve
qu'un jour ne viendra pas où un immense Empire —
russe ou anglais — s'établira, qui, malgré des Océans
interposés entre ses provinces, les régira d'une loi égale,
avec la majesté et l'unité bienfaisantes, en somme, dont
Rome a la première donné l'idée, et avec une intensité,
une variété de vie locale qui lui a fait défaut. Le *module*
des choses politiques et sociales s'est agrandi, voilà tout.

1. J'emprunte ce mot à M. Novicow qui s'en est heureusement servi
dans sa *Lutte entre les sociétés* (Félix Alcan éd.).

VIII

L'OPPOSITION POLITIQUE

—

LA LUTTE DES PARTIS

Occupons-nous maintenant de la vie politique considérée au point de vue des *oppositions* qu'elle contient.
En politique comme ailleurs, le rôle de la répétition —
et aussi celui de l'adaptation, dont nous parlerons dans
le chapitre suivant, — est continu, tandis que celui de
l'opposition n'est qu'*intermittent* et *intermédiaire*. Mais
il n'en reste pas moins très considérable.

L'opposition des pouvoirs extérieurs — on dit ici
puissances — c'est la guerre ou la diplomatie. L'opposition des pouvoirs intérieurs, c'est avant tout la lutte
des partis et des classes, à laquelle nous allons consacrer tout ce chapitre. Cherchons à expliquer la naissance
et la formation, les types divers, les transformations des
partis et aussi des classes.

I

Toujours et partout, une nation petite ou grande, ancienne ou moderne, et aussi bien une cité ou une tribu,
se divise en classes, de même qu'un esprit individuel se
divise en talents distincts, en habitudes et aptitudes différentes, localisées avec plus ou moins de netteté dans

le cerveau. Mais une nation n'est pas toujours ni partout divisée en partis. Il n'y en a guère dans le clan primitif; dans la cité antique, il y en a souvent, mais non aux moments d'action décisive, pendant une guerre, et l'on guerroie alors fréquemment. Dans nos États modernes, aussi, l'action belliqueuse a pour effet immédiat d'assoupir les partis et de produire une véritable unanimité qui dure le temps du danger national. En somme, c'est seulement dans l'intervalle des moments d'action collective forte et décisive que les partis réapparaissent et entrent en jeu. Et c'est parce que ces moments tragiques sont séparés, dans les États civilisés, par des intervalles toujours plus longs, que le rôle des partis y va en grandissant. Il en est, en cela, des partis comme des opinions et des penchants contraires qui se disputent l'esprit d'un homme durant sa délibération intérieure : l'esprit est d'autant plus sujet à ces hésitations internes qu'il est plus complexe et plus élevé. Mais il faut toujours qu'à la discussion mentale succède la résolution et l'action. Aussi serait-il téméraire d'ériger en principe que la division des partis doit toujours durer et est une excellente chose en soi. Elle est comme la division des travaux qui n'est bonne qu'autant qu'elle sert à l'accord des travaux. Il y a, en effet, une collaboration inconsciente et profonde qui se cache souvent sous les divisions politiques comme sous bien des concurrences économiques. Elle a été longtemps l'émulation des deux grands partis anglais dans l'alternance de leur action gouvernementale[1].

1. Encore cette dualité n'a-t-elle eu qu'une utilité passagère, et déjà passée. « On n'a plus revu dans aucun pays, dit M. d'Eichthal dans sa *Souveraineté du peuple*, on ne voit plus même en *Angleterre* cette répartition des forces politiques en deux armées dirigées par des chefs expérimentés et obéis, toujours prêts à se combattre et à se substituer l'un à l'autre pour gouverner... » Maintenant, partout le régime parlementaire, dont l'excellence supposait cette rivalité féconde et non destructive, est en perturbation, ce qui ne l'empêche pas, d'ailleurs, de se propager et d'envahir la mappemonde.

Quand la distinction des partis correspond à celle
des classes ou des ordres, comme dans beaucoup de
cités grecques, c'est un grand péril social. Il y a alors
une question sociale, de même qu'il y a une question
nationale, un schisme patriotique en préparation, suivant la remarque de Bluntschli, quand la division des
partis se fonde sur leur situation géographique, quand,
par exemple, on dit le parti du nord et le parti du sud,
le parti nord-allemand et le parti sud-allemand. La
guerre de sécession est née de là. — Dans les villes du
moyen âge, le schisme intérieur, source de conflits
permanents et parfois de combats dans les rues, naît
de la jalousie entre deux ou plusieurs corporations
puissantes, religieuses ou industrielles, souvent entre
l'abbé d'un monastère autour duquel la ville a été bâtie
et les consuls ou les échevins de la commune, ou plutôt entre la corporation religieuse dont l'abbé est le
chef et la corporation politique, la commune jurée,
dont les magistrats municipaux sont les représentants.
Dans les villes algériennes de l'Aurès, de même que
dans les cités antiques à leur début, la grande scission,
bien plus profonde que les précédentes, est celle qui
sépare les familles dont la cité est composée. Deux
grandes familles, fermées comme des clans, s'y juxta-
posent et s'y opposent: de là d'incessantes luttes bien
difficiles à apaiser. — Dans les États polyglottes, agglu-
tinant plusieurs nationalités, tels que l'Autriche-Hongrie, la division des partis tend à se confondre avec
celle des nationalités et des langues. Plus souvent,
elle se confond avec celle des religions dans les États
où plusieurs cultes se coudoient.

Il y a loin, en apparence, de ces partis tenaces, traditionnels, héréditaires, aux partis moins stables et
moins profonds, sinon moins violents, que nous voyons
naître, croître, déborder, disparaître, dans nos démocraties agitées. Cependant les uns et les autres s'expli-

quent de même. Mais commençons par dire un mot de
certaines explications erronées.

Je suis surpris de voir Bluntschli approuver la théorie de Rohmer (1844) d'après laquelle la division des
partis politiques répond à celle des âges de la vie. L'enfance, avec ses illusions et ses déductions précipitées,
changeantes, avec ses imprévoyances et ses imprudences,
c'est le parti radical ; la jeunesse, créatrice et entrepre-
nante, c'est le parti libéral ; la maturité, tranquille et
forte, c'est le parti conservateur ; la vieillesse, faiblesse
irritable qui cherche appui en un despotisme immuable,
diplomatique et astucieux, c'est le parti de l'absolutisme. — Bluntschli est d'ailleurs obligé de reconnaître
que, dans la lutte politique, ces quatre partis se réduisent toujours à deux par la coalition de plusieurs
contre l'un d'entre eux. Mais il croit pouvoir affirmer
que l'ordre de succession des partis triomphants est
indiqué dans l'énumération précédente. D'après lui,
« en comparant les principales idées qui remuent l'Europe depuis un siècle, on peut se convaincre qu'elles
vont du radicalisme au libéralisme. » Radicale, toute la
Révolution française. En suivant la pente de cette évolution, on serait conduit à prédire que le xxᵉ siècle sera
conservateur et même absolutiste. — Je ne sais pourquoi cette explication est qualifiée psychologique par
son auteur ; elle est plutôt biologique comme la loi des
âges sur laquelle elle repose. C'est une des nombreuses
erreurs suggérées par la métaphore de l'organisme
social qui, même avant de se formuler explicitement,
exerçait ses sourds ravages dans beaucoup d'esprits.
Cette classification quatripartite des partis rappelle assez
nettement la distinction et la série des quatre phases
qu'un art quelconque semble parcourir, d'après les
esthéticiens, depuis sa roideur initiale jusqu'à son éner-
vement et son entêtement final, à travers des périodes
de largeur souple et de sagesse durable. Mais, s'il est

vrai que l'art ait ses âges, on ne voit pas ces âges-là coexister et lutter ensemble comme les partis politiques. A vrai dire, cette théorie de Rohmer n'est pas soutenable, elle est inapplicable à toutes les divisions des temps passés, où l'on serait bien embarrassé de découvrir un parti libéral, où un parti radical même est rare : et on ne voit pas comment elle rendrait compte de ces divisions là où il est visible qu'elles correspondent à la diversité des tribus, des corporations, des sectes, des langues, des religions. De nos jours on ne voit pas davantage la lumière qu'elle jette sur nos discordes où, indépendamment des causes antiques de rivalité, religieuses, dynastiques, économiques, qui subsistent, il nous est si souvent possible d'assister à la naissance de nouveaux partis, qui n'ont rien de biologique assurément. Nés de la Presse, ils ne sont que des *publics* formés par des publicistes que tout le monde connaît : Karl Marx, père du socialisme actuel; Drumont, père de l'antisémitisme français. Qu'est-ce que la loi des âges peut avoir à faire ici ?

D'après M. Loria, l'explication des partis est bien simple : ils représentent simplement les diverses formes de la propriété. Distinction des whigs et des tories, des guelfes et des gibelins, des plébéiens et des patriciens, etc., tout cela n'est que la lutte du capital et de la propriété foncière. C'est une scission qui s'est opérée au sein de la classe des privilégiés. Revenez à la propriété collectiviste et il n'y aura plus de partis...

La « bipartition du revenu » explique seule « la possibilité historique des *réformateurs* ainsi que leur succès partiel. » Si Bismark a été possible, cela est dit en termes formels, c'est parce que l'inimitié existait entre les propriétaires du sol et les capitalistes et qu'il s'est appuyé là-dessus pour « améliorer la condition du peuple travailleur. » Cela signifie, au fond, qu'un homme de génie se sert, pour atteindre son but, pour réaliser son programme, des ressources que lui offre le conflit *ou l'accord* des intérêts différents qui coexistent dans le pays où il apparaît. Mais il ne s'appuie pas seulement sur la rivalité ou l'alliance des intérêts (intérêts d'industries différentes, intérêts d'amour-propre de classes, de castes, de nationalités, intérêts de cœur ou d'orgueil collectifs), il utilise encore l'opposition ou l'union des croyances, des principes, des idées, des préjugés. Et c'est ce dernier élément, si important, que méconnaît systématiquement toute la nouvelle école socialiste [1].

Je me reproche aussi d'avoir donné, dans mes *Lois de l'Imitation*, une explication insuffisante de la distinction des partis. J'ai fait reposer leur dualité (au moment du conflit) sur celle de l'imitation-coutume et de l'imitation-mode. Et, de fait, la principale cause et la plus fréquente de la lutte entre les partis provient de ce que l'un protège une coutume, une tradition qui est attaquée par l'autre ou par les autres, au nom de modes envahissantes, d'idées le plus souvent importées de l'étranger. Mais, dans certaines nations où l'imitation des modèles nouveaux ne joue aucun rôle appréciable en politique, où il n'y a que des coutumes et des traditions en présence et en jeu, il ne laisse pas d'y avoir des partis, si ces coutumes et ces traditions se contredisent ou se contrarient et se combattent [2]. A l'inverse,

1. M. Loria méconnaît à tel point l'importance des croyances, même religieuses, qu'il cite la *Ligue* comme n'étant autre chose « que l'alliance du clergé, le grand propriétaire du royaume, avec les mendiants du Limousin et de l'Auvergne, avec les charbonniers et les porteurs d'eau de Paris, contre la bourgeoisie et la noblesse. » Comme si, parmi les ligueurs, manquaient les bourgeois et les gentilshommes ! — La *Fronde* n'est « qu'une révolte du travail improductif, judiciaire et administratif, contre le revenu féodal qui tentait de refréner ses exigences sans bornes. » Qu'est-ce que les massacres de la Saint-Barthélemy ? Ce n'est que « le résultat d'une insurrection de la bourgeoisie catholique contre la noblesse huguenote. » Etc.
2. D'après M. Funck-Brentano, les deux partis qui, en tout temps et en tout pays, se disputent le pouvoir, sont le parti de l'activité personnelle, de la différenciation individuelle croissantes, et le parti de la cohé-

dans certains États révolutionnés et modernisés à fond,
le pouvoir politique de la coutume a beau être momentanément annihilé, les partis ne pullulent pas moins
pour faire prévaloir des innovations différentes et contraires. Quand la malheureuse Chine sera devenue la
proie des *civilisateurs* qui se la disputent, il y aura
certainement un parti français, un parti anglais, un
parti allemand, un parti russe, qui auront chacun la
prétention d'importer exclusivement des institutions
empruntées à la France, ou à l'Angleterre, ou à l'Allemagne, ou à la Russie. Ce qui est certain, c'est que les
partis sont toujours des courants d'imitation, soit an-
ciennement, soit récemment tracés, qui se rencontrent
et s'allient ou se heurtent. Mais pourquoi ces courants,
et non d'autres, se sont-ils tracés et rencontrés, et, en
se rencontrant, alliés ou heurtés? Nous essaierons de
répondre plus loin.

Il est une division des partis qui, toute simpliste et
vulgaire qu'elle est, ne laisse pas de reposer sur un
fondement solide : c'est celle du *parti gouvernemental*
et de *l'opposition*, en entendant par opposition le groupe
coalisé des adversaires du gouvernement. L'avantage
de cette division est de mettre en saillie la dualité du
oui et du *non*, le duel logique, qui seul rend les partis
possibles. En outre, on y voit s'opposer l'optimisme au
pessimisme, deux versants du cœur dont la différence
est éternelle et explique la grande généralité de cette
distinction de partis. Les *gouvernementaux* et les *opposants* rappellent, par leur jeu de bascule, le conflit des
haussiers et des *baissiers* à la Bourse. Les gouvernementaux jouent à la hausse, et les opposants jouent à
la baisse des affaires publiques.

---

sion, de l'entente commune croissantes. Cette dualité cadre assez bien
avec celle du parti de la tradition et du parti de l'innovation, et les mêmes
critiques lui sont applicables.

II

Mais disons un mot d'une idée émise par Sumner-Main dans son *gouvernement populaire*. Suivant lui, l'esprit de parti, dont il étudie curieusement la nature et la physionomie, était, à l'origine, « un sport réservé aux aristocraties » et auquel le reste de la population assistait plutôt qu'il n'y prenait part. Mais, dans les démocraties, tout le monde se livre à ce sport dangereux, à cette guerre atténuée, intermède de guerres plus sanglantes. Cette remarque est vraie, mais elle ne dit pas tout. Il est certain que la division en partis ne se produit sérieusement, d'ordinaire, qu'entre les détenteurs du pouvoir ou entre eux et les aspirants au pouvoir ; que, là où règne un monarque absolu, sans contre-poids d'aristocratie réellement puissante, sous Auguste, sous Louis XIV, il n'y a point de partis, si ce n'est à la Cour, parmi les familiers et les conseillers du roi, ou bien il n'y a que des batailles mentales de desseins contraires dans le cerveau du monarque ; que, là où le régime est aristocratique, comme en Pologne, comme dans Rome primitive, comme à Venise, la division en partis se limite à la classe dirigeante partagée en deux tronçons ou du moins n'atteint que secondairement et faiblement les couches inférieures du pays ; qu'enfin, chez les nations démocratiques, la lézarde qui les fait se fendre en deux descend jusqu'aux derniers fondements du peuple. Mais pourquoi en est-il ainsi ? Est-ce l'effet de la démocratie précisément ? et ne prendrait-on pas ici, par hasard, l'effet pour la cause ?

N'oublions pas, d'abord, la force contagieuse de l'exemple venu d'en haut. Elle permet de comprendre comment, même aux âges de l'aristocratie la plus hautaine, des divisions nées au sein de celle-ci sont parvenues, si souvent, contrairement à l'assertion de Maine,

TARDE. — *Transf. du pouvoir.*   10

à scinder le peuple tout entier, à trancher un fossé profond et sanglant, par exemple, entre guelfes et gibelins, dans toute l'Allemagne et l'Italie du moyen âge. L'esprit de parti généralisé n'est donc pas le monopole des démocraties. Et d'ailleurs les démocraties ne s'élaborent-elles pas, ne s'engendrent-elles pas par la même cause qui produit la généralisation de l'esprit de parti : le désir de s'égaler aux classes supérieures en les copiant ? — En Belgique, avant la revision de la Constitution en 1892, il n'y avait que deux partis, tous deux constitutionnels et se succédant alternativement au pouvoir, comme les whigs et les tories en Angleterre : c'étaient les libéraux et les catholiques (chacun d'eux subdivisé en intransigeants et opportunistes, pour employer des expressions propres à la France). Mais, en 1892, on revise la Constitution et le corps électoral se trouve décuplé. Alors qu'arrive-t-il? Au lieu de deux partis, on en a trois : le parti ouvrier a surgi. Et ce fait peut servir à éclairer la genèse des partis. Car il montre que, l'état social restant le même, le nombre et la nature des partis (car, en Belgique, tous les partis ont changé de nature et d'allures en même temps que leur nombre s'est accrû) peuvent devenir très dissemblables si le *pays légal* s'étend ou se rétrécit, s'il s'étend dans un sens ou dans un autre. Mais pourquoi le pays légal en Belgique s'est-il accrû, a-t-il décuplé brusquement? Quelle a été la cause de cette révolution pacifique? M. Loria ne va pas nous dire, j'espère, que c'était l'intérêt de ceux qui ont voté cela. La vérité est que des idées et des besoins nouveaux avaient germé et s'étaient propagés dans le peuple belge, à l'exemple des classes supérieures [1], à l'exemple aussi du suffrage uni-

---

1. « La question ouvrière ne s'est transformée en question sociale (ou plutôt politique) que parce que les besoins, les sentiments, les idées des classes moyennes ont pénétré la classe ouvrière. » (Funck-Brentano, *La Politique.*)

versel pratiqué en France et ailleurs. Est-ce qu'il n'est
pas manifeste que, si la France n'avait pas voté le suffrage universel en 1848, jamais les Belges, en 1892,
n'auraient voté quelque chose d'analogue ou d'appro-
chant?

Voilà donc pourquoi l'esprit de parti se généralise :
il se généralise sous l'empire même des causes qui dé-
mocratisent les sociétés : la démocratie n'est donc pas
la cause de cette généralisation. Mais cela ne nous dit
pas pourquoi l'esprit de parti naît dans les sphères supérieures d'où il se répand plus bas [1], ni pourquoi il
se répand ici plutôt que là, sous telles formes plutôt
que sous telles autres. C'est là l'essentiel.

III

Il faut d'abord se pénétrer de cette vérité bien sim-

1. Je me demande s'il y a jamais eu exception à la règle de cette
marche de haut en bas, et si, par hasard, accidentellement, on a vu
se produire entre les *gouvernés* d'abord une division de partis qui ne
se serait étendue qu'ensuite aux *gouvernants*, aux gouvernants politiques
ou sociaux. Je ne le crois pas. En tout cas, tous les grands partis dont
l'histoire s'occupe me paraissent se conformer à la règle : armagnacs et
bourguignons, guelfes et gibelins, royalistes et ligueurs, montagnards et
girondins, légitimistes et libéraux de 1830, etc. — Les antagonismes religieux de sectes, quand une secte nouvelle apparaît, se compliquent souvent
d'antagonismes de partis auxquels ils donnent naissance. (Remarquons,
en passant, que les passions religieuses engendrent souvent des passions
politiques, en Angleterre au XVIIe siècle, en France au XVIe, mais qu'il n'y
a pas d'exemple de passions politiques engendrant des divisions religieuses. *Ab interioribus ad exteriora*.) Dira-t-on qu'il y a là une exception fréquente à la règle qui précède ? Nullement ; c'est au sein des
détenteurs du dogme, dans le corps *enseignant* du clergé ou des docteurs,
des théologiens, et non dans la masse *enseignée* des simples fidèles, que
s'est produite d'abord la division en orthodoxes et hérésiarques, en ariens
et partisans d'Athanase, en iconoclastes et défenseurs des images, en
catholiques et albigeois. Une hérésie peut bien jaillir du cœur d'un simple
fidèle — encore est-ce bien rare — mais elle ne devient contagieuse
qu'après avoir été accueillie et avoir fermenté dans un monastère, un chapitre, un corps clérical quelconque, ou dans une élite sociale. Les Vaudois
eux-mêmes, dont les origines sont d'ailleurs obscures, semblent être nés
ainsi, malgré le caractère remarquablement démocratique de leur secte.

ple, que tous les *faits* de l'histoire ont commencé par
être des *questions*. Avant les croisades, il y a eu la
question des croisades; avant le triomphe du christianisme dans l'Empire romain, il y a eu la question
chrétienne; comme il y a, maintenant, une question
d'Alsace-Lorraine, une question d'Orient, une question
du socialisme. Chacune de ces questions, parmi ceux
qui sont les premiers à l'apercevoir, et qui appartiennent nécessairement à l'élite sociale, donne lieu à des
réponses multiples, dont une seule se réalise en fait et
porte en germe des questions nouvelles auxquelles il
sera plus tard répondu, et ainsi de suite. L'histoire est
un interrogatoire séculaire des nations par leur Destinée; interrogatoire qui décide de leur sort et qui souvent les condamne. Mais l'histoire politique, en cela,
ne diffère point de l'histoire linguistique, de l'histoire
religieuse, de l'histoire économique, etc. La vie nationale, envisagée sous chacun de ses aspects, se décompose en problèmes, en difficultés successives, alternant
avec leurs solutions et en renaissant, et qui s'opposent
sans relâche à l'harmonisation complète poursuivie
par elle, à l'achèvement du système de sa langue, de sa
religion, de sa science, de son droit, de son organisation industrielle, de sa beauté esthétique. Faut-il employer la déclinaison latine démodée ou la préposition
naissante? Question qui se posait à tout parleur avant et
pendant la formation des langues romanes, et qui ne se
pose plus au xe siècle. Faut-il distinguer, en langue
d'oïl, le cas-sujet du cas-régime? Autre question qui se
posait encore au xiiie siècle, et qui, un siècle plus tard,
ne se pose plus. Faut-il employer ce mot, cette tour-
nure, en tel sens ou en tel autre, en telle acception un
peu surannée ou en telle acception à la mode? Question qui se pose à toute époque, et qui est toujours
résolue au bout d'un temps. La vie de la langue est la
série de ces questions et de ces réponses enchaînées.

La vie de la religion n'est pas autre : les questions
tranchées par un concile suscitent d'autres discussions
que résout un autre concile, etc. La vie économique
et la vie morale donneraient lieu aux mêmes observations. Tout ce qui distingue éminemment la vie politique, l'histoire politique, c'est l'intensité des divisions
suscitées par la pluralité des réponses proposées aux
questions qui lui sont particulières, et où se reflètent,
d'ailleurs, comme dans un miroir grossissant et déformant, les questions les plus anxieuses posées en dehors
d'elle par la rivalité des dialectes, ou des sectes religieuses, ou des intérêts économiques, ou des mœurs
hostiles et contraires. La division des partis, en politique, joue le même rôle que, en religion, la division
en plusieurs cultes rivaux ou, dans chacun de ces cultes,
l'émulation de deux sectes, de deux Ordres religieux,
— le même rôle que joue, en fait de langues, la concurrence de deux idiomes qui cherchent à empiéter
l'un sur l'autre, ou, dans chacun d'eux, celle de plusieurs *accents*, de plusieurs diversités dialectales, — le
même rôle que joue, en fait d'art, la distinction des
écoles, ou, en fait d'industrie, la lutte de plusieurs
ateliers, de plusieurs corporations, de plusieurs classes.
Par où l'on peut voir que, malgré sa longue durée et
ses métempsychoses infinies, la division en partis n'est
pas éternelle. L'*esprit de parti* est né dans les temps
historiques. Pendant la période chasseresse, on l'ignore,
et les cités ne l'ont connu qu'après leurs premières
phases, quand, s'étant péniblement dégagé de l'*esprit
de clan*, puis de l'*esprit de secte*, il a pris conscience de
lui-même dans les grandes nations. Il ne durera pas
toujours. Peut-être est-il destiné à se métamorphoser,
grâce à la Presse, en *un autre esprit* — infiniment
plus mobile et plus maniable. En tout cas, il est de fait
que chacune de ces formes de la lutte s'*apaise* finalement
en une forme de l'accord, et que, aux époques de grande

paix politique, sous Auguste, sous Charlemagne, sous
saint Louis, sous Louis XIV, il n'y a plus l'ombre
même de divisions proprement politiques, bien qu'il y
en ait toujours de religieuses, de linguistiques, d'économiques, de littéraires, qui s'apaiseront à leur tour. —
Un conflit, des péripéties, un dénouement : ces trois
phases nécessaires d'une œuvre dramatique se retrouvent aussi bien, pour qui sait découper l'histoire suivant ses véritables jointures, dans les drames successifs
et entremêlés que la vie des peuples nous présente.
Voilà pourquoi, — soit dit en passant, — en dépit de
toutes ses conventions, de ses fictions mensongères, la
tragédie est vraie, et il n'est rien de plus représentatif
de l'histoire humaine que le drame. L'histoire n'est
qu'un enchaînement et une complication de grandes ou
petites tragédies, ou comédies, infiniment intéressantes :
ce qui ne veut pas dire, du reste, que l'ensemble total,
— impossible à totaliser, — de ces groupes ou de ces
chaînes de drames religieux, politiques, économiques
ou autres, soit lui-même un Drame immense, une séculaire et grandiose Tragédie en je ne sais combien
d'actes, comme Bossuet et Auguste Comte semblent le
penser.

Mais revenons. Il y a, à tout moment de la vie sociale et sous chacun de ses aspects, des questions qui
se posent, et qui se posent d'abord dans la conscience d'un individu ou d'individus pris comme tels.
Ces questions sont des hésitations de la conscience
embarrassée entre deux jugements contradictoires qui
s'offrent à la fois : « La meilleure manière de parler est
de s'exprimer ainsi, la meilleure manière de parler
est de s'exprimer de telle autre sorte, — le Fils est
consubstantiel au Père, le Fils n'est pas consubstantiel
au Père; le Pape est infaillible, le Pape n'est pas infaillible ; — le demandeur a raison dans ce procès, le

demandeur a tort : l'accusé est innocent, l'accusé est
coupable ; — l'éclairage électrique est supérieur à
l'éclairage au gaz, l'éclairage électrique est inférieur : —
Wagner est le plus grand des musiciens, Wagner n'est
pas le plus grand des musiciens : — il faut se venger,
il ne faut pas se venger... » Les innombrables *duels logiques* de cette espèce, linguistiques, religieux, judiciaires, économiques, artistiques, moraux, ne diffèrent
en rien d'essentiel de ceux-ci, qui sont proprement politiques : « L'impôt sur le revenu est juste et utile,
l'impôt sur le revenu est injuste et inutile ; — il faut
faire telle entreprise coloniale, il ne faut pas la faire ; —
il faut déclarer la guerre, il ne faut pas la déclarer... »
Ces derniers combats d'idées, comme les précédents,
commencent par être purement individuels, et le plus
grand nombre d'entre eux se terminent, dans les bureaux des ministères, sans donner lieu à des divisions
de partis ou sans alimenter la querelle des anciens
partis. Quelques-uns seulement divisent l'Opinion.
Pourquoi?

Il est nécessaire, en premier lieu, que le duel logique
ait pris fin sous sa forme individuelle pour réapparaître
sous sa forme collective. Ce n'est qu'à partir du moment où les individus ont résolu, chacun pour soi, les
uns dans un sens, les autres dans l'autre, les questions
de tout genre qui se sont posées à eux, que ces questions peuvent les mettre en conflit les uns avec les autres. La guerre entre eux suppose la paix en eux. Et,
remarquons-le, la raison pour laquelle ils entrent en
lutte alors les uns avec les autres est, au fond, précisément la même pour laquelle chacun d'eux a mis fin à
sa lutte intestine. Cette raison, la raison profonde des
partis, c'est que l'homme est un animal logique, malgré ses contradictions. Il ne lui suffit pas de ne pas voir
ses désirs se contrarier ou contrariés par ceux d'autrui :
il lui est insupportable au même degré de se contredire

sciemment ou d'être contredit. Les hommes se passionnent pour le triomphe de leurs jugements autant que
pour celui de leurs volontés.

Mais il ne suffit pas que la paix soit en eux pour que
la guerre éclate entre eux ; il ne suffit pas qu'ils soient
d'avis contraires pour que ce que l'on appelle l'Opinion
soit divisée. — En général, chacun, en répondant à la
question qui s'est posée à lui, s'est inspiré de son intérêt ou de ses principes, ou à la fois de ses principes et
de son intérêt. Par suite, tous ceux qui ont ou qui se
croient le même intérêt ou qui partagent le même principe, ou qui éprouvent le même sentiment, sont pour
ainsi dire acquis d'avance à une même solution, et il
ne leur manque rien pour former un parti, si ce n'est
— condition indispensable — la conscience de cette
communauté de désirs et d'idées, de cet intérêt collectif et de ce principe commun. La preuve en est que
bien souvent un intérêt collectif imaginaire, accrédité
par des mensonges de Presse ou d'orateurs populaires,
suscite la formation d'un parti, tandis qu'un intérêt
collectif bien réel, mais inaperçu, non senti, n'en suscite pas. L'illusion d'un intérêt collectif a fait le parti
boulangiste il y a quelques années, le parti antisémite
à présent, et a disposé les partisans du boulangisme ou
de l'antisémitisme à accueillir, à propos de chaque
question posée au pays, une même solution. Mais,
quand la question de savoir si nous resterions en
Égypte à côté des Anglais s'est présentée devant la
Chambre des députés, tous les Français avaient un intérêt réel, un intérêt profond à ce qu'elle fût tranchée
dans le sens du maintien de notre occupation, et le
malheur est que, fort peu l'ayant senti, une erreur lamentable a été commise, ou une faute inexpiable. —
Il faut donc que la communauté d'intérêt ou de principe et de sentiment qui porte à résoudre les problèmes
sociaux dans un même sens soit connue; et il faut que

cette identité de solution le soit aussi. C'est à ces conditions seulement que, la suggestion réciproque s'exer-
çant, l'opinion de chacun se renforçant de l'opinion des
autres et la contagion même d'une idée paraissant lui
servir de démonstration, un parti prend naissance et
grandit.

Voilà pourquoi tout ce qui favorise et facilite les
communications mentales entre les hommes est propre
à nourrir l'esprit de parti. Voilà pourquoi dans les
tribus ou les cités primitives, la division en partis
n'existe pas à proprement parler, car il n'y a possibilité
ou facilité de communications mentales que dans le
sein de chaque groupe familial, non de famille à famille, en sorte que la cassure sociale se produit toujours aux limites des maisons. Voilà pourquoi même,
dans les États polyglottes, comme l'Autriche, la division des partis est trop souvent subordonnée à celle des
langues, parce que la conscience d'une communion
d'idées n'est vraiment prompte, facile et complète
qu'entre gens parlant le même idiome. Voilà pourquoi,
enfin, à mesure que la civilisation progresse, le nombre
décroissant des langues et leur extension croissante,
le développement de la Presse surtout, qui se sert de ce
progrès des langues et le sert, tendent à développer
l'esprit de parti, mais aussi à le mobiliser, et, en le mo-
bilisant, à le transformer. Il est donc permis d'attribuer
en grande partie à la civilisation ce renforcement de
l'esprit de parti que Sumner-Maine imputait à la démocratie seule, et qui, en effet, lui est imputable, mais
partiellement [1]. Car la démocratie aussi, en abaissant

_____

1. Aussi voyons-nous, au cours de la civilisation, la grande importance
politique attachée jadis à la division en classes ou en ordres s'attacher peu
à peu à la division en partis. — A partir de la reine Victoria, « l'ancienne théorie de la balance entre trois pouvoirs, roi, lords, communes, a
été remplacée par la théorie de la balance entre les partis. » (Hist. générale.) De même en France : aux trois ordres d'ancien régime se sont sub-
stitués des partis.

ou supprimant les barrières des classes, multiplie leurs
contacts spirituels, leurs conversations, leurs échanges
d'idées. Ce n'est pas, d'ailleurs, parce que nous avons
le suffrage universel en France, c'est parce que nous
avons des journaux avides de nouvelles et très répan-
dus, que la question de savoir si Dreyfus est innocent
ou coupable a divisé le pays, si profondément, en deux
partis, ou plutôt en deux *publics* violemment contraires. Sans la Presse, dans le plus démocratique des
Etats, dans la Suisse d'il y a deux siècles, par exemple,
cette affaire serait restée judiciaire : elle n'est montée
sur la scène politique, brillamment éclairée, que grâce
à la Presse. — Et, puisque nous venons de toucher à
cette longue obsession et scission violente de l'opinion
française, remarquons à ce propos combien il serait
faux de penser que l'hostilité des partis, l'ardeur de la
bataille se mesurent à la gravité de leur cause. La division des partis est d'autant plus profonde et vive que
le motif qui les divise est, non pas plus important, mais
plus passionnant. Or, on se passionne plus pour des
personnes que pour des idées, de même que pour des
idées plus que pour des calculs, et pour des mots sonores plus que pour des principes ternes et précis [1].

---

1. Tous les éléments d'intérêt mélodramatique semblent s'être réunis pour
rendre passionnante au plus haut degré cette lamentable affaire. Et,
d'autre part, il n'en est pas où la presse ait déployé un art aussi consommé, aussi puissant, de tenir l'intérêt en haleine, de l'attiser chaque
jour, par un amoncellement régulier d'ingénieuses inventions. — Car il
est à remarquer que tout ce qui tend à la guerre civile, ou même à la
guerre extérieure, est favorable à la vente des journaux. (Et c'est là le
danger le plus capital, soit dit en passant, et le plus radical, de ce qu'on
est convenu d'appeler, entre autres mensonges conventionnels, la liberté
de la presse, c'est-à-dire la souveraineté, l'autocratie, l'irresponsabilité de
la presse.) Par suite, c'est sans la moindre raison que, parmi les gens
sérieux, on a été unanime, en général, à regarder cette *idée fixe* nationale, comme un symptôme morbide de notre prétendue décomposition
sociale plutôt que comme un microbe accidentel dont les ravages, à mon
sens, s'expliquent tout naturellement sans nulle prédisposition interne à
cet état anarchique et incohérent. Si rien de comparable à cette scission

Comme on le voit, l'origine des partis est tout autre
que celle des clans, des corporations et des classes. Les
clans, les corporations, les classes sont bien aussi des
courants d'exemples où l'individu est entraîné ; mais
il n'y est pas entré de lui-même, il n'a pas eu à choisir
entre plusieurs de ces courants, suivant la réponse qu'il
a faite à des questions embarrassantes. C'est dès le berceau, c'est en bas âge qu'il a été jeté, sans le vouloir,
dans l'un de ces canaux étroits et héréditaires ; et leur
diversité, — qui n'est en rien une hostilité, car, si les
clans, les corporations, les classes se combattent, ce
n'est pas comme tels ; comme tels, ils collaborent ; ce
n'est que comme partis, quand, fréquemment jadis,
mais de moins en moins, la division des partis coïncide avec la leur, — leur diversité s'est produite en réponse à des nécessités impérieuses qui ne comportaient
aucune ambiguïté. Quand ce qu'il faut faire est clair,
simple, non douteux, il n'y a point lieu à discussion
de partis, il n'y a qu'à agir, à travailler, à vivre, en
s'entr'aidant ou en s'entre-supportant. Mais, quand la
volonté collective se heurte à un carrefour de voies,
l'esprit de parti s'éveille. Il s'éveille d'abord parmi les
conseillers du chef, du monarque, qui a le monopole
de la décision. Puis, à mesure que les classes partici-
pent au gouvernement, il grandit, s'étend, marquant
les progrès de l'individualisme. Une des premières manifestations de l'individualisme est l'esprit de secte ou
de caste religieuse. Il s'agit de choisir entre une

de la France en deux pendant des années, ne s'est vu dans le passé, c'est
que la presse à un sou, descendue jusqu'aux dernières couches du peuple
et servie par tous les progrès des communications, n'existait pas dans le
passé, dans un passé même récent. On peut être certain que si, aux époques où la nation française était réputée la plus saine, une affaire semblable avait éclaté *et qu'une presse semblable à la nôtre s'en fût
emparée*, l'enfièvrement public eût été aussi intense et aussi durable par
l'effet de la mutuelle contagion. L'intensité des sentiments, en tout temps,
est d'autant plus forte et plus prolongée que chacun les sait partagés ou
repoussés par un nombre plus grand de gens *pour* ou *contre*.

croyance religieuse sucée avec le lait maternel et un
dogme nouveau prêché par un ascète, par un thauma-
turge, par un apôtre. Des individus se détachent de
leurs clans, de leurs corporations, et, s'attachant aux
pas de cet entraîneur, forment une secte. En cela, l'esprit de secte ressemble étonnamment à l'esprit de parti
dont il n'est que la forme religieuse, toute prête, au
moindre prétexte, à prendre une couleur politique. —
Après les divisions de partis fondées sur les différences
de religion, il n'en est pas de plus anciennes ni de
plus terribles que celles qui se fondent sur la différence
des dynasties ou des branches de la maison royale, ou
des personnages illustres, qui se disputent le pouvoir.
Avoir ou n'avoir pas confiance en un homme qui se
présente comme un sauveur : voilà la question politique telle qu'elle se formule le plus souvent pour les
peuples enfants, et même assez souvent pour les peuples adultes ou vieillis. De là les dénominations de
guelfes (partisans du Pape) ou de *gibelins* (partisans de
l'Empereur), de *carlistes*, de *jacobites*, de *bonapartistes*. Il y a presque toujours plus de deux partis de
ce genre à la fois : on compte parfois jusqu'à cinq et
six prétendants. Mais, en général, quand la lice est
ouverte, c'est que l'un des candidats effraie tous les
autres qui se coalisent contre lui et tous se réduisent, en
fait, à deux camps : les bonapartistes, par exemple, et
les non-bonapartistes.

On peut se demander si, à mesure que les sociétés
progressent, cette division de partis fondée sur des noms
de dynasties, ou des personnages qui incarnent leur
confiance aveugle, ne va pas en diminuant, peu à peu
remplacée par une division fondée sur des oppositions
de programmes, et de programmes qui varient à l'infini
comme les problèmes soulevés à chaque instant dans la
vie tumultueuse des grands peuples : parti de la guerre et
parti de la paix, parti de la centralisation et parti de la dé-

centralisation, protectionistes et libres-échangistes, etc.
Mais, en réalité, c'est toujours cette opposition de programme qui a été présente ou transparente à travers
celle des dynasties ou des individus en compétition : et
on ne voit pas que les grands *leaders* d'a présent, un
Gambetta, un Gladstone, exercent une vertu moins
fascinatrice sur leurs partisans que les Gracchus de Rome
ou les Périclès même d'Athènes. — On peut se demander encore si, au cours du progrès social, la division des partis repose de moins en moins sur celle des
croyances et de plus en plus sur celle des intérêts, ou
inversement. Il y a des raisons de penser, je crois, que,
malgré l'abaissement utilitaire des luttes sociales dans
les temps de crises tels que le nôtre, l'antagonisme des
convictions contradictoires aura toujours plus de part
que le choc des intérêts à la formation des grands partis,
de ceux qui passionnent le plus. On en peut voir la
preuve, entre autres, dans cette remarque si juste de
Maine : « l'histoire des partis nous montre que de tout
temps les hommes se sont beaucoup plus querellés pour
des mots et des formules que pour des conflits d'intérêts ». J'ai toujours été frappé de ce fait que les Assemblées quelconques, Congrès, Parlements, réunions de
comités, sont remarquablement procédurières et dispu-
tailleuses, beaucoup plus, à coup sûr, que les individus
qui les composent. Les individus sont, en général, plus
pratiques encore que logiciens : rassemblez-les, ils vont
devenir plus logiciens encore que pratiques, plus ergo-
teurs que sensés. Et plus les Assemblées sont nombreuses, plus ce besoin dialectique d'accorder les idées
l'emporte sur celui de satisfaire les besoins. Cela est vrai
des Parlements comme des Conciles.

Tout ce qu'on peut dire avec certitude, c'est que le
progrès des communications entre les familles, entre les
professions, entre les classes, entre les nations, a eu
pour effet de rendre la frontière des partis plus mobile

ou moins tenace, moins lente à se modifier ou se rema-
nier, parce que la division en partis est devenue plus
indépendante de la division en familles, en professions.
en classes, en nations même, et, par là, d'élargir — en
l'atténuant — la lutte des partis, comme celle des armées. Jadis contenue dans l'étroit enclos d'une cité, puis
d'une province, cette lutte, de nos jours, devient grandiose et prend des proportions internationales. La Presse
a puissamment aidé à cette émancipation relative et
à cette mobilisation, à cet agrandissement énorme et
à cet affaiblissement, dissimulé sous des violences passagères de l'esprit de parti. L'évolution de l'esprit de
parti est comprise entre l'esprit de foule qui lui sert de
début et l'*esprit de public* où il s'épanouit et se consomme, mais qui semble destiné à lui servir de terme
en lui succédant. Une foule, groupe spontané, recruté
d'individus momentanément détachés de leurs grou-
pements traditionnels, est le premier embryon d'un
parti dans les sociétés les plus régies par la tradition familiale, corporative ou sectaire. Pour que,
dans une société où règnent les *gentes* et les *phratries*.
les individus puissent échapper à leur influence,
il faut qu'ils subissent celle d'un meneur accidentel
et que leur rencontre fortuite se transforme par lui
en une suggestion mutuelle des plus intenses. Mais
ce groupe, où le contact spirituel a pour condition le
contrat physique, est toujours étroit et localisé, et l'u-
nanimité soudaine qui fait sa vie et son danger doit son
intensité passionnée à sa faible étendue. Si la foule,
après s'être dissoute, se reforme, si elle se reproduit
périodiquement en clubs (jacobins, par exemple), s'é-
pure, se fortifie, s'organise, multiplie au loin des rejetons d'elle-même, un parti est né. Mais il garde toujours
de la foule ce caractère essentiel d'être formé de ras-
semblements où l'on se coudoie, où l'on se dévisage, où
l'on agit personnellement les uns sur les autres. Ce ca-

ractère disparaît quand un parti se métamorphose, sans
s'en apercevoir, en *un public*. Un public, foule dispersée
et immense, aux contours continuellement changeants
et indéfinis, dont le lien tout spirituel se compose de
suggestions à distance quotidiennement opérées et subies
par ses *publicistes*, tantôt naît d'un parti, tantôt fusionne
plusieurs partis, mais toujours se dessine et s'accentue à
leurs dépens, les amplifie en les remaniant, et est
susceptible d'atteindre des dimensions extraordinaires
où les partis proprement dits, les *partis-foules*, ne sauraient prétendre. En d'autres termes, les partis-foules
tendent à être remplacés par les *partis-publics*. Et cette
substitution, comme je l'ai exposé ailleurs [1], a les plus
importantes conséquences qui, dans leur ensemble, semblent avantageuses au point de vue de l'apaisement final.

Après avoir exposé comment et pourquoi les partis
se forment, il resterait à dire comment ils se combattent et de quelle manière finit leur conflit. Quelques
mots suffiront, le sujet étant, malheureusement, trop
connu des lecteurs modernes. On sait assez les bordées
d'injures et de diffamations, de mensonges meurtriers,
qu'échangent les partis dans leur longue bataille, et
qu'ils passent des mois et des années à se pourfendre
ainsi sans jamais s'exterminer, comme les chevaliers
bardés du moyen âge ; qu'à la vérité quelquefois l'un
d'eux succombe et passe pour mort, mais que, sous
d'autres noms, il ne tarde pas à ressusciter comme
les héros des poèmes orientaux. Toute l'histoire de
Florence est remplie, jusqu'aux Médicis, par la lutte de
deux partis qu'on reconnaît toujours dans leurs méta-
morphoses et métempsychoses fréquentes. Enfin, cependant, le combat des partis se termine par le triomphe définitif et décisif de l'un d'eux — à moins que ce

1. Voir *Revue de Paris*, 1er et 15 août 1898, articles sur *Le public
et la foule*.

ne soit par leur soumission commune à un conquérant
étranger et leur anéantissement commun. Ainsi ont
pris fin, hélas ! les divisions de la Pologne...

IV

La lutte des partis, sur laquelle nous venons de nous
étendre, n'est pas la seule forme que revête l'Opposition politique. Sans parler encore de la guerre, qui est
l'opposition propre à la politique extérieure, la division
des pouvoirs, sur laquelle nous reviendrons dans un
autre chapitre, a aussi son rôle non négligeable dans la
politique intérieure. Toutefois on a exagéré sa portée
et son utilité, ainsi que la nécessité de la division des
partis, et on a méconnu une opposition tout autrement
fondamentale, tout autrement salutaire et nécessaire,
dont il reste à marquer la place ici.

On a cru trouver dans le fractionnement des pouvoirs,
par exemple dans la juxtaposition des trois pouvoirs
distingués par l'analyse de Montesquieu, ou dans l'ac-
couplement parlementaire de deux Chambres rivales,
la seule véritable garantie des gouvernés contre les abus
et les excès des gouvernants. Mais on a négligé de se
demander, avant tout, comment il peut se faire que
cette mutuelle limitation des pouvoirs se soit produite
ou se soit maintenue, quand il est manifeste que, en
tout régime, monarchique ou démocratique, il existe un
pouvoir souverain, et que la souveraineté implique essentiellement la possibilité de l'arbitraire absolu. Si l'on
avait commencé par répondre à ce problème, on aurait
vu que les expédients imaginés pour concilier avec la
souveraineté politique la liberté individuelle, par exemple la distinction du pouvoir judiciaire et du pouvoir
exécutif, étaient insignifiants par eux-mêmes et n'a-
vaient de valeur que grâce à une autre distinction d'ordre tout psychologique et qui fait que bien souvent les

gouvernements respectent cette division des pouvoirs
quoiqu'ils aient le désir et la possibilité de s'affranchir
de cette entrave. En un seul mot, c'est l'indépendance
— relative — de la croyance à l'égard du désir, non
l'indépendance — toute relative aussi — du pouvoir
judiciaire à l'égard du pouvoir exécutif, ou du Sénat à
l'égard de la Chambre des députés, qui est le vrai fondement des garanties individuelles, dans la mesure,
toujours bien faible, où elles sont protégées efficace-
ment. La lutte des forces politiques, sur laquelle on dit
qu'elles reposent, ne serait rien, ne serait pas, sans une
lutte des forces psychiques qui reste cachée. Indiquons
la démonstration de cette espèce de théorème fondamental. Quand un homme, appuyé sur un parti
avec lequel il marche d'accord, s'est emparé de la force
armée d'une nation, il semble qu'il puisse tout se permettre sans nulle résistance effective, c'est-à-dire physique, dans l'intérêt de lui-même et de son parti. Or,
il se permet bien des choses, mais il est toujours très
loin de se permettre tout, et, remarquons-le, alors même
qu'il n'a pas à craindre sérieusement de pousser à bout
la patience des gouvernés. Pourquoi cette modération
relative, cette limitation volontaire de son pouvoir ?
Parce que, en avançant dans la voie du despotisme op-
pressif, il se heurte à l'obstacle chaque jour plus insur-
montable sinon de sa conscience en révolte contre sa passion, au moins de son jugement opposé à son intérêt,
et surtout du jugement de ses partisans contraire aussi
à leur intérêt. Peut-être est-il plus exact d'ordinaire,
mais cela revient au même ici, de dire qu'il est intimidé
et arrêté, enfin, par le cri de réprobation impuissant des
vaincus, et par l'écho que ce cri trouve dans son propre cœur, par l'adhésion que lui et les siens ne peuvent s'empêcher de donner à ce verdict de condamna-
tion. Mais pourquoi sont-ils forcés parfois d'adhérer à
un jugement qui flétrit leurs actes et contrarie leurs in-

TARDE. — *Transf. du pouvoir.*   11

térêts? Pourquoi leur arrive-t-il parfois de se réprouver
eux-mêmes spontanément quand ils servent leur propre
cause avec trop de zèle? Parce qu'on n'est pas toujours
maître de croire ce qu'on désirerait croire, ce qu'on aurait intérêt à croire, parce que la croyance est, jusqu'à un
certain point, autonome dans sa sphère et ne se laisse
entamer qu'indirectement par le désir. Il y a des moments où un parti aurait intérêt à croire qu'il fait nuit
en plein jour, mais où, si fort qu'il ferme les yeux, la
lumière éclate. Il y a des moments où un ministre voudrait bien pouvoir se persuader que tel texte de loi très
clair a telle signification et non telle autre, ou qu'il
n'y a nulle similitude entre tel abus dont il profite et le
même abus qu'il blâmait avec énergie naguère dans un
journal d'opposition; mais on a beau faire, on ne parvient pas à se démontrer que deux et deux font cinq.
Ah! si on le pouvait, il y aurait de fiers despotes, des
autocrates auprès desquels Héliogabale et Néron seraient
des libéraux. Le vrai frein du pouvoir, il n'est que là,
dans la raison même de celui qui l'exerce, ou plutôt
dans l'indépendance de sa raison à l'égard de son intérêt et de sa passion, dans le besoin qu'il ressent, plus ou
moins vivement, souvent très faiblement, mais toujours
peu ou prou, de se mettre d'accord avec ses principes,
avec ses croyances enracinées, *de ne pas se contredire*,
ou de se contredire le moins possible, de ne pas tomber
sous le coup, sous le couperet, de son propre jugement.
Là, et non dans je ne sais quel artifice enfantin du système parlementaire, dans quelque fiction constitutionnelle renversable d'un souffle par le caprice d'une majorité souveraine, est la garantie de l'individu désarmé
contre l'omnipotence de l'État. L'équilibre des forces,
qu'on cherche dans la division des pouvoirs, comme
sauvegarde « des libertés » [1] il serait plus sensé de

1. Mercier de la Rivière fait une très juste objection à la théorie de la

Je demander à la division de la nation en deux grands
partis à peu près égaux, ce qui a eu lieu longtemps en
Angleterre. Encore est-ce insuffisant : outre que cet équilibre est bien instable, il peut se faire, et il arrive souvent, que deux partis, d'ailleurs rivaux et hostiles, s'accordent sur un point qui consiste à en exploiter un
troisième, qui ne compte pas, ou ne compte plus, ou
ne compte pas encore. Où sera alors, pour ce dernier,
la garantie « des libertés » ? Nulle part, ou seulement
dans la dualité interne de chacun de ses oppresseurs.

Jean-Sans-Terre vient d'être écrasé par la coalition de
ses barons et de tout son peuple. Tout le monde est
contre lui, et il est seul, vaincu, en face de tout le
monde. Pourquoi donc, alors, tout ce monde qui le mé-
prise et qui le hait, qui, c'est manifeste, voudrait se dé-
livrer de lui, ne le dépose-t-il pas ou ne le condamne-t-
il pas à mort ? Pourquoi toute cette nation victorieuse,
chose étrange, se met-elle à traiter avec cet homme isolé, dépourvu de toute force, comme avec une puissance
égale à elle, ou plutôt supérieure ? Pourquoi le recon-
naît-elle encore pour roi, pour maître, et se borne-t-
elle à limiter son pouvoir, sans discuter même
son autorité ? D'où vient à ce vaincu sa force invisible,
extraordinaire, qui, dans sa défaite même, l'égale et
l'impose à ces millions de volontés déchaînées contre
lui et impuissantes à briser ce charme magique ? Évidemment, cette force ne lui vient pas de lui-même,
elle n'est pas extérieure à ces âmes qu'elle maîtrise,
elle leur est intérieure. C'est en elles-mêmes qu'est la
source du pouvoir profond de leur vaincu sur elles : elles
désireraient bien le déposer, le faire disparaître, mais
elles croient ne pas en avoir le droit : elles sont forcées,

pondération des pouvoirs, de Montesquieu : Ou les deux puissances qui
se font contre-poids sont parfaitement égales, et elles se neutralisent ; ou
elles sont inégales, et il n'y a plus de contre-poids.

malgré leur désir, de croire à la légitimité de son commandement, de voir en lui l'héritier seul légitime, seul
autorisé, de la couronne d'Angleterre. Si, comme certains
philosophe l'ont dit, la croyance en nous dépendait du
désir, ce qui s'est passé alors, la Grande Charte, n'aurait pu avoir lieu, et ce fait capital, d'où la prospérité et
la liberté britanniques ont, dit-on, découlé, aurait été
impossible. C'est donc bien là, dans l'indépendance relative de ces deux courants de l'âme, qu'il faut chercher
l'explication et de ce fait et de tous les autres faits analogues qui sont innombrables. Car, chaque fois qu'une
faction ou un parti s'empare du pouvoir, la même
étrangeté se répète, et, malgré les déchaînements de fé-
rocités tyranniques, on voit toujours, à mi-chemin de
l'oppression complète, les triomphateurs s'arrêter, re-
tenus par la vertu d'on ne sait quoi de mystérieux. Ce
mystère, au fond, est la chose la plus simple du monde.

Ce mutuel arrêt, si fréquent, des deux forces psychologiques dont je parle (quand elles ne se stimulent pas,
au contraire, mutuellement), se produit sous deux
formes différentes : tantôt on ne va pas jusqu'au bout
de son désir, parce qu'on en est empêché par l'obstacle
de ses principes, tantôt on ne va pas jusqu'au bout de
son principe, parce que l'obstacle de son désir lui barre
le chemin. Le premier cas se réalise toutes les fois que
le juge, par exemple, voudrait bien décider en un sens
mais qu'il ne le peut sans faire violence au texte de la
loi ou démentir sa propre jurisprudence. Aussi n'y a-
t-il pas de plus sûre garantie contre les excès du pouvoir judiciaire que l'obligation de motiver les jugements.
Elle force le magistrat à avoir conscience de la contradiction entre ses principes et ses désirs et l'aide à faire
triompher les premiers des seconds. Et je ne sais vraiment pourquoi, reconnaissant la nécessité pour le juge
de motiver ses décisions, on dispense le législateur de

motiver ses lois. L'inverse serait plus facile à comprendre, car le motif de l'arrêt peut être à la rigueur
sous-entendu, c'est la loi elle-même, tandis que le motif
de la loi est souvent fort peu apparent, très malaisé à
découvrir. Si l'obligation de motiver les jugements ou
les arrêts prévient beaucoup de sentences iniques, est-
ce que l'obligation de motiver les lois n'empêcherait pas
souvent le législateur de légiférer à tort où à travers
pour satisfaire un caprice tyrannique?

Le second cas indiqué plus haut, celui où la logique
des idées est tenue en échec par la finalité des désirs,
est réalisé à chaque instant dans la vie privée. Les
mœurs et la moralité d'un peuple sont le résultat de ce
genre d' « inhibitions » quotidiennement répétées.
Entre la suggestion des croyances et celle des désirs il
y a une notable différence qu'il importe de remarquer.
Il est bien plus facile, en effet, aux meneurs populaires,
qu'ils s'appellent prédicateurs au moyen âge ou journalistes maintenant, de faire croire au peuple ce qu'ils
veulent que de lui faire désirer ce qu'ils veulent. Le clergé
catholique a bien pu, pendant des siècles et dans toute
l'Europe, répandre ses dogmes jusqu'aux dernières
couches des populations, et expulser toutes les croyances
païennes contraires à l'Évangile. Mais jamais il n'a pu
chasser tout à fait les désirs *anté-chrétiens* et *anti-chré-
tiens*, et faire régner les passions vraiment chrétiennes,
conformes au credo; et toujours, même aux époques de
la plus grande pureté de foi, on a vu les populations
voluptueuses par tempérament se livrer au plaisir,
les populations dures et féroces pratiquer la vendetta,
les populations ambitieuses guerroyer et conquérir.
Sur le fond profond des âmes, l'action des convertisseurs
n'a pénétré qu'en partie, tout en se livrant sans résistance au tracé des idées avec un burin d'acier à la surface des esprits. Il en est de même aujourd'hui de
l'action exercée par la Presse sur nos contemporains.

De là l'impossibilité si fréquente pour les meneurs des
grandes masses humaines, de les mener au-delà d'un
certain point, sur la pente de leurs déductions les
plus logiques. A cette influence suggestive des propa-
gateurs de doctrines nouvelles, avidement accueillies,
s'oppose et s'opposera tojours celle des ancêtres qui,
combinée avec celle du tempérament et de la race, a
formé les sentiments, les passions, les caractères. Et
le tout pêle-mêle, passions et idées, œuvre des siècles
et œuvre d'un jour, compose cette chose complexe
qu'on appelle l'opinion.

Quand, plus profond que Montesquieu, Aug. Comte
cherchait dans la séparation entre le pouvoir spirituel
et le pouvoir temporel, entre l'autorité régulatrice des
croyances et des pensées et l'autorité régulatrice des
désirs et des actions, la vraie cause des progrès modernes,
il émettait une proposition des plus contestables[1] mais
qui, entendue en un sens purement psychologique,
devient une vérité des plus certaines. Car ces deux
autorités, la logique et la finalité, sont certainement
séparées en nous, et c'est un bien qu'elles le soient.

Mais est-ce un bien qu'elles se combattent? Est-ce
que leur dualité ne se justifie pas bien mieux quand
elles s'aiguillonnent l'une l'autre, le cœur s'élevant avec
l'intelligence et l'intelligence s'éclairant des lumières
du cœur? Ce n'est pas seulement la croyance et le désir
qui luttent en nous souvent, c'est dans notre âme un
continuel conflit de croyances anciennes et de croyances

---

1. Cette séparation du pouvoir, spirituel et temporel, n'est point un
privilège unique de l'Europe chrétienne, comme le pensait Comte ; elle
existe au Thibet, où le Grand-Lama est un vrai pape ; au Boutan où le
Dharma-Raja est l'équivalent du Grand-Lama ; au Japon, elle existait
naguère encore. D'autre part, elle n'existe pas en Russie... ni en Angleterre... — La lutte du Sacerdoce et de l'Empire, qui est représentée dans
notre moyen âge par celle du Pape et de l'Empereur, l'est ailleurs par
celle du Khalife et de l'Émir — du Siagoun et du Mikado, etc. Dans
toute ville de France, il y a eu, en petit, une répétition de cette antithèse :
l'abbé et le moine, l'évêque et l'échevin...

nouvelles, de désirs anciens et de désirs nouveaux.
Dirons-nous aussi que ces inconséquences et ces inco-
hérences intérieures des gouvernants sont le salut
unique des gouvernés? Et, si nous n'osons le dire, de
quel droit penserions-nous que le combat de l'intelligence et de la volonté des hommes au pouvoir est préférable à l'accord des deux? Aussi sommes-nous loin de
le penser, et de cette opposition, comme de toutes les
autres, nous dirons qu'elle est transitoire, passagère-
ment utile, destinée à se résoudre dans une harmonie
qu'elle aura préparée. La conformité des actes aux pensées, la conformité des pensées les unes aux autres : telles
sont les qualités élémentaires qu'on est en droit d'attendre d'un homme politique. Quelle sécurité, et, par
suite, quelle liberté, peut subsister dans une nation dont
les maîtres ne rougissent pas de se contredire d'un jour
à l'autre et ne se croient même pas liés par l'entrave des
lois qu'ils ont faites? Un État vraiment libre est un
État où l'on est sûr du lendemain, un État où l'accord
ne règne peut-être pas entre les volontés des citoyens,
mais où il règne toujours entre les volontés et les idées
de ceux qui gouvernent. Un État libre est, avant tout,
un État logique.

IX

L'OPPOSITION POLITIQUE

(Suite).

LA GUERRE ET LA DIPLOMATIE

Nous venons de passer en revue quelques-unes des oppositions propres à la Politique intérieure. Nous ne pouvons négliger entièrement celles qui appartiennent à la Politique extérieure, et dont la plus manifeste est la guerre. Il convient d'y ajouter la diplomatie, cette stratégie de la Paix. La guerre n'est peut-être pas la plus importante toujours, elle n'est que la plus frappante des luttes entre nations considérées comme puissances opposées. Remarquons en passant, avec Cournot, que le mot *pouvoir*, empreint d'une signification morale, où il entre du respect sinon de l'amour, est réservé à la politique intérieure, mais que, avec une justesse trop expressive, le terme de *puissance*, emprunté à la mécanique, a été appliqué aux États dans leurs rapports extérieurs. La langue marque ainsi le caractère de brutalité de ces êtres collectifs qui, bien inférieurs aux personnes individuelles dont ils se composent, n'ont rien de moral dans leurs relations réciproques et ne conçoivent leur accord, quand ils s'accordent, que comme l'*équilibre* de deux poids ou de deux blocs de rochers roulés l'un contre l'autre.

Mais l'*influence* que les États exercent au dehors est déjà quelque chose de moins grossier que leur *puissance*, et, quand on parle de l'influence française dans le Levant, ce n'est pas seulement de la force de nos armes qu'il s'agit. A l'inégalité et aux variations de l'influence exercée par les diverses nations se rattache le sort d'une lutte invisible et continuelle que se livrent leurs langues, leurs cultes, leurs industries, leurs littératures, leurs arts, leurs mœurs, dans l'intervalle de leurs batailles. Or, tout ce qui a trait à cette lutte linguistique — si bien observée par M. Novicow dans ses ouvrages — à cette lutte religieuse, économique, esthétique, éthique, est politique au plus haut degré. Les batailles mêmes n'ont d'importance réelle qu'en ce qu'elles interviennent dans ce grand conflit incessant pour fortifier puissamment l'un des adversaires, pour apporter un élément décisif de solution au problème posé par cette rivalité de civilisations différentes. Combien, hélas! nos défaites de 1870 ont fait perdre de terrain à la langue française, aux idées françaises, aux mœurs françaises, aux arts français!

I

Mais, puisqu'il s'agit de la guerre, arrêtons-nous un moment à considérer l'armée, petite société intense et à part, bien propre à mettre en relief la vérité de notre manière d'envisager la vie sociale en général et la vie politique en particulier. On a l'habitude de regarder l'armée comme une société artificielle. Soit; mais elle est plutôt une société abstraite et pure, où les relations proprement sociales apparaissent dégagées de tous rapports biologiques, pour la commodité de notre analyse. Dans la vie civile, il y a des rapports de mari à femme, de père ou de mère à fils; ils sont inconnus dans l'armée. Elle reçoit les enfants tout faits du dehors : la production des enfants, en effet, chose vitale plus que

sociale, ne la regarde pas. Dans la vie civile, il y a des
rapports économiques qui ne se retrouvent pas dans
l'armée, ce qui montre qu'ils ne sont pas absolument
essentiels à la vie sociale : les produits de tout genre,
pain, viande, tabac, vêtements, ne sont ni achetés ni
vendus, ils sont répartis suivant certaines règles. Ils ne
sont pas fabriqués dans les régiments, ils sont importés
tout faits du dehors, eux aussi. A ces deux points de
vue, ne semble-t-il pas que l'armée réalise pour ainsi dire
une sorte d'idéal de parasitisme nécessaire et supérieur
en vain poursuivi par les sociétés contemporaines où l'on
voit, à mesure qu'elles se civilisent, la paternité décroître
pendant qu'elles accueillent plus hospitalièrement l'immigration étrangère et les produits alimentaires venus de
l'étranger ? Et ne tendent-elles pas à se décharger de plus
en plus sur des machines, qui travailleront gratuitement,
du soin de produire les articles qu'elles achètent ou vendent aujourd'hui ? — Mais il est deux genres de rapports
qui sont communs à la vie civile et à la vie militaire et
que l'armée, loin de les émousser, renforce au contraire.
L'un est le rapport de précepteur à élève, qui se reproduit avec une vigueur remarquable dans celui de
l'officier instructeur et du conscrit. L'autre, impliqué
dans le précédent de même que le précédent l'implique,
est le rapport de supérieur à inférieur, de commandant
à commandé, qui n'est nulle part plus accentué que
dans l'armée. Or, il est inutile de rappeler que ces deux
relations en supposent une troisième, sans laquelle elles
ne seraient pas possibles et qui, militairement, se présente avec une énergie et une précision singulières :
celle de modèle à copie. L'esprit d'obéissance et de
docilité militaire, c'est, avant tout, l'esprit de conformisme : et, si nulle part ne règne une discipline aussi
rigoureuse que dans les casernes et les camps, c'est que
nulle part la tendance à l'imitation n'est si forte. Dans
la mesure où l'homogénéité de l'armée croît ou décroît,

sa cohésion augmente ou diminue : il faut d'abord que
les hommes s'y *assimilent*, puis ils s'y *organisent*. Aussi
tout est-il contagieux à l'excès dans les bonnes armées,
les bons comme les mauvais exemples, les traits de
bravoure comme les suicides.

L'imitation, donc, est la fonction élémentaire de
l'organisme militaire ; mais qu'est-ce qui est imité dans
les armées? Les volontés et les idées des chefs qui,
grâce à l'obéissance et à la foi exaltée, se répandent dans
toute l'armée et de cent mille hommes font une seule
âme. L'âme collective, là, ce n'est rien de mystérieux
ni d'énigmatique ; c'est tout simplement l'âme du chef.
— Et où tend cette convergence merveilleuse des esprits
et des cœurs? Quel est le but de cette addition, de cette
intégration militaire de convictions et de passions, de
préjugés et d'habitudes assimilés, accumulés, enracinés?
Ce but, c'est le choc meurtrier, sur un champ de bataille, avec une autre âme tout pareillement faite de
cent mille âmes, avec une autre somme vivante d'idées
et de volontés directement opposées et contradictoires.
Il s'agira de mettre cette contradiction en pleine lumière
par le combat, — comme la contradiction de deux
hommes est révélée par leur discussion — et de la résoudre par la victoire, qui anéantira l'une des deux
propositions, l'une des deux volitions nationales, devant
l'autre.

A y regarder de près, d'ailleurs, l'imitation qui précède la lutte militaire, aussi bien que la victoire qui la
suit, n'est qu'une résolution de contradictions, seulement sur une échelle beaucoup moindre. Deux individus sont en présence : leurs idées et leurs volontés diffèrent, et, en partie, se contrarient : elles se heurtent en
se rencontrant ; mais l'idée ou la volonté de l'un finit
par prévaloir et s'imposer à son partner. Voilà tout
le phénomène de l'imitation : un problème de logique
sociale résolu. Le rapport de modèle à copie est donc

intimement lié à celui de maître à élève Le vrai supérieur est celui qu'on écoute et qu'on suit, qui a le don
de persuader et de convaincre.

C'est dans l'armée surtout qu'il convient d'étudier ce
rapport du supérieur à l'inférieur. Le commandement
militaire, bref, sec. autoritaire, prononcé d'une voix ton-
nante en monosyllabes sonores, est instantanément obéi,
sans nulle exception, et de la même manière par tous
les hommes commandés. Il est obéi mécaniquement,
mais en vertu d'une suggestion spirituelle et toute-puissante, par laquelle l'unité s'impose au nombre, un homme à un million d'hommes, et qui est devenue automa-
tique à force de se répéter. Le commandement civil, le
décret, est un ordre aussi, mais un ordre non vocal,
moins obéi, jamais identiquement, presque jamais au
même instant.—A cet égard, comme à tant d'autres, l'armée, quoiqu'elle soit une sorte de tégument protecteur,
en partie extérieur au corps social protégé par lui, in-
carne le principe social pur, dégagé de presque tout
ce qui s'y mêle de vital dans la société générale. Et
c'est précisément pour cela qu'elle a quelque chose
d'artificiel ou mieux d'artistique. Mais cette *chose sociale tout objective* que cherchent certains sociologues,
si nous avons chance de la trouver quelque part, c'est là
sans nul doute. Encore l'y trouvons-nous? Non. A la
vérité, ces marches, ces manœuvres, ces opérations militaires, quand elles sont exécutées avec un ensemble par-
fait, peuvent être considérées, vues de très loin, comme
des mouvements mécaniques, que la cinématique étudie
abstraction faite des molécules de matières mues et des
forces mouvantes. Mais nous savons que la mécanique
elle-même n'a pu s'arrêter à cet ordre de considérations
tout objectives et qu'il a fallu y introduire l'idée de force, d'origine toute subjective, pour prêter un sens aux
mouvements matériels. Et après cela, nous nous amu-
serions à prétendre expliquer les manœuvres d'une ba-

taille d'Austerlitz, par exemple, sans avoir égard à ce
qui s'est passé alors dans le cœur des soldats et la tête
du capitaine ! — Plus les mouvements des troupes ont
un air mécanique, c'est-à-dire sont parfaits, et plus ils
attestent la profondeur de l'action psychologique d'où
ils procèdent, le caractère hautement spirituel du pouvoir et de l'obéissance qui les produisent. — C'est seulement dans leurs rapports extérieurs que les armées, encore plus que les nations, sont des forces brutales, ou
moins morales que brutales.

L'évolution militaire a beau différer d'un peuple à
un autre, elle a toujours pour caractère — et ce caractère lui est commun avec l'évolution industrielle à laquelle on l'a vainement opposée — d'être un long travail
de dialectique sociale, par lequel, d'abord, le groupement social des hommes se substitue ou se superpose,
au lieu de se subordonner, à leur groupement vital, et par
lequel, ensuite, la cohésion intérieure du groupe va en
augmentant avec ses dimensions. Partie de la famille,
dont elle n'est à l'origine qu'un extrait valide et masculin, l'armée s'en détache peu à peu jusqu'au point où
ses divisions — compagnies, bataillons, escadrons, etc.
— ne correspondent plus du tout à celles des familles,
ni à celles mêmes des communes ou des provinces. Le
chef de l'armée, primitivement confondu avec le chef de
la famille ou du clan, se distingue de lui, et c'est de
moins en moins pour des raisons d'hérédité, c'est de
plus en plus pour des raisons de capacité qu'il est choisi.
Rien de plus logique et de plus rationnel. Il en est de
même de l'évolution industrielle. De la petite industrie
familiale, on passe à l'industrie quasi-familiale, aux petits
ateliers avec des apprentis qui sont pour ainsi dire adoptés et font partie de la famille, puis aux grands ateliers
où s'efface tout caractère domestique. On naissait d'abord
patron, héréditairement : on le devient maintenant. —
En même temps, l'organisation militaire devient plus

centralisée, plus hiérachisée, plus cohérente, comme
l'organisation du travail dans les ateliers ; et, par les progrès du *machinisme* guerrier, de l'artillerie, correspondant au machinisme industriel, la puissance des armées
se développe plus rapidement encore que leur grossissement numérique.

Les guerres, comme les armées, ont évolué dans le
sens d'une centralisation et d'une cohésion logique croissantes. Le progrès ici, d'après Spencer, « part de la bataille (homérique) où les individus combattent sans plan,
pour aboutir à la bataille d'après un plan sous le commandement d'un chef. » Disons plutôt qu'au début il y
avait pluralité de petits plans partiels et contradictoires,
mais nul plan d'ensemble, chaque petit chef dirigeant
son petit peloton suivant son petit but sans souci de l'o-
pération générale, et que le progrès a consisté à passer
de cette *pluri-conscience* partielle à l'*uni-conscience* totale.
Alors, une bataille, un siège ont apparu comme une
œuvre logique au premier chef, comme un problème
anxieux suivi d'une discussion meurtrière et d'une solution glorieuse. Grâce à Vauban, dit M. Vast dans
l'*Histoire générale*, dans les sièges, « l'ouverture solennelle de la tranchée, le tracé des trois parallèles, l'assaut
final, sont invariablement réglés comme les cinq actes
d'une tragédie classique. » De même que chaque siège,
chaque bataille et chaque campagne est un déroulement
classique, c'est-à-dire logique, d'opérations enchaînées,
un *nœud* qui conduit à un dénouement.

Ces transformations s'accomplissent à mesure que les
armées et les guerres s'agrandissent. Car le monde des
Etats belligérants va en diminuant au cours du progrès
social, mais ils vont s'amplifiant, pareils aux vaisseaux
de guerre qui étaient autrefois très petits et très nombreux et qui à présent sont en très petit nombre mais
gigantesques. Aussi le champ des opérations militaires
n'a-t-il cessé de s'étendre, de même que le champ des

négociations diplomatiques, qui, dans son cercle exor-
bitant, embrasse aujourd'hui la mappemonde tout entière. Il y aurait à désespérer de l'humanité si cet agrandissement de la guerre et de la diplomatie, comme
celui des États, n'était un acheminement logique et peut-
être nécessaire vers la pacification finale. « Les guerres
sont la grande calamité universelle du moyen âge, »
dit M. de Greef, et il semble en faire la caractéristique
sanglante de cette période de l'histoire. En réalité les
guerres sont la grande calamité de toutes les époques de
morcellement politique. Avant l'Empire romain, dans
toute la Gaule morcelée en clans, dans toute la Germanie
morcelée en tribus belliqueuses, dans toute l'Italie morcelée en petits États, dans toute la Grèce morcelée en
cités, partout, la guerre sévissait comme au moyen âge,
à cela près qu'elle était plus cruelle encore et plus atroce
peut-être, puisque les batailles médiévales se réduisaient
souvent à des chocs d'armures entre quelques barons
féodaux. Sans unité impériale ou sans union fédérative,
il y aura toujours guerre et militarisme, ou paix armée
et menace perpétuelle de guerre. Voilà pourquoi il faut
bénir et non maudire l'Empire romain, et aussi bénir
l'Empire arabe, l'Empire chinois, l'Empire russe. Sup-
posons que les États-Unis, au lieu de former un seul
corps de nations, se soient détachés les uns des autres
après s'être affranchis en commun de la domination anglaise ; dans cette hypothèse on peut affirmer avec certitude qu'ils auraient dû s'armer jusqu'aux dents et que,
au lieu d'une seule grande guerre entre eux, celle de
sécession, ils en auraient eu déjà d'innombrables. C'est
la grande réponse à faire aux sociologues tels que Tur-
got et Le Play, qui, trop frappés des vices propres aux
grands États, vantent outre mesure les petits peuples
chasseurs ou pasteurs, ou demi-civilisés.

Le malheur est que le procédé belliqueux de l'agrandissement des États, la conquête, est du cannibalisme en

grand. Quand un Etat en absorbe ainsi un autre pour
le détruire et le dévorer, n'est-ce pas là une véritable
anthropophagie nationale? Ce qu'il y a de plus odieux
encore, c'est de voir trois ou quatre nations se livrer à
une sorte de vivisection sur une autre pour se la partager. On s'est beaucoup scandalisé du partage de la Pologne, apparemment pour faire croire que c'était un attentat isolé. Mais, bien longtemps avant d'avoir vu ce spectacle, l'Europe avait assisté sans se lamenter au partage
de l'Italie et de l'Allemagne, et je ne vois pas en quoi
le partage, aujourd'hui projeté, de la Chine, sans compter celui de la Turquie, diffère de ceux qui précèdent,
si ce n'est en ce qu'il en sera la reproduction extrêmement amplifiée et qu'il s'exercera sur le plus pacifique et
le moins turbulent des peuples. — Quant aux peuples
barbares de l'Afrique, ce n'est pas seulement le droit de
la force que nous invoquons contre eux, c'est, dirait-on,
une sorte de *devoir de la force* qui nous inspire hypo-
critement nos exactions. Toutefois, il est à remarquer
que, si le cannibalisme collectif dont il s'agit n'est pas
près de disparaître, il tend lui-même, à l'exemple du
cannibalisme individuel, à se transformer en une forme
collective de l'esclavage, en une domestication des nations conquises, comme on le voit déjà par nos protec-
torats coloniaux.

II

L'accord entre parties divisées étant d'autant moins
difficile ou d'autant plus facile que ces parties sont moins
nombreuses, l'agrandissement des Etats, qui a fait diminuer leur nombre, ne peut qu'être favorable, en somme,
à la Paix. En attendant que la possibilité d'un lien fédé-
ratif entre eux se fasse clairement apercevoir et rende
inévitable l'aspiration unanime à la réalisation de cet

idéal, les peuples doivent se contenter d'une forme basse et imparfaite de l'harmonie qui consiste à s'*équilibrer*. Ce terme, comme celui de puissance, est emprunté à la mécanique. La conception de l'*équilibre européen* correspond, jusqu'à un certain point, en politique extérieure, à l'idée de la *balance des pouvoirs*, bien insuffisante aussi, en politique intérieure. Ici et là et d'abord *là* avant *ici*, car il est remarquable que la politique extérieure a précédé en ceci la politique intérieure, le besoin d'échapper à la prépondérance d'une seule puissance ou d'un seul pouvoir en tenant en échec deux grandes puissances ou deux grands pouvoirs l'un par l'autre s'est fait sentir parmi les principales nations de l'Europe.

L'Italie du moyen âge nous donne l'image réduite et anticipée de l'Europe des temps modernes. Le type de l'État moderne est né là, dans la tête du tyran milanais, du tyran florentin ou romain[1]. Nos révolutions modernes, françaises notamment, se voient en raccourci dans l'histoire de Florence avant les Médicis. Nos idées politiques, notre immoralité politique ont pris naissance sur cette terre classique des hommes d'État sans scrupules et des capitaines sans merci. — Enfin, l'équilibre européen, ce fameux équilibre si instable, ce pauvre idéal d'une Europe en ruines qui n'ose plus même soupirer vers son unité perdue et cherche à se leurrer avec un simulacre d'harmonie, l'équilibre européen a été précédé par l'équilibre italien. « Les principaux États italiens, dit M. Lavisse, se faisaient échec pour maintenir l'équilibre de leurs forces ». De là la diplomatie, invention toute italienne aussi. « L'Italie est la terre natale de

---

1. Ce n'est pas, en effet, des petites *républiques* italiennes, mais bien, comme le fait remarquer Sumner-Maine, d'après Villari, des *tyrannies* italiennes, que procèdent nos démocraties. Là, pour la première fois, s'est constitué l'État moderne « avec ses départements administratifs nettement dessinés. »

l'ambassadeur, ce faux agent de concorde et de paix ».
— Mais c'est sous Philippe II, et par opposition au
rêve de monarchie universelle qu'il tenait de Charles-
Quint, qu'a commencé à se développer, en France, en
Angleterre et ailleurs, l'idée de l'équilibre européen.
« On désirait, dit Ranke, que deux grandes puissances,
dont les forces seraient à peu près égales, fussent opposées l'une à l'autre, afin que les puissances d'un rang
inférieur puissent toujours trouver protection auprès de
l'une contre l'autre. La destruction de cet équilibre paraissait devoir conduire immédiatement à la monarchie
universelle ».

Aussi, deux tendances sont en présence dont l'antagonisme fait la vie politique de l'Europe depuis que
l'hégémonie de la papauté a été détruite : à savoir, la
tendance qui pousse toujours un conquérant, un roi
glorieux, un Charles-Quint, un Henri IV, un Louis XIV,
un Napoléon, à rêver l'Empire d'Occident, et la tendance
à maintenir ou à rétablir une sorte d'équilibre plus ou
moins stable ou instable par la mutuelle limitation des
grandes puissances. Cet antagonisme correspond à celui
qui, dans l'intérieur de chaque État, depuis la destruction de la hiérarchie féodale basée sur le contrat, met
en présence deux tendances également opposées, la tendance des rois à la monarchie absolue, sans nul obstacle à leur pouvoir centralisé, et la tendance des publicistes et des peuples à organiser un état d'équilibre
interne constitué par deux ou trois grands pouvoirs indépendants et capables de s'entre-arrêter. On ne doit
pas s'étonner de voir le vœu de domination universelle
et le vœu d'absolutisme conçus à la fois par de grands
hommes d'État, pas plus que de voir l'idéal de l'équilibre européen et celui du régime parlementaire régner
ensemble dans d'autres esprits. Ces deux couples
de tendances alternent : tantôt l'un de ces couples,
tantôt l'autre prévaut. Et il ne faudrait pas croire que

le penchant au pouvoir absolu et à l'unité impériale soit
exclusivement propre aux monarques : il est souvent
en eux l'écho d'une aspiration générale.

Et, de fait, le rêve de l'équilibre soit national, soit
international, est bien étroit. C'est le rêve du repos, de
l'inaction. Mais le rêve de l'action est lié à celui de l'u-
nité. Toutes les fois que le besoin d'action l'emporte sur
celui du repos, il est inévitable qu'une grande somme
de pouvoir absolu soit confiée à un homme en qui s'in-
carne la soif générale d'entreprise et de domination.

La dualité de tendances que nous venons de noter dans
la politique extérieure et dans la politique intérieure,
nous la rencontrons aussi en économie politique où a
longtemps régné, sous la forme de la *concurrence* préco-
nisée comme la seule ouvrière du Progrès, l'idéal de l'é-
quilibre. A cet idéal s'est opposé et s'oppose de plus en
plus celui du monopole absolu de l'Etat organisateur ou
réglementateur du travail. Le socialisme est au libéralisme économique ce que l'impérialisme est au fédéra-
lisme, ce que l'absolutisme est au parlementarisme. Or,
n'est-il pas visible que, à travers des péripéties multiples, la tendance unitaire, la tendance active et organi-
satrice, l'emporte de plus en plus, comme seule destinée
(même au point de vue économique peut-être, quoiqu'ici
les conditions de l'harmonie soient différentes, comme
nous le verrons dans un autre chapitre) à établir ou à
rétablir d'une façon stable et profonde l'équilibre ou
plutôt l'accord harmonieux poursuivi par la tendance
libérale? L'action, dont l'unité est la condition, tend
essentiellement à l'accord, dont l'équilibre n'est qu'une
forme inférieure. Elle tend à « s'ensevelir dans son
triomphe. » La vie politique, comme la vie économique,
est une alternance d'équilibres rompus puis rétablis sous
des formes plus amples et meilleures. On pourrait
définir l'évolution en tout ordre de fait : la recherche
d'un équilibre jusqu'à ce qu'il ait été découvert. Ou

plutôt, car on part toujours, en fait, d'un équilibre donné, l'évolution se présente comme *l'itinéraire d'un équilibre à un autre*. Quand l'équilibre initial est très stable et que nulle initiative, nulle rébellion individuelle n'est assez forte pour le rompre, il n'y a pas d'évolution, jusqu'à ce que, du dehors, vienne la secousse perturbatrice. Tout ce qui contribue à rendre l'équilibre initial plus instable rend l'évolution plus probable. C'est le cas des sociétés modernes, qui, à peine assises en un accord imparfait, se remettent à courir après un accord plus durable, qui sera lui-même éphémère.

Aussi, à l'étroit et instable *équilibre italien* du moyen âge, dont nous parlions tout à l'heure, et aussi bien à un *équilibre germanique* non moins défectueux, a-t-on vu se substituer un *équilibre européen*, bien plus vaste sinon plus solide, et dont la manifestation dernière, la plus grandiose jusqu'à ce jour, est la dualité de la Triple Alliance et de l'Alliance franco-russe, deux grands syndicats de nations qui se font échec, en attendant de se faire peut-être la guerre. Mais déjà, par cette guerre prévue ou par d'autres voies imprévues, on entrevoit la poursuite prochaine d'un équilibre ou d'un accord infiniment plus majestueux, l'*équilibre mondial*, l'accord final de toutes les grandes puissances du globe. La loi de Répétition amplifiante et transfigurante, qui semble régir les grands aspects de l'histoire considérée de haut, s'applique ici avec évidence.

A la conception de l'équilibre des grands Etats se rattache celle de la neutralité des petits. L'originalité de l'idée consiste en ce qu'un petit Etat civilisé, interposé entre plusieurs grands Etats, est soumis à la protection non pas d'un seul de ces derniers mais de plusieurs, rivaux les uns des autres. Grâce à leur rivalité, cette protection, au lieu d'être un *protectorat*, tel que celui que l'Angleterre et la France font peser sur les petits rois de l'Inde ou le bey de Tunis, est vraiment tutélaire et

bienfaisante. A ce point de vue, l'invention de la neutralité politique, où l'on retrouve vaguement la théorie
du *tabou*, du *sacer esto*, inaugura un progrès de premier
ordre et peut avoir, par la vertu de l'exemple, d'assez
heureux effets dans l'avenir. Le Droit international est
renouvelé par là.

III

— Nous ne pouvons terminer ce qui a trait à l'opposition politique sans indiquer — bien qu'en cela nous
anticipions sur le sujet du chapitre suivant — la raison
d'être fondamentale qui justifie la lutte des partis et la
lutte des nations.

La Politique, en somme, est cette partie de l'activité
d'un peuple ou d'une fraction de peuple qui a pour
objet propre et direct — non pas l'échange des pensées
et des desseins (langue) — non pas l'apaisement et la
faveur des puissances célestes en vue de biens terrestres
ou surtout mystiques (religion) — non pas l'accroissement des lumières (science) — non pas la satisfaction
des besoins individuels et l'entretien de la vie (industrie) — non pas l'embellissement de la vie individuelle
ou collective (art) — non pas même précisément ou
immédiatement l'ordre intérieur ou extérieur et la paix
entre les individus ou entre les classes ou entre les nations (morale et droit) — mais bien la domination ou
tout au moins l'affranchissement, la domination sur
d'autres peuples ou d'autres fractions du même peuple,
ou l'affranchissement d'une servitude imposée par
d'autres peuples ou d'autres fractions du même peuple.
Mais, si les luttes des partis ou des nations par la guerre
civile ou la guerre extérieure, par la diplomatie ou l'a-
gitation électorale et parlementaire, ont cette fin con-
stante pour objet direct et immédiat, leur utilité est

autre et plus élevée au point de vue de la civilisation
générale. Elles ont pour effet, en abaissant les frontières
des nations ou les murs de clôture des classes, de hâter,
de favoriser l'élargissement graduel du champ social, et
de préparer ainsi l'harmonie finale dans la lumière.
Cette ambition et cette dignité collectives, donc, —
car la politique joue dans la vie nationale le rôle des
manœuvres ambitieuses et des airs de fierté dans la
conduite de l'individu — sont au service de la sympathie, de la sociabilité essentielle à l'homme, et du
rayonnement imitatif où elle s'exprime.

Mais les imitations valent ce que valent les initiatives
d'où elles émanent et dont elles ne sont que l'écho
multiplié et prolongé. Et c'est par cette distinction fondamentale des initiatives et des imitations, combinée
avec la considération précédente. qu'on s'explique la
très inégale valeur des grands Empires, des grandes
œuvres historiques de la Politique, à égalité d'étendue et
de durée. Si l'on adopte les phrases vides qui ont cours
sur l'inefficacité du génie individuel et la vertu créatrice
des masses, si l'on se place à ce point de vue absurde
et réputé profond que les individus ne sont pas les fac-
teurs de l'histoire, que les foules, inspirées par on ne
sait quel Inconscient tout-puissant, y ont tout opéré,
on doit logiquement être conduit à penser que l'importance des langues, des religions, des arts, des industries,
des sciences, des idées civilisatrices, se proportionne au
volume et à la durée des masses humaines où elles ont
été élaborées ; d'où il résulterait que, bien au-dessus de
tout notre progrès européen, s'élève le monde chinois,
et que l'Empire arabe, l'Empire même de Tamerlan,
balancent historiquement l'Empire romain. Mais la
vérité est, au regard de tout jugement sain, et en dehors
de tout système, que l'Empire romain est une œuvre
capitale devant laquelle toutes les autres s'effacent jusqu'aux temps nouveaux nés de lui, préparateurs à leur

tour de sociétés plus vastes encore et plus vivantes où
se consommera la romanisation de l'univers, fût-ce
sous couleur anglo-saxonne.

Or, à quoi Rome doit-elle cette primauté incontestable parmi tant de constructions impériales souvent
plus vastes et plus solides que la sienne? Le voici. Jusqu'à elle, les empires qui se formaient ouvraient aux
institutions du peuple conquérant une carrière inespé-
rée, grâce à laquelle ce qui n'avait été qu'une petite
lampe brûlant dans un petit coin, était devenu la même
petite lampe, ou peu s'en faut, mais rayonnant dans
une plus vaste pièce. L'Empire chinois, en se formant,
avait procuré cet avantage aux idées, aux mœurs, aux rites
des cent familles primitives; l'Égypte, plus hospitalière
aux importations du dehors, mais encore bien murée,
avait été le débouché de toute la vallée du Nil offert à
quelques inventions de Memphis ou de Thèbes, tout au
plus de Chaldée; l'Empire arabe, tout en pillant quelques brins d'idées et d'art en Perse et en Grèce, n'a
été en somme que l'ombre de Mahomet et du Coran
portée et prolongée jusqu'aux colonnes d'Hercule. Mais
l'Empire romain, pour la première fois dans le monde,
a été un concours ouvert à tous les petits peuples inventifs et généreux, dont les inventions seraient restées
sans lui infécondes et inaperçues. Il a, en conquérant
mille nationalités, brisé mille petits murs d'apparte-
ments jusque-là clos, et parmi lesquels il y en avait de
très brillamment éclairés par des lampes multicolores et
originales qui, du coup, ont été dotées d'une force d'expansion et de rayonnement incomparable : l'Étrurie,
l'Égypte, Athènes, Jérusalem. Si l'Empire romain n'a-
vait été que la dilatation des institutions quiritaires et
le retentissement prolongé des vers d'Ennius, il ne
mériterait guère plus que l'Empire mongol de retenir
l'attention de l'histoire.

Ce que je dis ainsi pour la politique extérieure s'ap-

plique aussi bien à la politique intérieure. Si l'on
continue à admirer les yeux fermés la toute-puissance
de l'Inconscient et la supériorité des masses sur les
individus, on doit juger les luttes civiles et les agitations
sociales d'un peuple d'autant plus importantes en histoire qu'il s'agit d'un peuple plus nombreux et plus
durable. Donc, nous devrions suivre les péripéties de
l'histoire intérieure de la Chine, de l'Egypte, de l'Inde,
avec infiniment plus d'intérêt que la lutte des patriciens
et des plébéiens dans la petite Rome primitive, ou celles
des whigs et des tories en Angleterre, sans parler des
révolutions de Florence ou de Gênes et des Provinces-
Unies. On ne peut échapper à cette conséquence qu'en
répudiant le faux principe d'où l'on est parti. Alors on
s'expliquera sans peine que, chez des peuples très vastes
mais très peu inventifs et très peu réceptifs, les conflits
des partis et des classes offrent un faible intérêt historique, puisque tout le résultat possible de l'égalisation
démocratique ou de la centralisation monarchique qui
s'y produit est d'y faire rayonner un peu plus, en haut
ou en bas, les quelques lampes existantes, sans d'ailleurs en accroître le nombre. Mais il n'en est pas de
même quand il s'agit de nations inventives et curieuses
qui, à mesure qu'elles se centralisent ou se démocra-
tisent, allument ou rendent visibles une multiplicité de
foyers nouveaux en procurant de nouveaux moyens de
propagation et d'action à des programmes, à des plans
de rénovation sociale, à des idées maîtresses, qui, sans
cela, auraient avorté dans leur cerveau natal. Voilà le
principal intérêt de nos révolutions et de nos agitations
contemporaines.

On comprend aussi, à ce point de vue, pourquoi, au
point de notre histoire où nous somme arrivés, et sans
rien préjuger pour l'avenir, la politique extérieure, jadis
beaucoup plus importante que la politique intérieure,
devient moins importante que celle-ci dont la supé-

riorité grandit sans cesse. En effet, le principal obstacle
au libre rayonnement imitatif des inventions est beaucoup moins, maintenant, la frontière des États, jadis
haute et opaque, à présent transparente et abaissée, que
la cloison séparative des diverses couches de la population, des diverses classes, des divers partis, des diverses
religions. Nous nous acheminons vers un moment où,
dans la grande confédération américano-européenne,
civilisée presque uniformément, il ne pourra se produire
quelque part, — variation nécessaire de cette monoto-
nie — n'importe où, à quelque degré de l'échelle sociale que ce soit, une invention, une idée, une initiative
utile ou belle, sans que bientôt elle s'universalise. L'élaboration séculaire de la Politique, l'effort continu des
hommes d'État et des hommes de parti, aura eu cette
conséquence. Ils y travaillent à leur insu.

Mais le progrès ne consiste pas seulement dans la
progression numérique et la complication croissante
des initiatives suivies. Il consiste surtout dans leur
harmonie et leur fécondité.

X

LA LOI DES TRANSFORMATIONS POLITIQUES

L'ADAPTATION POLITIQUE

Après avoir envisagé la vie politique sous l'aspect des répétitions puis des oppositions qui lui sont propres, il nous reste à parler des adaptations politiques. Il y a, en effet, des harmonies politiques en dépit de nos discordes, comme il y a des « harmonies économiques », non pas celles, il est vrai, que Bastiat célébrait à tort parce qu'il les jugeait innées et préétablies. Des harmonies préétablies de Leibniz il ne reste guère que le souvenir. Mais, s'il n'est pas vrai que les intérêts et les pouvoirs naissent d'accord, en général du moins, il est de fait qu'ils tendent à s'accorder, moyennant bien des luttes douloureuses ou sanglantes. C'est cette harmonisation pénible et continue qu'il s'agit de comprendre. Adaptation ou évolution, c'est même chose au fond, ou plutôt l'évolution n'est, en tout ordre de faits, qu'une adaptation progressive. C'est donc, en définitive, la loi des transformations politiques, que nous avons à chercher maintenant.

Il serait fastidieux de passer en revue les solutions données à ce problème par les sociologues passés ou présents, à commencer par Aristote. Bodin, Vico, Auguste Comte, Spencer, pour ne parler que des plus connus, ont émis des formules dont je ne méconnais pas l'intérêt et la vérité partielle, mais dont je ne dirai

rien si ce n'est que, se donnant chacune pour universelle, elles sont très différentes les unes des autres et souvent contradictoires [1]. Ce conflit de règles soi-disant
absolues, cette impuissance des sociologues transfor-
mistes à s'accorder sur une même loi du développement,
serait un terrible écueil pour la sociologie s'il était
vrai, comme le croient les partisans d'une *évolution
unilinéaire*, d'une canalisation de tous les courants de
l'histoire en un lit uniforme, que la seule tâche de
cette science naissante est de découvrir des formules
d'évolutions historiques de ce genre. Mais c'est faute
d'avoir trouvé les répétitions et les adaptations réguliè-
res, et formulables en lois; là où elles sont, qu'ils les
cherchent là où elles ne sont pas. Pour nous, nous
avons à formuler des *lois de causation*, de causation *logique*, qui rendent compte à la fois et des vérifications
partielles de règles énoncées par les philosophes de
l'histoire, et des exceptions fréquentes à ces règles : et
qui, en outre, nous conduisent à d'autres solutions
d'une portée à la fois plus compréhensive et plus péné-
trante.

I

Rappelons ce que nous avons dit en commençant.
Le pouvoir est la résultante de ces deux forces psychologiques et sociales, les croyances et les désirs, les
idées et les besoins : et les idées et les besoins déri-

---

1. Après avoir dit, dans son intéressant ouvrage sur les *Croyances et
Doctrines politiques*, que l'évolution politique des peuples se présente
comme réglée par des lois rigides, comme traversant des phases identiques, sauf des variantes insignifiantes, M. de Greef s'oublie à reconnaître plus loin, contraint par l'évidence des faits, que, par son régime
égalitaire universalisé et si étrange, le Pérou des Incas est « un type à
part dans l'histoire des sociétés ». En réalité, c'est chaque grand peuple
qui est un type à part.

vent ou dépendent de ces deux sources intermittentes, les découvertes et les inventions — dans le sens le plus large du mot — d'où jaillissent de temps en temps, par leur propagation imitative, de nouvelles croyances et de nouveaux désirs, de nouveaux principes et de nouveaux intérêts. Le pouvoir, en somme, appartient à ceux qui, par suite des idées régnantes à leur époque et dans leur pays, sont jugés les plus aptes à satisfaire les besoins de ce pays et de cette époque. Le plus puissant est toujours celui qui se présente comme désigné par les superstitions, les préjugés, les idées accréditées de son temps et de son pays, pour protéger et diriger, pour protéger les intérêts successivement créés par les inventions (pastorales, agricoles, industrielles, artistiques) et pour diriger les ambitions, les entreprises suscitées tour à tour par les inventions militaires, les progrès de l'armement, de la tactique et de la diplomatie. A chaque grande découverte, ou invention nouvelle, regardez-y de près, le pouvoir commence à changer de mains et à changer aussi de nature, à se déplacer et à se transformer. Et il se déplace et se transforme d'autant plus que ces nouveautés théoriques ou pratiques se sont vulgarisées davantage, plus profondément, en vertu des lois de l'imitation.

Le premier sauvage qui a fait jaillir une étincelle de deux cailloux heurtés ne se doutait pas que la religion du foyer allait naître de là. Le premier sauvage qui, ayant capturé de jeunes agneaux ou de jeunes taureaux vivants, s'aperçut de la facilité à les apprivoiser, de l'utilité de les engraisser plutôt que de les tuer immédiatement, ne soupçonna point qu'il inaugurait une ère nouvelle, l'ère pastorale, et un régime politique nouveau, la famille patriarcale, le clan et la tribu organisés, d'où surgirait la noblesse, l'aristocratie héréditaire. Le premier sauvage qui a imaginé, au lieu de cueillir simplement des graines et des fruits, d'ensemencer et de

cultiver des grains de blé, de planter des arbres frui-
tiers, n'a pas deviné que, de cette simple idée, la cité
allait naître, gouvernement tout nouveau, et que, du patriarche, du chef de tribu ou de clan, le pouvoir allait
passer, tout métamorphosé, aux magistrats municipaux
Et, dans cette cité même, combien de déplacements et
de changements d'autorité ! Le premier homme ou la
première femme qui a eu l'idée du métier de tisserand [1]
et de fabriquer de la toile pour la vendre au dehors,
tandis qu'auparavant chaque famille produisait tous les
vêtements dont elle avait besoin, par les bras de ses
femmes ou de ses esclaves, celui-là a préparé pour les
cités de l'avenir, telles que Florence avec ses « arts de
la laine », le microbe de l'industrie ou du commerce
qui, par l'accumulation et l'affranchissement du capital, a démocratisé le monde.

Pourquoi? Parce que, à chaque nouvelle invention
s'ajoutaient de nouveaux intérêts, et plus considérables.
Par exemple, avant l'invention du feu et de la domestication des animaux, il n'y avait point de richesse con-
servable, susceptible d'être accumulée. Déjà le feu, par
la cuisson des aliments, a permis leur conservation un
certain temps. Les troupeaux ont été un premier capital ; avec la culture des céréales, les greniers. Il s'agissait de défendre maintenant greniers et troupeaux contre
l'agression de tribus pillardes ; trésors plus tard, quand
la monnaie a été inventée et répandue. De là un besoin
de protection autre et plus grande, la protection des
divers biens et non pas seulement de la vie. De là aussi
un besoin de direction autre et plus grande. Car, à
mesure qu'augmentaient les moyens d'action militaire
et d'activité laborieuse, les besoins d'action et d'entreprise se développaient. La découverte du Nouveau-

---

1. Bien que les femmes n'aient jamais eu l'esprit inventif, on peut se
demander si, par exception, elles n'auraient pas inventé l'art de tisser
qu'elles ont exercé seules si longtemps.

Monde a rendu nécessaire la direction gouvernementale des entreprises coloniales et, par là, accru la force, modifié la nature du Pouvoir.

Et ce que je viens de dire des innovations pratiques je pourrais le dire aussi bien des innovations théoriques. Le premier philosophe grec qui a imaginé d'expliquer les phénomènes par des causes mécaniques et physiques a frappé au cœur la vieille religion animiste et fétichiste sur laquelle reposait la vieille constitution familiale et municipale, et préparé une transformation toute *positiviste* et utilitaire de l'autorité [1]. Dès ce jour, sans qu'il y parût rien à la surface, les pouvoirs antiques étaient frappés à mort. J'ai indiqué plus haut l'influence inaperçue de la découverte de Copernic sur la politique. Inutile d'insister.

Mais, autre chose est de dire que les transformations comme les déplacements du pouvoir dépendent, en définitive, d'initiatives individuelles vulgarisées, autre chose de dire que ces transformations comme ces déplacements ont *un sens*, une orientation toujours semblable à elle-même dans n'importe quelle société. Est-il vrai qu'il en soit ainsi, c'est-à-dire que, dans des sociétés indépendantes et étrangères les unes aux autres, sans mutuels emprunts, par hypothèse, la série des changements politiques doive être nécessairement la même? — Je réponds : oui, dans la mesure où le permettent et l'exigent les lois de l'invention combinées avec les lois de l'imitation, mais dans cette mesure seulement, et sous le bénéfice des réserves que ces deux sortes de lois commandent formellement.

Or, de même qu'il est des principes de mécanique qui dominent de haut toutes les lois physiques, chimi-

---

1. A ce point de vue, il faut lire attentivement le profond ouvrage de M. Espinas sur les *Origines de la technologie*, 1897. (Paris. Félix Alcan.)

que, vitales, de même il est des principes de logique qui expliquent à la fois les lois de l'invention et les lois de l'imitation, qui embrassent à la fois les séries d'inventions (ou de découvertes) successivement apparues et les propagations initiatives dont chacune d'elles est le point de départ. — Il est logique, en effet, d'abord, que les inventions simples précèdent les inventions complexes, que l'idée de l'arc ait précédé l'idée de l'arquebuse et celle-ci l'idée du fusil, que les premiers théorèmes de géométrie aient précédé les théorèmes relatifs aux sections coniques. — Il est logique aussi, pratiquement logique, c'est-à-dire téléologique, que les inventions propres à satisfaire les besoins les plus urgents, les plus impérieux, les plus immédiatement suscités ou suggérés par les fonctions organiques — celui de se nourrir, et celui de s'amuser, presque aussi naturel que l'autre chez le sauvage, ce grand enfant — apparaissent avant les inventions qui concernent des besoins moins urgents, tels que le besoin de vêtements bien tissés, d'abris bien clos, de maisons confortables, de luxe. — Je ne dis point *d'art*, car le besoin d'art, sous sa forme linguistique du moins, a été assez vif déjà chez les primitifs. — Il y aurait encore à tenir compte du *degré de difficulté* des inventions successives, les *moins difficiles* devant précéder les plus mal aisées à découvrir; et aussi de bien d'autres considérations [1].

Voilà pourquoi, malgré le caractère en partie accidentel des inventions et découvertes et la grande diversité de leurs déroulements possibles, leurs séries ne laissent pas d'avoir un air rationnel, reconnaissable à ce trait que leur ordre de succession est souvent *irréversible*, c'est-à-dire qu'il est impossible de concevoir le renversement de leur suite. Les tracés des fleuves ont beau

---

1. Voir à ce sujet notre *Logique sociale*, chapitre intitulé « Les lois de l'invention ».

être capricieux, tous s'écoulent conformément aux règles sans exception de l'hydrostatique, et, sauf de légers remous dans leurs courants, ne remontent jamais vers leur source [1]. Les meilleurs exemples de cette irréversibilité sont fournis par la série des découvertes scientifiques. Leur série didactique, leur ordre d'enseignement, coïncide souvent avec la série historique de leur apparition. — Entre parenthèses, il n'est pas, à coup sûr, de plus solide argument en faveur de la réalité d'un ordre d'évolution sociale *nécessaire*, que cette série de nos découvertes scientifiques, qui cependant est unique en son genre, puisque, à ce point de vue, les Chaldéens, les Egyptiens, les Grecs, les Romains, les Européens modernes sont les collaborateurs ou les héritiers successifs d'un même développement et que rien de pareil ne s'est développé ailleurs d'une manière indépendante et sans emprunts, ni en Chine, ni dans les demi-civilisations aztèque et péruvienne de l'Amérique, ni, à plus forte raison, en Océanie. Cela prouve, en passant, l'erreur de ceux qui veulent fonder la sociologie exclusivement ou avant tout sur des comparaisons d'évolutions distinctes et autonomes, considérées « objectivement », sans nul flambeau psychologique ou logique pour éclairer la lanterne du sociologue. Envisagée « objectivement » de la sorte, l'évolution historique de nos sciences se présente comme un simple fait particulier d'où l'on n'est en droit de dégager aucune loi, aucune connexion nécessaire, puisqu'il faudrait pour cela des points de comparaison qui manquent ici...

Autre remarque essentielle. L'évolution sociale est un problème où il importe, avant tout, de distinguer avec soin les *variables indépendantes* et les *fonctions*.

1. Ce n'est pourtant pas tout à fait sans exception, au moins apparente. Par exemple, le Niger est relié au Bani par plusieurs canaux naturels, dont l'un « présente la bizarrerie d'un cours d'eau coulant alternativement dans un sens et dans l'autre. » (*Tombouctou*, par Félix Dubois.)

Avant de traiter une branche importante de cette évolution complexe, par exemple l'évolution juridique ou
l'évolution politique, il faut se demander s'il convient
de mettre ces phénomènes sociaux sur le même rang
que *l'évolution religieuse ou scientifique et l'évolution
industrielle*. Est-ce que ces deux dernières, combinées
ensemble, ne sont pas les variables relativement indépendantes dont l'évolution du Droit ou celle du Pouvoir
ne sont que des fonctions? Et, s'il en est ainsi, serait-il
rationnel de s'attendre à autant de simplicité ou de régularité relatives dans la marche — ou les marches —
des évolutions politiques et juridiques, que dans celles
des évolutions religieuses, scientifiques, industrielles?
Demander au sociologue une formule élégante et simple des transformations du Pouvoir, un verset magique
réglant d'en haut, par une sorte de cérémonial surnaturel, la procession des phénomènes de gouvernement,
c'est se méprendre entièrement sur les conditions du
problème à résoudre; et, si un sociologue prétend
l'avoir résolu, il y a lieu de croire *à priori*, comme il
est certain *à posteriori*, qu'il s'est abusé. — Il se peut
fort bien qu'il y ait des phases politiques correspon-
dantes aux phases religieuses et industrielles. Quelles
sont cependant les natures de Pouvoir propres à l'animisme, au *thériomorphisme* (culte des animaux sauvages), à l'adoration des animaux domestiques, à l'astro-
lâtrie, à l'anthropomorphisme corporel et individuel, à
l'anthropomorphisme spirituel et social? ou bien aux
étapes successives de la science, mathématique, astronomique, biologique, sociologique? Et quelles sont les
natures de Pouvoir inhérentes à l'âge de la pierre
éclatée, puis polie, à l'âge du bronze, à l'âge du fer, ou
bien aux périodes chasseresse, pastorale, agricole, industrielle? C'est malaisé à préciser. Et, si la réponse
est difficile, n'est-ce pas parce que les phases religieuses
ou scientifiques et les phases industrielles, c'est-à-dire

l'évolution des découvertes et celle des inventions, ne marchent pas de front, et que, par suite, les phases simultanées des deux sont très diverses dans les différents peuples, d'où la singularité des combinaisons entre elles ? C'est surtout la série, remarquablement fortuite, des inventions militaires et des inventions relatives à la locomotion ou à la transmission des pensées, qui joue un rôle immense dans la transformation de la Politique extérieure ou intérieure. Et il n'est pas rare de rencontrer un degré élevé de civilisation industrielle joint à un degré abaissé d'invention militaire ou même locomotive, et vice versa.

Les lois de l'imitation sont beaucoup plus précises que celles de l'invention ; elles s'appliquent à des faits infiniment plus nombreux et beaucoup plus aptes à être légiférés parce qu'ils sont beaucoup plus semblables. Ces lois sont toutes logiques au fond, même celles que j'ai appelées, dans mon livre à ce sujet, *non logiques* [1]. Car, si l'imitation se propage de haut en bas, du supérieur à l'inférieur qui se juge tel, n'est-ce pas parce qu'une présomption d'utilité plus grande doit logiquement s'attacher à l'exemple du groupe réputé supérieur, tantôt de la noblesse, tantôt de la capitale ? Si l'imitation de l'étranger alterne avec celle de l'ancêtre, n'est-ce pas parce que, en temps de *mode*, une présomption d'utilité plus grande doit s'attacher à l'exemple de l'étranger réputé alors supérieur à l'ancêtre, tandis que, en temps de *coutume*, l'inverse est présumé? Enfin, la loi qui veut que l'imitation, quand elle s'attaque à un modèle et copie successivement ses divers exemples, procède de ses exemples internes à ses exemples externes [2], de ses idées

---

1. Il n'en convenait pas moins de distinguer. Celui qui jure *in verba magistri* fait un raisonnement au fond, comme celui qui argumente, cependant il ne faut pas confondre les deux. L'un n'a égard qu'à des raisons *extrinsèques* et l'autre qu'à des raisons *intrinsèques*.
2. Il arrive souvent qu'on reflète d'abord de l'étranger les exemples les

et de ses besoins aux usages où ils s'expriment, n'est-elle
point conforme à la logique qui exige que la cause précède
l'effet, la chose signifiée le signe, le principe les conséquences? Quant aux lois que j'ai appelées plus proprement logiques (parce qu'elles expliquent la préférence
accordée à tels exemples sur tels autres par les caractères
inhérents à ces exemples mêmes et non à leurs auteurs)
il est clair qu'elles méritent bien ce nom. Entre plusieurs idées ou plusieurs actions qui se proposent ensemble à l'imitation, celle qui se propage le plus vite
et le plus loin est l'idée la plus confirmée ou la moins
démentie par les idées déjà répandues et accréditées,
l'action la plus conforme ou la moins contraire aux
modes d'activité déjà enracinées.

Toutes les lois de l'imitation, j'ai cru le montrer, concourent à agrandir et approfondir sans cesse le champ
social, c'est-à-dire le groupe d'hommes qui se regardent
comme compatriotes sociaux; et, par suite, dans une
mesure moindre, le champ politique, le groupe de
concitoyens d'un même État, petit cercle inclus dans
le grand cercle social. C'est une conséquence très importante de ces lois.

Autre conséquence non moins importante de ces lois,
combinées avec les lois de l'invention : le caractère
essentiellement logique de ces deux sortes de lois, qui
président soit à la genèse des idées et des besoins, soit
à leur propagation, fait que, quelle que soit l'incohérence des éléments hétérogènes par lesquels débute une
société, et quel que soit le caractère accidentel des nouveautés qui s'y greffent successivement les unes sur les
autres, un ordre tend et parvient toujours à sortir de ce
chaos. Les sociétés tendent — comme chacune des
âmes qui les composent — à un *maximum* et à un *équi-*

plus extérieurs, les plus frivoles. Mais alors *on s'arrête à ceux-ci.* Il y a
arrêt de développement, parce que l'écheveau à débrouiller n'a pas été
pris par le bon bout.

libre en même temps de croyances démontrées ou jugées
telles, c'est-à-dire s'entre-confirmant, et de désirs satis-
faits, c'est-à-dire s'entr'aidant [1]. La vie sociale, dans
son ensemble, élabore donc un vaste *système ;* et dans
le détail, la vie politique consiste à élaborer péniblement une Constitution, la vie juridique un Corps de
Droit harmonieux et stable, la vie religieuse un Credo,
une cathédrale théologique, la vie scientifique une en-
cyclopédie, une Somme philosophique, la vie économique un Ordre économique, une Organisation du
Travail, la vie linguistique une Grammaire, la vie
artistique une Esthétique...

Il n'est pas vrai qu'il y ait un *Esprit social,* distinct
des esprits individuels, et dans lequel ceux-ci seraient
compris comme le sont les idées dans chacun d'eux.
C'est là une conception toute chimérique de la psychologie sociale. Non, l'Esprit social, comme les esprits
individuels, ne comprend que des idées, des états
d'âme, seulement des états d'âme disséminés en des
cerveaux différents et non rassemblés en un même
cerveau. C'est là toute la différence, qu'il ne faut ni
exagérer, ni dédaigner. Il y a deux sortes d'associations :
premièrement, celle des divers esprits individuels unis
en société ; en second lieu, celle, en chacun d'eux, des
états de conscience qui s'y sont peu à peu agrégés et
qui lui proviennent, pour la plupart, d'autres esprits.
En chaque esprit individuel se répète plus ou moins

---

1. Elles tendent, autrement dit, au plus grand équilibre et à la plus
complète démonstration (ou propagation, *ce qui revient au même* pour
la foule) de leurs croyances — au plus grand équilibre et à la plus complète satisfaction de leurs désirs. — La satisfaction du désir est ici mise
sur le même rang que la démonstration de la croyance, quoique la satisfaction du désir ait pour effet apparent de l'apaiser et que la démonstration de la croyance (ou sa propagation) ait pour effet certain de la fortifier, de l'accroître. Mais, d'une part, le désir satisfait redouble encore
plus qu'il ne s'apaise, et, d'autre part, la croyance devenue certitude, si
elle est fortifiée et accrue, est apaisée aussi ; elle se repose, s'assoit en un
état fondamental de l'esprit au lieu de continuer à être un *mouvement*
de l'âme.

cette agrégation plus ou moins systématique d'états de
conscience qui constitue le type social. L'Esprit social
consiste en cette répétition même ; mais le type social
se compose d'éléments dont le lien est tout autre que
leur répétition. En d'autres termes, des deux associations que je viens de distinguer, il n'y a que la première
qui repose sur la similitude d'états d'esprit : la seconde
se fonde au contraire sur leur différence et implique un
rapport *logique*, non un rapport d'imitation. Encore y
a-t-il lieu d'observer que la première elle-même suppose
la différence et l'inégalité des individus, différence et
inégalité qui expliquent seules pourquoi les uns agissent
sur les autres, suggestionnent les autres, et les autres
se complaisent à leur obéir. Le vrai *lien* social est cette
action suggestive, mutualisée par la sympathie. Aussi,
dans l'imitation même, y a-t-il toujours, nous le savons,
quelque chose de logique, un raisonnement implicite
ou explicite, puéril ou sérieux. Cela ne veut pas dire
que le lien des états d'esprit, en chaque esprit, soit tout
logique. Pour beaucoup, le rapport de contiguïté, de
coexistence, d'apparition simultanée, est le plus ordinaire. Ici se placent, en ce qu'elles ont de légitime, les spéculations des *associationnistes* anglais. Mais,
si faible que soit, au début de la vie mentale (et sociale)
la part des états d'esprit *logiquement liés* [1] — et aussi
celle des états d'esprit *logiquement déliés*, par des contradictions *senties* — il tend sans cesse à s'accroître, il
s'accroît nécessairement à chaque remuement des
esprits, qui les force à se tasser, leur fait sentir des
contradictions auxquelles jusque-là ils n'avaient pas pris
garde et les refond en un agrégat plus systématique.
Cette cause logique agit en quelque sorte mécaniquement.

1. Voir, à cet égard, l'*Activité mentale et les éléments de l'Esprit*,
de M. Paulhan. (Paris, Félix Alcan.)

II

Est-il vrai que les diverses et indépendantes voies
d'évolution linguistique aboutissent à une même grammaire. les diverses évolutions économiques, morales,
juridiques, à un même ordre économique, à une même
morale. à un même *Corpus Juris* ? Pas le moins du
monde. L'œuvre systématique à laquelle toute nation
travaille diffère profondément d'une nation à l'autre
suivant que la race (au sens historique du mot) est plus
portée à l'accumulation synthétique ou à l'épuration
critique, plus soucieuse de richesse d'idées et de besoins
que de coordination ou *vice versâ*. suivant aussi sa
capacité plus ou moins grande d'assimilation et son
énergie d'harmonisation. Mais il est certain que, partout et toujours, l'évolution politique, comme toutes
les autres espèces d'évolution sociale, est une élaboration logique. dont le début est un chaos de contradictions. de pouvoirs étrangers ou hostiles, et dont le terme,
— si du moins ce travail n'est pas interrompu, comme
il l'est souvent. par une catastrophe, par une mort violente — est une harmonie relative. obtenue par une
longue suite de duels et d'accouplements logiques, de
substitutions et d'accumulations d'idées et de besoins.

Remarquons en quoi cette notion du progrès politique et social diffère de celle qui a généralement cours
parmi les évolutionnistes plus ou moins dérivés de
l'école de Spencer. Aux yeux de ceux-ci. la loi suprême
est la *différenciation progressive* des pouvoirs, ou des
travaux. ou des éléments du langage, etc. Mais nous
constatons. au contraire. que l'hétérogène est partout
à l'origine. et notre formule, toute autre que la leur,
est la suivante : passage nécessaire d'une différence à
une autre différence. d'une différence extérieure et

contradictoire à une différence intérieure et harmonieuse, et, en particulier, d'une division des pouvoirs
qui est une guerre des pouvoirs à une division des
pouvoirs qui est une solidarité et une coopération des
pouvoirs[1]. Ce qu'il y a à noter ici, c'est la manière
dont s'opère ce passage d'une division à une autre.

Le voici. Etudions les transformations politiques des
villes, par exemple[2]. A l'origine que voyons-nous? Des
pouvoirs contigus, co-existant, s'entre-heurtant : pouvoirs des deux ou trois tribus qui composent une cité
de l'Aurès ou de la Kabylie, pouvoirs d'une dizaine de
phratries dans une cité antique, ou d'un certain nombre de clans, de familles closes et hérissées, pouvoirs
de corporations rivales dans une cité du haut moyen
âge, où tout est incohérent, comme le remarque
M. Flach, où tout est caractérisé non par cette homogénéité prétendue qu'on a rêvée à toutes les origines
des choses, mais par une diversité pittoresque d'autant
plus frappante qu'on remonte plus haut. Ces villes
sont très fractionnées, surtout au début : l'autorité y est
morcelée, les privilèges multiples. Chaque ville est
divisée en quartiers où l'on se barricade, chaque quartier en maisons fortes à tourelles percées de meur-
trières[3], d'où l'on se bombarde entre concitoyens :

---

1. J'ai aussi essayé, dans ma *Logique sociale* (chapitre sur l'Économie politique) de montrer que l'évolution économique consiste à
remplacer de plus en plus la *valeur-lutte* par la *valeur-accord*. (Ce
chapitre avait été publié quelques années auparavant dans la *Revue
d'Economie politique* sous ce titre : *Les deux sens de la valeur*.)

2. Les transformations politiques des familles, des clans, des tribus,
échappent davantage à notre observation. Il est bien probable que, là
aussi, si nous pouvions remonter aux origines, nous constaterions un
chaos initial de rivalités ou d'hostilités entre frères, entre fils naturels et
adoptifs, entre père et mère, entre parents et serviteurs ou esclaves, avant
de parvenir, après force fratricides, parricides, uxoricides, à une constitution familiale définitive.

3. Chaque corporation avait son quartier distinct ou sa rue distincte
et était prête à y soutenir un siège. Il y avait la *rue des Cordonniers*,
la *rue des Selliers*, etc. La division du travail y était poussée si loin
parfois que, à Sarlat, par exemple, et à Périgueux, il y avait une *rue des
Epingliers*.

c'est un bariolage de coutumes et de droits multiformes.
Mais, peu à peu, une tribu, une phratrie, un clan, une
corporation, grandit, s'impose et centralise tous les
pouvoirs dans la main de son chef ou du groupe uni
de ses chefs. Telle a été la centralisation puissante qui a
fait les communes jurées du moyen âge, et qu'on a
prise à tort pour un mouvement d'émancipation individuelle : c'était un mouvement de concentration
nécessaire des pouvoirs urbains, d'où a découlé, ensuite,
une répartition relativement harmonieuse des tâches et
des pouvoirs entre les divers magistrats de la ville,
entre ses divers corps constitués. *Les pouvoirs divisés
d'abord et hostiles, se sont centralisés pour se diviser de
nouveau, mais d'accord entre eux.*

C'est une loi générale. Il en a été ainsi, non seulement
pour les transformations politiques des villes, mais pour
celles des nations. La France, avant la centralisation
monarchique, était aussi divisée politiquement et aussi
chaotique dans sa division des pouvoirs civils ou militaires, féodaux, municipaux ou ecclésiastiques, qui la
composaient, qu'une ville française avant la *commune
jurée.* Il a fallu, contrairement à la formule spencérienne,
la confusion graduelle de tous les pouvoirs militaires,
judiciaires, administratifs, financiers, législatifs, dans
la main du roi de France pour que, ensuite, devînt possible la division graduelle et l'organisation graduelle des
pouvoirs répartis entre les divers officiers du roi,
maintenant entre les nombreux fonctionnaires de nos
divers ministères. Ce n'est pas une seule fois, c'est
plusieurs fois que la France a vu s'opérer cette concentration graduelle de pouvoirs d'abord chaotiquement
divisés, qui, ensuite, et grâce à cette concentration, se
sont divisés de nouveau, mais harmonieusement : une
première fois, sous les Mérovingiens, dont le roi avait
accaparé tous les pouvoirs : une seconde fois, après la
décomposition de l'État mérovingien, sous Charle-

magne ; une troisième fois, après le morcellement
féodal, sous Philippe-Auguste, sous saint Louis, sous
Louis XI, sous Louis XIV ; une quatrième fois, après
l'anarchie directoriale, sous le Premier Consul. La
même chose s'était vue déjà, avec autrement de majesté,
quand Auguste, commençant à concentrer dans ses
mains les pouvoirs divisés et hostiles de Rome répu-
blicaine, avait inauguré ce mouvement de concentration
du pouvoir qui, continué pendant plusieurs siècles, a
abouti sous Dioclétien à la centralisation la plus
savante, suivie de la division des pouvoirs administratifs la mieux réglée, la plus ordonnée que le monde ait
connue.

Ce qui a eu lieu en France et à Rome a eu lieu partout, notamment en Angleterre. M. Boutmy montre
avec évidence que l'Angleterre a été centralisée politiquement, administrativement, judiciairement, socialement, bien longtemps avant la France, dès le XIIᵉ siècle.
Cela ne l'a pas empêchée de devenir un peuple très
libre, très débordant de vie locale, mais cela seul lui a
permis d'avoir une vie locale convergeant vers un même
but national. C'est donc bien à tort qu'on impute à la
centralisation française l'inertie politique des provinces
françaises.

Le roi d'Angleterre était, dès la conquête normande,
infiniment supérieur à ses plus grands vassaux, qui
pliaient docilement devant lui, quand le roi de France
était à peine *primus inter pares* au milieu de ses barons
féodaux. Dès le XIIᵉ siècle, grâce à l'uniformité de jurisprudence établie par les juges ambulants, *missi dominici*
des petits Charlemagnes britanniques, une seule coutume régnait d'un bout à l'autre du royaume anglais ;
et nous, au XVIᵉ siècle encore, nous comptions plus de
60 coutumes *principales*, sans parler de la grande distinction entre les pays de droit coutumier et de droit
écrit (voir Boutmy, *Développement de la Constitution*

anglaise). Cependant, ce peuple si tôt centralisé est
devenu l'exemple-type du peuple libre. Notre centralisation n'est donc point la cause des défauts qu'on nous
reproche à tort ou à raison : et l'on aurait beau nous
ramener aux 285 coutumes, grandes ou petites, d'autrefois, aux provinces anciennes, aux villes murées du
moyen âge, on ne nous rendrait pas plus entreprenants,
loin de là [1].

Ce qu'il y a de particulier à l'évolution politique : la
centralisation des pouvoirs (soit entre les mains d'un
homme, soit entre les mains d'un groupe d'hommes,
Parlement, Constituante, Convention) est la condition
nécessaire ici et transitoire de la transformation *d'une
diversité illogique* en une *diversité logique*. La centralisation des pouvoirs est indispensable à l'harmonie des
pouvoirs, — qu'il ne faut pas confondre avec l'équilibre
des pouvoirs, équilibre toujours très instable et où
l'évolution politique s'arrête souvent — tandis que, par

---

1. Peut-être aura-t-on quelque peine à concilier avec l'unité et la centralisation politiques de l'Angleterre au moyen âge, ce que nous dit
Thorold Rogers, dans son *Interprétation économique de l'histoire*,
sur le caractère hermétiquement clos du village anglais, de la ville anglaise, à cette même époque et jusqu'à un temps assez voisin du nôtre. Mais,
au fond, ces deux choses n'ont rien de contradictoire : il n'est pas contradictoire de dire que chaque régiment d'une armée forme un faisceau
étroit, exclusif, jalousement fermé, et que l'armée est soumise aux mêmes
règlements. — En réalité, l'Angleterre a dû à son pelotonnement insu-
laire cet avantage que l'imitation assimilatrice, de groupe à groupe, y a
fonctionné beaucoup plus tôt que chez nous et y a produit, en même
temps que cette unité, cette homogénéité sociale si précoce, la grande
originalité individuelle des Anglais. Car l'imitation ici comme partout a
pour effet de différencier autant que d'égaliser les individus. Et, de fait,
comme le remarque M. Boutmy, la caractéristique de la vie anglaise au
moyen âge, c'est la vie commune de toutes les classes qui sont en perpétuel contact, en perpétuel échange d'exemples. Mais, là comme ailleurs,
l'imitation s'est surtout propagée de haut en bas, et c'est à la constitution
de la hiérarchie anglaise, c'est au rapprochement de ses échelons super-
posés, assez distincts pour créer des supériorités senties comme telles, pas
assez pour décourager l'émulation, qu'il faut demander l'explication de
cette assimilation si prompte et si profonde. Or, cette assimilation intense
explique à son tour l'esprit intense d'association qui caractérise de si
bonne heure l'Angleterre. (Et c'est ainsi que se concilie fort bien avec
les faits démontrés par M. Boutmy, la remarque de Thorold Rogers.)

exemple, dans l'évolution économique, la centralisation
des travaux n'est nullement la condition indispensable
de la transformation d'une division chaotique en une
division harmonieuse des travaux.

Pourquoi cela? Parce que, entre les divers genres de
travaux, il peut y avoir trois sortes de rapports : 1° un
rapport de *concurrence* et de mutuelle limitation, celui
des ateliers similaires se disputant une même clientèle ;
2° un rapport de *mutuelle assistance*, c'est le cas des
industries hétérogènes qui satisfont chacun un besoin
différent, le boulanger fournissant du pain au boucher
qui lui fournit sa viande, et les deux alimentant le cor-
donnier qui les chausse ; 3° un rapport de *coopération* à
un même but ; c'est le cas des tâches différentes accom-
plies par divers ouvriers dans un même atelier, ou
même dans différents ateliers entre lesquels se répartit
une grande production comme celle de la fabrication
des locomotives, à laquelle collaborent plusieurs usines.
C'est aussi, dans un sens supérieur, le cas de toutes les
industries d'un État, similaires ou dissemblables, en
tant qu'elles concourent à une même fin patriotique.
Or, est-ce que, entre les divers genres de pouvoirs, il
existe aussi trois sortes de rapports semblables? Non,
le rapport intermédiaire, celui d'assistance mutuelle,
fait défaut ici, car il n'y a rien ici qui corresponde à
l'échange des produits. L'échange est un phénomène
essentiellement économique. Aussi les pouvoirs différents ne peuvent-ils présenter que deux rapports : 1° un
rapport de rivalité et de mutuel équilibre : c'est celui
des pouvoirs extérieurs, étrangers les uns aux autres,
celui des puissances de l'Europe par exemple, et aussi
bien des divers privilèges dans une ville du moyen âge,
ou des divers partis dans un État moderne[1] ; 2° un rap-

1. En tant que *travailleuses*, les corporations coexistantes dans une
ville du moyen âge peuvent être unies par un lien de mutuelle assistance ;
mais, en tant que *privilégiées*, en tant que *puissantes*, elles ne peuvent

port de collaboration intime. Les pouvoirs différents, dans le sein d'un Etat organisé sur un même plan, d'une ville régulièrement administrée, sont les pièces d'une même machine savante comme les divers corps d'une même armée, et, comme ceux-ci, concourent à l'exécution d'un même programme politique.

Eh bien, substituer de plus en plus à la rivalité, à la mutuelle limitation, à l'équilibre instable des pouvoirs, soit au dedans de l'Etat, soit même au dehors, leur harmonisation croissante, n'est-ce pas là que tend l'élaboration politique en tout pays moyennant des luttes et des guerres, des alliances et des traités sans nombre? Oui, mais, pour atteindre ce but, il n'est pas possible ici de laisser les choses suivre leur cours et d'attendre du fonctionnement même de la concurrence une certaine harmonie, ce qui a lieu souvent dans la sphère économique. A force de rivaliser et de se heurter, les travaux parviennent un jour ou l'autre à s'accorder en ce bas degré d'harmonie que réalise la réciprocité de leur emploi, l'aide mutuelle qu'ils se prêtent pour leurs buts multiples. Les pouvoirs ne sauraient s'harmoniser de la sorte, car ce rapport n'existe pas pour eux. De là deux conséquences importantes : la nécessité de la *centralisation* pour mettre fin aux difficultés de la politique intérieure, et, en vertu des mêmes raisons, la nécessité des *grandes agglomérations* d'Etats pour résoudre les problèmes anxieux de la politique extérieure. En effet, on comprend fort bien que la paix et l'accord puissent régner entre les travaux, bien qu'il n'y ait pas encore d'*organisation du travail;* et même il est assez probable que l'organisation du travail impérieusement imposée produirait, à cet égard, un résultat moins pacifiant que la libre croissance des diverses in-

que se heurter et s'entre-limiter — à moins de collaborer. Et il en sera de même de nos syndicats ouvriers.

dustries. Mais les pouvoirs ne peuvent que se heurter, à moins de converger vers un même but : il faut donc, si l'on veut la paix, la paix au dedans et la paix au dehors, commencer par centraliser tous les pouvoirs de l'Etat et par unifier tous les Etats en un seul grand Etat ou une seule grande Union internationale. Il n'y a, il n'y a jamais eu, et il n'y aura jamais d'autres moyens [1].

Il est remarquable que ce qui se présente ainsi comme une nécessité logique devient une nécessité de fait en vertu des lois de l'imitation. Elles concourent toutes, nous l'avons dit, à l'élargissement, à l'approfondissement du champ social, et, par suite, du champ politique. Et il le faut bien, puisque chaque invention, et aussi bien chaque groupe local ou national d'inventions, tend à un rayonnement indéfini. Toutes ces petites ambitions multiples et partielles tendant à la suprématie, il ne se peut qu'à la fin l'une ne s'impose. Plus nous remontons haut dans le passé, plus les types de civilisation sont nombreux et localisés : chacun d'eux, représenté par une cité ou une tribu, est comme un îlot de sécurité relative et d'harmonie logique qui tend à s'étendre dans un Océan d'insécurité et d'anar-

---

1. A propos de la guerre des paysans en Souabe (1525), M. Denis écrit dans l'*Histoire générale* : « En somme, ces révoltés étaient des réactionnaires et ils poursuivaient la restauration d'un système vieilli ; ce qui représentait le progrès et l'avenir à cette époque, c'étaient les princes, qui travaillaient à dégager du moyen âge l'*Etat moderne*. » Or, qu'est-ce qui caractérise cet Etat moderne ? Le même auteur nous le dit quelques pages plus loin. « Les princes, enrichis des dépouilles du clergé, et maîtres de la conscience comme des biens de leurs sujets, n'avaient en quelque sorte plus d'adversaires. Le champ s'ouvrait librement devant eux, et ils pouvaient réaliser enfin leur idéal de gouvernement et *créer de véritables Etats modernes où nulle volonté ne gênerait la leur et dont toutes les ressources seraient concentrées entre leurs mains.* »

Le caractère de l'Etat moderne, donc, c'est sa toute-puissance, c'est la suppression de ces entraves multiples et multiformes que l'Etat féodal avait dû subir. C'est la condition préalable et nécessaire de son organisation administrative.

chie. Peu à peu ces îlots se rejoignent, et, grâce à l'extension plus rapide de l'un d'eux, forment un continent. Et, à la fin, que voit-on? Un grand Empire pacificateur ou une grande fédération comme celle des États-Unis. De même que toute concurrence tend à un monopole, la division des partis tend au triomphe d'un parti qui, après beaucoup de luttes, concentre tous les pouvoirs; et la division des États, tous séparément avides de domination, court au triomphe ou à la prépondérance acceptée d'un État.

M. de Greef remarque avec raison que le vaste empire du Pérou, qui fût devenu beaucoup plus vaste encore sans le débarquement des Espagnols, était en voie d'accomplir dans l'Amérique du Sud une mission civilisatrice analogue à celle de l'Empire romain; ajoutons à celle de l'Empire arabe, ou de l'Empire chinois, ou de l'antique Égypte. La conquête romaine n'est pas un accident; elle aurait été faite par d'autres si Rome ne l'avait pas opérée. « Rome surprend les Carthaginois, dit Ferrari, au moment même où ils voudraient envahir l'univers à leur tour; elle attaque Antiochus, Mithridate et une foule de rois au moment de leur plus haute expansion: *tous auraient voulu la devancer, l'imiter, la surpasser* « et, de fait, en Asie, elle est imitée par la dynastie des Arsacides. « Cette dynastie ne s'étend-elle pas avec la rapidité de la foudre? » — La mêlée des peuples, en n'importe quel continent, dans le Nouveau-Monde comme en Asie, comme en Afrique, comme en Europe, aboutit, inévitablement, ce semble, à la croissance de l'un de ces gigantesques baobabs sociaux, de l'une de ces grandes agglomérations de tribus, de cités, de royaumes, qui, chacune dans sa sphère, — et aussi longtemps qu'elles ne se rencontrent pas, qu'elles restent comme étrangères les unes aux autres, — se jugent destinées à l'universelle pacification par la conquête universelle. On a eu ainsi la paix égyptienne, la

paix péruvienne, la paix chinoise, la paix romaine…
La question semble être maintenant de savoir si, dans
l'avenir, il y aura une paix russe ou une paix anglaise,
à moins que la France redressée et retrempée ne ressai-
sisse l'occasion de faire la paix française !

III

Est-ce à dire qu'on puisse trouver en cet aboutissement pareil d'évolutions politiques indépendantes l'application d'une loi d'évolution ? Oui, mais non pas
dans le sens où la plupart des évolutionnistes l'entendent. Après avoir constaté cette tendance de l'histoire
humaine, où qu'on la considère, à faire surgir un grand
Empire conquérant et plus ou moins civilisateur et
pacificateur, comparons ces colosses inégaux et demandons-nous ce qu'ils ont, *à cela près*, de commun. Bien
peu de chose. Par tous les côtés, et non pas seulement
par leur extrême inégalité de grandeur, ils diffèrent, et
affectent, chacun à part, une originalité des plus marquées, mise en relief même par la nature composite de
leur agrégation. Par leur langue, ici monosyllabique,
là à flexion, ailleurs agglutinante, ailleurs analytique,
partout de vocabulaire spécial, — par leur religion, po-
lythéiste, monothéiste, demi-fétichiste, — par leur gouvernement, d'un despotisme théocratique ou humanitaire, patriarcal ou militaire, héréditaire ou électif, mêlé
d'aristocratie ou de démocratie à divers degrés, — par
leur science très inégale et très multicolore, — par leur
industrie libre ou réglementée, individualiste ou com-
muniste, partout riche d'un trésor de secrets propres
qui lui donnent sa couleur, — par leur Art où s'exprime merveilleusement leur dissemblance essentielle,
en obélisques, en pylônes, en pagodes, en temples
grecs, en mosquées, en églises, en écoles de sculpture,

de peinture, de musique incomparables entre elles, —
par leur morale même, enfin, quoique ici apparaisse
une sorte de convergence vers un même idéal commun,
— par leur Droit aussi, souverainement original,
ces sortes de grandes nations internationales diffèrent
beaucoup plus les unes des autres que ne différaient les
uns des autres les peuples dont elles ont opéré la fusion.
A vrai dire, elles n'ont présenté rien de commun, si ce
n'est, avec leur ambition insatiable dont j'ai parlé plus
haut, l'objet même et le procédé de cette ambition qui,
chez toutes, a consisté dans l'assimilation imitative —
contrainte ou spontanée, ou plutôt les deux à la fois —
de tous les peuples ou fragments de peuples entrés dans
ces vastes fournaises et fondus en un même airain de
Corinthe. — Et il n'est pas nécessaire de faire ressortir
à quel point ce résultat s'accorde avec les principes d'où
nous sommes partis.

L'agrandissement territorial et centralisateur du domaine de l'Autorité s'accompagne nécessairement de
changements dans sa nature, et de changements conformes aussi à nos principes. D'abord, à mesure qu'un
Etat se centralise ou s'agrandit, le Pouvoir doit s'y diviser et s'y subdiviser davantage. Nous reviendrons sur
ce point, en finissant ce chapitre. Puis, de même que,
à mesure que le marché s'étend, le travail du fabricant
devient plus impersonnel, c'est-à-dire qu'on travaille
de moins en moins pour un client déterminé et de plus
en plus pour le public, — de même, à mesure que s'é-
tend le champ politique, le commandement devient
plus impersonnel, et, en même temps, l'obéissance,
plus impersonnelle aussi, devient plus exacte, plus
précise, d'un conformisme plus rigoureux. Un grand
Etat, qui suppose une vaste assimilation, rend seul
possible la « grande politique », de même qu'un grand
marché, qui suppose une vaste assimilation aussi, rend
seul possible la grande industrie.

Il est heureux, en somme, que, en grandissant, c'est-à-dire en devenant plus intense et plus irrésistible aussi bien que plus étendu, le pouvoir devienne plus impersonnel par la distance accrue entre le gouvernant et les gouvernés. Il est vrai que l'accroissement de cette distance a quelques effets fâcheux : elle empêche le gouvernement de voir de ses propres yeux les souffrances causées par ses ordres injustes et cruels, souffrances dont la vue directe retient souvent sur le penchant de la cruauté le monarque d'un tout petit Etat ou le chef d'un clan primitif. Louis XIV, s'il n'eût été maître que de l'Ile-de-France comme ses ancêtres, n'aurait pas eu le courage de signer un acte pareil à la révocation de l'Edit de Nantes, car il n'aurait pu ne pas avoir présent le spectacle des maux intolérables causés par cet acte odieux. Que de guerres déclarées d'un trait de plume dans les temps modernes auraient été évitées si les conséquences n'en avaient pas dû être si désastreuses à raison de l'étendue des Etats, et, précisément par la même raison, si peu propres à frapper les hommes au pouvoir, en général dépourvus d'imagination ! Cela est vrai, mais n'est vrai qu'un temps : le progrès des informations prises sur le vif, qui développent sans cesse chez les gouvernants eux-mêmes le sens de la réalité vivante, tend à remédier à ce grave inconvénient, et il vient un moment où le pouvoir, à force de s'impersonnaliser, s'humanise. D'autre part, le seul frein possible, dans une certaine mesure au moins, à cet instinct lamentable de favoritisme et d'arbitraire qui est presque incoercible chez les dépositaires du pouvoir, c'est la généralité même et l'impersonnalité des décisions qu'ils prennent.

Notons, incidemment, que le progrès du pouvoir en étendue est beaucoup plus régulier et continu qu'il ne le semble à première vue. Car il ne faut pas entendre par là le progrès en étendue territoriale avant tout,

Certes, dans la haute antiquité asiatique ou même européenne, de très grands Empires ont existé, égaux aux nôtres; mais les rois de Perse ou les Empereurs mongols n'avaient que des moyens d'action très limités et on ne peut plus imparfaits, incomparablement inférieurs aux nôtres. Ils étaient obéis ici, point du tout là, ailleurs plus ou moins : cela dépendait des satrapes, des vice-rois, des gouverneurs. — Notons aussi qu'il y a, de loin en loin, des effondrements d'Empires, après lesquels l'évolution *normale* du Pouvoir, son progrès régulier en extension par le nombre des sujets ou l'étendue des frontières, en célérité, en sûreté, en irrésistibilité de ses ordres, recommence à nouveau, *ab ovo*, dans une nouvelle région du globe. Dans la région européenne, un recommencement de ce genre a eu lieu depuis la chute de l'Empire romain, et l'on peut dire que, depuis lors, il y a eu progression ininterrompue, aux divers points de vue indiqués.

Le matriarcat, la gynécocratie, serait la première forme du Pouvoir politique, si l'on en croit ceux qui ont pris la famille maternelle pour la subordination de l'homme à la femme. Il faudrait, à ce point de vue erroné ou exagéré tout au moins, regarder la dévolution du pouvoir du sexe féminin au sexe masculin comme un ordre de succession nécessaire et, je pense, irréversible. Au point de vue des âges, on pourrait dire, beaucoup plus sérieusement, que le pouvoir, dans son évolution historique, suit un ordre précisément opposé à celui de la vie humaine, puisqu'il semble passer des plus vieux aux moins vieux, puis aux hommes mûrs, puis aux jeunes. Dans les cités antiques dominait une gérontocratie : chez nous, une éphébocratie électorale est en train de naître. Le pouvoir remonterait donc le cours des âges au lieu de le descendre. Mais dans quelle mesure est-ce vrai ? Avant l'invention de l'écriture, l'autorité de la vieillesse, seule dépositaire de l'expérience, s'impose.

Après l'écriture, après l'imprimerie surtout, elle ne s'impose plus : place aux jeunes, alors : mais aux très jeunes? Non pas. Au point de vue psychologique, il est à noter que le bénéfice d'une excellente mémoire, après une longue vie, bénéfice énorme avant l'écriture, n'a cessé de diminuer depuis que l'écriture et l'imprimerie se répandent, mais que le bénéfice d'un excellent jugement et d'un caractère énergique servis par les forces de la jeunesse a augmenté d'autant. Cela me paraît beaucoup plus important que le passage du pouvoir des dolichocéphales aux brachycéphales, érigé en une sorte de loi de l'histoire par plusieurs anthropologistes de notre temps.

— On parle souvent de la théocratie comme d'un mode de gouvernement qu'on oppose à la monarchie, à l'aristocratie ou à la démocratie, et qui leur serait antérieur. Il faut s'entendre là-dessus. La théocratie, au sens du pouvoir civil remis aux mains d'un clergé, est quelque chose d'assez rare et de nullement primordial ; en ce sens étroit, elle s'oppose au pouvoir de la caste militaire, ou des classes commerçantes (*arts majeurs ou mineurs de Florence*) ou de toute autre fraction de la nation. Mais, en un sens plus large et plus profond, il y a théocratie toutes les fois que le pouvoir civil, quels que soient ses détenteurs, a pour principe de se conformer aux règles de la religion nationale, seule vraie souveraine des âmes à toute époque d'unanimité religieuse. À cet égard, on peut dire que, sauf de rares exceptions dans le passé, tous les gouvernements, jusqu'aux temps modernes, ont été théocratiques. Nous avons eu des théocraties monarchiques (dynasties non seulement divines mais pharaoniques de l'Égypte, royaumes juifs, empire byzantin, royauté française, empires asiatiques, américains, khalifats, etc.) — des théocraties aristocratiques (républiques grecques, surtout doriennes, république romaine, république de Venise, etc.) — des théocraties

démocratiques (démocratie athénienne, démocratie de
Florence, démocratie de Genève, Etats de Massachus-
setts et autres Etats primitifs de l'Union américaine,
etc.) La difficulté est de trouver dans le passé des gouvernements tant soit peu durables qui n'aient été, à
aucun degré, théocratiques, c'est-à-dire qui aient été
impies et athées, en opposition directe avec les préceptes de la religion. Mais, si l'on distingue deux sortes
de soumission à ces préceptes, l'une positive, l'autre simplement négative, celle-ci consistant à ne pas heurter
de front les lois religieuses sans se faire d'ailleurs scru-
pule de les éluder, et si l'on n'entend par théocratiques
que les gouvernements directement et positivement
inspirés par les règles divines, le nombre des théocraties se resserre fort. A ce compte, il y a eu de tout temps
beaucoup de gouvernements non théocratiques, bien
avant les Etats libres penseurs de nos jours, partisans
du *Kulturkampf*.

Seulement il reste à faire observer que, lorsque le
pouvoir s'affranchit ainsi, subrepticement ou franche-
ment, du joug religieux, c'est parce qu'il l'a remplacé
— ou a cru le remplacer — en puisant sa force à d'autres croyances, à un nouvel Evangile social qu'une philosophie accréditée lui fournit. La théocratie, en effet,
n'est qu'une espèce, singulièrement importante, d'un
genre plus vaste : l'*idéocratie*, dont les autres espèces
sont représentées par les gouvernements doctrinaires, et
les diverses variétés de *logocraties* rêvées par les encyclopédistes, puis par Auguste Comte, et d'abord par
Platon. L'idéocratie pourrait s'opposer à la *téléocratie*,
aux gouvernements de fait et militaires, *tyrannies* antiques, dictatures anciennes ou modernes, principautés
italiennes du moyen âge et de la Renaissance. — Entre
la *souveraineté de l'idée* et la *souveraineté du but*, entre
l'empire dominant de la logique et celui de la finalité,
les peuples comme les individus ont de tout temps

oscillé. A travers ces oscillations, discerne-t-on une tendance générale? Ne serait-ce pas la tendance à être de
moins en moins logiciens, de plus en plus utilitaires?
Et n'est-ce pas ainsi qu'il conviendrait d'entendre et d'admettre le passage du régime théocratique aux régimes
positivistes? Je ne le crois pas; nos actes, à mesure que
nous nous civilisons, semblent devenir plus conscients.
Or, plus on a conscience des conséquences de ses déter-
minations, plus on s'efforce de ne pas les mettre en contradiction avec les principes qu'on professe et qu'on ne
peut pas s'empêcher de croire vrais, même en désirant qu'ils ne le soient pas. On est donc de plus en plus
mené par ses idées, à l'encontre même de ses intérêts,
(comme le prouve, par exemple, l'établissement du suffrage universel par une Chambre de censitaires). Les
pouvoirs fondés sur la souveraineté de l'idée, des croyances, ont le grand avantage sur les pouvoirs nés de la souveraineté du but, des désirs, qu'ils sont susceptibles
d'une domination plus étendue et plus pacifiante. Car
les croyances, surtout religieuses, mais philosophiques
même, se propagent bien plus vite que les désirs, et les
hommes se heurtent souvent par leurs désirs, même semblables, surtout semblables, tandis qu'ils ne peuvent
que s'associer par la similitude de leurs pensées. De
nos jours, certaines conceptions philosophiques des
deux derniers siècles sur les droits innés des hommes
ou des peuples, se sont répandues dans toute l'étendue
de la civilisation européenne, et c'est sur elles que
l'on doit s'appuyer, que l'on s'appuie toujours, quand
on essaie de résister, avec plus ou moins de succès,
à la poussée belliqueuse des intérêts ou des passions
hostiles. Si, malgré celles-ci, les maximes du Droit
international ne sont pas plus violées qu'elles ne le
sont, c'est à cause de leur propagation et de l'assentiment unanime qui leur est donné par la *raison* de ceux-
là mêmes dont la *volonté* leur est contraire.

IV

Une remarque a été faite depuis longtemps, qui s'explique à merveille par nos principes, en ce qu'elle a d'incontestable, mais qui demande à être en partie rectifiée par eux : c'est la tendance des gouvernements aristocratiques à se transformer en démocraties. Cette tendance est générale dans les cités grecques qui, toutes, finissent par un tyran populaire, même Sparte, la cité aristocratique par excellence, avec son tyran Nabis. La cité romaine n'a été que la reproduction sur une échelle grandiose de cette transformation qui aboutit à son César, tyran sublime et divinisé. — Voilà, certes, une *pente* de l'histoire bien accusée. Mais il y a des exceptions. Est-ce que, dans l'Egypte des Pharaons, au Mexique des Aztèques, au Pérou des Incas, ce mouvement démocratique s'est produit? Rien de pareil. Donc, ce ne serait pas là une tendance générale? Si fait, mais elle consiste essentiellement en un penchant des classes inférieures à vouloir imiter leurs supérieurs et, par là, participer à leur pouvoir : et ce penchant ne se satisfait que là où la distance entre les deux classes n'est pas trop grande et trop profonde pour décourager l'imitation. Elle est découragée, par exemple, quand le monarque et les siens sont réputés d'une essence divine, parents de la lune et du soleil.

Il y a aussi, parfois, des mouvements en sens inverse et qui doivent poser des problèmes insolubles aux sociologues partisans de l'évolutionnisme unilinéaire. En Angleterre, au siècle dernier, d'après M. Boutmy, à partir de 1760, le courant de démocratisation graduelle qui avait coulé jusque là, rendant la pairie de plus en ouverte et accessible aux classes inférieures, s'est arrêté et a rétrogradé. Et, depuis cette date jusqu'au milieu de ce siècle-ci, l'Angleterre n'a cessé de s'*aristocratiser* de

plus en plus[1]. Pourquoi? Parce qu'il est apparu dès la
seconde moitié du siècle dernier des inventions industrielles capitales dont les grands seigneurs anglais ont
eu les premiers l'exploitation et le monopole de fait, ce
qui les a élevés à un degré de richesse et de puissance
inouï où leur prestige s'est retrempé. Aux États-Unis,
c'est aussi des géniales inventions du XIXᵉ siècle, mo-
nopolisées en fait par de grands industriels, qu'est née
l'aristocratie financière des milliardaires, contre-poids
ploutocratique de la démocratie américaine. — C'est
ainsi qu'il faut toujours compter avec l'accident du génie, du génie industriel ou bien, même, du génie
militaire et politique. À chaque poussée de génie militaire et de gloire, un haut faîte du pouvoir surgit,
même dans les temps les plus démocratiques, ou plutôt
surtout alors; et, si un grand despote génial, comme
Napoléon, parvient à fonder un trône, il se hâte de le
fortifier d'une aristocratie nouvelle qui, pour un temps,
refoule la démocratie universelle. — Mais ce n'est là,

1. Jusqu'au xviiiᵉ siècle, on voit le travail intérieur de la société anglaise tendre à la démocratiser graduellement : l'ancienne pairie a été
depuis longtemps remplacée par une pairie recrutée dans les éléments
supérieurs de la *gentry*, laquelle, dans ses couches inférieures (admettant,
d'ailleurs, à tous les degrés l'accessibilité égale aux emplois), confine à la
yeomanry, classe moyenne agricole, composée de fermiers et voisine elle-
même des cultivateurs. — Mais voici que, à partir de 1760 surtout, se dessine un contre-courant aristocratique. La haute gentry se resserre, se
contracte, écarte d'elle-même la gentry inférieure, et, par la disparition
simultanée de la classe des *yeomen*, en quelque sorte expropriée, expulsée vers les colonies ou vers les usines, accentue l'intervalle entre le
gentleman et la population rurale.   Or, à quoi tient cette expropriation
des *yeomen* et la formation des *latifundia?* M. Boutmy nous le dit
lui-même : « Aux grandes inventions mécaniques de la fin du xviiiᵉ
siècle. » Il ajoute, il est vrai, « et à la prépondérance de la Chambre des
communes. » Mais, est-ce que cette seconde cause ne résulte pas aussi
de « grandes inventions » seulement un peu plus anciennes ? N'est-ce pas,
en effet, par suite des progrès de l'industrie, antérieurs aux grandes inventions de la fin du xviiiᵉ siècle, mais eux-mêmes suscités par des manifestations du génie inventif, que le Parlement s'est rempli de grands
parvenus de l'industrie, de « nababs coloniaux », d'ambitieux désireux
d'asseoir leur pouvoir sur un terrain électoral bien à eux et d'exclure de
leurs bourgs pourris les électeurs indépendants en les expropriant de
toutes manières ?

nous le voyons, qu'un cas de réversibilité momentanée, et nous savons que toute invention, après avoir creusé une inégalité, tend à la combler par l'imitation qu'elle suscite. Cela se voit maintenant chez nos voisins d'Outre-Manche. Telle est la raison pour laquelle la tendance à la démocratie, signalée avec tant de force par Tocqueville, n'est pas un vain mot, quoiqu'elle avorte quelquefois ou se heurte à une tendance contraire.

Les gouvernements populaires, comme le remarque Sumner-Maine, sont *violemment intéressants*. Les démocraties ont tous les défauts du monde, sauf celui d'être ennuyeuses. On peut remarquer que, plus un gouvernement se démocratise, plus devient général et passionné l'intérêt qui s'attache à son cours. Mais ce qui est surtout vrai, c'est la réciproque, c'est-à-dire que plus un gouvernement, même monarchique et démocratique, inspire d'intérêt au peuple, à des couches de plus en plus profondes de la nation, et plus il tend à se démocratiser. L'intérêt général pour cette activité politique, dont les acteurs sont encore une élite, a précédé l'extension numérique de ceux-ci, et l'a préparée. Mais cet intérêt croissant est un phénomène normal de contagion imitative, et, comme tel, nécessaire. La politique, comme les courses de chevaux, après avoir commencé par être le sport exclusif d'une caste fermée, seule à y prendre goût, est devenue, et pour les mêmes raisons, le plus populaire des divertissements, aussi bien que le plus périlleux. On peut donc voir, dans la remarque de Sumner-Maine citée plus haut, une raison de plus, ou plutôt la raison majeure peut-être, d'admettre l'opinion qu'il combat, l'opinion courante — et fondée quoique courante — sur la pente irrésistible des sociétés vers un gouvernement populaire.

J'ai montré ailleurs[1], comme une conséquence logi-

1. *Lois de l'Imitation*, 2e édit., p. 356-360.

que d'une des lois de l'imitation, que la propagation du
désir de consommer un nouvel article inventé précédait
celle du désir de le produire à son tour, et que cet ordre
de succession avait des effets économiques importants.
De même, et pour les mêmes raisons au fond, quand
le besoin d'un nouveau régime, d'une nouvelle modalité de pouvoir, se fait sentir dans un pays, le désir d'ê-
tre gouverné de cette manière s'y répand plus vite dans
la masse populaire (à l'exemple de l'étranger, d'ordinaire) que le désir de participer à ce mode de gouvernement. Un pouvoir nouveau — pouvoir municipal
créé pour répondre au besoin de vie urbaine, pouvoir
administratif et centralisé créé pour répondre au besoin
de vie nationale, pouvoir législatif institué pour remédier
à l'insuffisance sentie de la Coutume, pouvoir laïque
suscité pour s'affranchir des théocraties, etc. — un pouvoir nouveau commence toujours par être monopolisé
comme une industrie nouvelle. Cela explique pourquoi
l'évolution politique, dans toutes les sociétés, a un point
de départ monarchique ou aristocratique. — Ajoutons
que cela est conforme, en outre, à la loi d'après laquelle
l'unilatéral précède le réciproque[1]. De même que le don
et le vol ont précédé l'échange, de même la prise de
possession violente du pouvoir ou l'obéissance spontanée et sans condition, agenouillée, adorante, ont dû venir avant l'installation du Pouvoir en vertu d'un contrat
synallagmatique, d'un mandat limité et conditionnel.

V

Bien d'autres vues plus ou moins générales sur l'histoire pourraient être déduites des idées exposées plus
haut[2]. Je n'en indiquerai qu'une, parce qu'elle me pa-

1. *Lois de l'Imitation*, 2ᵉ édit., p. 402-412.
2. Par exemple, la chute graduelle de la volonté dans l'habitude, ex-

raît d'une importance majeure. Nous avons vu que les Etats vont et doivent aller s'agrandissant et que le progrès de la civilisation avait pour effet de multiplier et de grossir les intérêts dont le Pouvoir a la protection. Nous aurions pu dire aussi que le même progrès tend à agrandir l'esprit d'entreprise politique, à rendre plus vastes et plus profonds les desseins des hommes d'État, les aspirations qu'ils doivent diriger. Nous avons vu, enfin, que l'écart entre le groupe des meneurs et la masse des menés allait s'élargissant par suite des ressources grandissantes que le progrès des armements, des communications, de la Presse. met aux mains des gouvernants. S'il fallait trente orateurs pour remuer les 20,000 citoyens d'Athènes, il ne faut pas plus de dix journalistes pour agiter 40 millions de Français. — S'il en est ainsi, la puissance publique dont un homme d'Etat dispose ou peut disposer doit aller toujours en s'amplifiant et s'élevant, malgré les dénigrements et les diffamations. Car, s'il est vrai que la déconsidération du Pouvoir marche parfois de pair avec son renforcement, cela ne saurait être qu'une anomalie passagère. En réalité, l'extension nécessaire du champ social a pour effet d'accroître prodigieusement, d'accélérer, d'intensifier les renommées, les gloires, les prestiges, et, quand il se trouve un homme à la hauteur des circonstances, d'agrandir énormément l'intervalle entre lui et les multitudes qui l'acclament. — D'autre part, que nous envisagions le Pouvoir comme *protecteur* ou comme *directeur*, nous voyons qu'il doit aller en grandissant. A mesure que nous nous civilisons, le nombre et l'importance des intérêts ou des droits que nous avons à défendre ne ces-

pliquant celle du pouvoir dans l'administration, permet de comprendre le caractère administratif de plus en plus prononcé d'un gouvernement qui se prolonge : car les habitudes gouvernementales s'accumulent plus facilement que le pouvoir gouvernemental ne s'accroît. Oui, à moins qu'il ne surgisse un génie tyrannique.

sent de grandir et de susciter un pouvoir à leur taille,
de force à résister aux avidités jalouses qui menacent
ces biens et deviennent de jour en jour plus redoutables.
Et, à mesure que nous nous civilisons, le nombre et
l'importance des buts, soit extérieurs, soit intérieurs,
que la volonté collective peut se proposer, des desseins
et des programmes qui la tentent, croissent et appellent
un Pouvoir digne d'eux. — En outre, la puissance d'un
homme d'État se proportionne au nombre et à l'intensité des passions ou des convictions sur lesquelles il
s'appuie, qui attendent de lui leur assouvissement ou
leur réalisation. Et, comme à mesure que le champ social se développe, les idées et les besoins, les convictions
et les passions se multiplient, et, à raison des communications plus aisées, des contagions plus rapides, s'in-
tensifient, se fortifient, s'accumulent, s'étendent, il
s'ensuit que la Puissance publique mise à la portée des
hommes d'État grandit toujours, en dépit des dénigrements de la Presse. D'ailleurs, la Presse elle-même
n'est-elle pas une des grandes forces capitales de notre
âge dont un homme d'État s'empare et se sert?

Aussi pouvons-nous prédire, à coup sûr, que l'avenir
verra des personnifications de l'Autorité et du Pouvoir
à côté desquelles pâliront les plus grandes figures des
despotes du passé, et César, et Louis XIV, et Napoléon.
Quand un homme d'État glorieux sera soulevé par un
prestige immense, par le plus haut prestige que notre
société puisse enfanter, — et elle est capable d'en produire de beaucoup plus éblouissants, sinon d'aussi
durables, que ceux des âges légendaires — cet homme
d'État pourra réaliser des programmes politiques *et
sociaux* d'une hardiesse qui aurait épouvanté Bismark
lui-même[1]. — Mais, ce qui doit nous rassurer un peu

1. Quand le tzar, dans dix ans, aura à la disposition de sa puissance
héréditaire, profondément ancrée dans le cœur et la foi de 150 millions
de moujiks, toutes les ressources de la locomotion et de la mobilisation

devant l'imminence de ce Pouvoir gigantesque, c'est
son élévation même[1]. « Sur ces hauteurs il passe de
grandes ombres », dit Dupont-White. Il y a des chances
pour que l'homme porté à ce niveau s'élève au-dessus
des passions de son propre parti et obéisse avant tout
à ses personnelles et généreuses pensées. En haut, l'a-
mour passionné, orgueilleusement dévoué, du bien
public : en bas, la confiance enthousiaste et universelle :
rien de plus rare que la rencontre de ces deux grandes
forces, mais, sans cela, il ne se fait rien de grand et de
beau dans le monde.

Le dévoûment, l'amour désintéressé et passionné du
vrai pour le vrai, du bien pour le bien, est le fait d'une
élite très rare, très clair-semée, de même que l'amour
du mal pour le mal, la méchanceté, la haine, est le fait
d'une minorité infime. Le reste de l'humanité, intermédiaire entre ces deux pôles d'attraction, est, avant
tout, assez égoïste. Mais cet égoïsme de la majorité
neutre et suggestible est susceptible de suivre les inspirations soit de l'élite, soit de la lie qui parvient au
pouvoir, au pouvoir social ou au pouvoir politique.
Et le bien doit l'emporter à la longue, quoique le bien
soit poursuivi par une minorité plus faible encore que
la minorité haineuse et méchante par nature. En effet,
les dévoûments s'accumulent tandis que les haines se
neutralisent et les égoïsmes aussi. Les dévoûments
collaborent, les égoïsmes et les méchancetés se combattent. Il a suffi d'une mince lignée de chercheurs,
séparés par de grandes distances d'espace et de temps,
pour faire croître et prospérer l'arbre de la science, par

modernes, toutes les forces matérielles de notre âge, il y aura là un con-
fluent prodigieux des sources superstitieuses et des sources positives du
Pouvoir. Déjà, le tzar a pu faire, d'un trait de plume, l'émancipation des
serfs, de son immense Empire, chose inouïe. Que ne fera-t-il pas plus
tard ?

1. C'est aussi, comme nous le savons, la lutte interne entre la croyance
et le désir, entre la *souveraineté de l'idée* et la *souveraineté du but*,
si souvent, par bonheur, contraires l'une à l'autre.

une série d'insertions de vérités successives ; et il a suffi
d'une mince lignée d'inventeurs pour faire l'industrie
moderne, faisceau d'heureuses inventions pratiques, la
roue, le char, la suspension du char, le rail, la machine à vapeur et ses perfectionnements successifs. Et,
pareillement, il suffira de quelques hommes d'Etat
généreux et sublimes, même séparés par de grandes
distances dans le temps et dans l'espace, pour faire la
paix du monde quand, par hasard, quelque soulèvement du cœur populaire aura porté au pouvoir l'élite
humaine.

VI

Avant de finir, nous avons à revenir sur un côté des
transformations politiques que nous avons effleuré plus
haut et qui mérite d'être examiné de plus près : la division graduelle des pouvoirs. Nous avons à interpréter
ce fait qui, souvent exagéré ou mal compris, parce
qu'il paraît rentrer dans la fameuse loi générale de l'é-
volution par différenciation de l'homogène supposé primitif, a souvent égaré les théoriciens.

En réalité, la division du pouvoir, comme la division
du travail, n'est un progrès que dans la mesure où elle
sert à l'organisation du pouvoir ou à celle du travail ;
et, de fait, c'est cette organisation qui est visée, à leur
insu, par ceux qui vantent cette division. Ce qu'on
entend, au fond, par là, c'est la substitution d'une division *ratione materiæ* à une division *ratione loci*, pour
emprunter aux juristes leur langage. Là où il y a, après
la constitution d'une cité ou d'un grand Etat, un seul
gouvernement divisé en un certain nombre de magistratures ou de ministères, il y avait, au temps des
tribus et des clans, un très grand nombre de gouverne-

ments concentrés séparément en un seul chef[1]. Là où il y a un seul moulin à vapeur où les tâches sont distinctes et solidaires il y avait cent petits moulins rivaux où les tâches étaient confondues. Par cette substitution y a-t-il eu augmentation de différences ? Non, ce n'est pas là le fait qu'il importe de mettre en relief. Aussi, quand Girardin écrit : « sans contredit l'atelier où s'élabore l'action gouvernementale (les bureaux d'un Ministère) est de beaucoup inférieur à la dernière des fabriques sous le rapport de la division du travail », s'il se persuade avoir signalé de la sorte le vice le plus fâcheux de notre Constitution, il fera rire tout employé ministériel qui sait à quel point la division du travail est non pas insuffisante mais excessive et extravagante dans les Ministères où elle cause la paperasserie dont on se lamente, lui tout le premier[2].

On dirait, d'après la manière dont la fameuse loi de la division du travail — en physiologie ou en sociologie — est entendue, qu'il y a eu, dès les temps les plus anciens, une certaine somme de travail, toujours la même en nature, à accomplir, et que le progrès a consisté à le découper en tâches de plus en plus menues réparties entre un nombre de plus en plus considérable de travailleurs dont chacun est devenu de plus en plus incapable de faire autre chose que sa minuscule besogne. Or, il y a, dans ce point de vue vaguement accepté,

1. Même dans les grands États, la division des pouvoirs commence par être *ratione loci* avant d'être *ratione materiae*. « L'équilibre de la Constitution (sous Charles-Quint et ses successeurs) repose sur cette rivalité qu'on a toujours vue exister entre l'autorité centrale et les autorités locales, rivalité qui fait que non seulement les plus éminentes magistratures sont, sinon toujours en lutte, du moins dans une sorte de jalousie réciproque avec les cours provinciales, celles ci avec les échevins des villes, les échevins et surtout le bailli du prince avec les grands conseils, et enfin les conseils avec les maîtrises et les communes. » (Ranke.)

2. Proudhon, dans ses contradictions politiques, critique la division des pouvoirs, mais, comme il admet qu'elle a été inspirée par la division du travail, il est un peu embarrassé, après avoir vanté les bienfaits de celle-ci, pour dire son fait à celle là.

une double erreur très grave. D'une part, le travail à
effectuer ne reste jamais le même pendant l'évolution
économique, qui consiste, avant tout, dans la transformation du travail, c'est-à-dire dans l'addition ou la
substitution de nouveaux travaux aux anciens, par suite
de nouvelles inventions et de nouveaux besoins. Or,
quand il y a addition, peut-on dire que le travail s'est
divisé? Il s'est compliqué, ce qui est bien différent.
Et, quand il y a substitution, à savoir quand un métier
ancien disparaît, remplacé par un autre métier, phénomène qui se produit chaque jour par les envahissements
de la *machinofacture*, ou par la fabrication incessante
de nouvelles machines jugées préférables, ou par la
découverte d'articles jugés meilleurs, est-ce qu'il y a
là division du travail?

L'observation des ouvriers anglais et américains,
parmi les populations réputées les plus progressives, a
fait constater précisément l'inverse de ce qui a été
dogmatisé comme la loi du progrès. De moins en moins
l'ouvrier se spécialise à demeure dans une industrie,
parce que, de moins en moins, on est assuré de gagner
sa vie en pratiquant un seul métier, alors même qu'on
y serait devenu très habile. Un des observateurs les
plus clairvoyants qui constatent ce fait, M. de Rouziers,
en dit la raison : l'ouvrier anglais « sait parfaitement
qu'aujourd'hui le métier ancien disparaît aisément
devant l'invention nouvelle, et que la sécurité ne peut
se trouver que dans l'aptitude à se retourner promptement. » De là la simplification de l'apprentissage et son
orientation plus large : il s'agit de devenir apte non
pas à un métier comme jadis, comme au moyen âge
surtout, mais à un grand nombre de métiers indistinc-
tement[1]. Une aptitude générale à « faire des affaires » et

1. Les recherches statistiques sur la récidive peuvent servir à montrer
s'il en est de la profession criminelle comme des autres où, pour réussir
maintenant, l'ouvrier doit non pas se spécialiser de plus en plus et rester

non une aptitude très spéciale à faire une tâche distincte : voilà ce qu'on s'efforce d'obtenir de l'homme par l'éducation, si vantée, qu'on donne en Angleterre et en Amérique. Celui qui ne sait qu'un métier, dans bien des cas, dans des cas qui vont se multipliant, est exposé à mourir de faim. Il en est ainsi à cause des inventions mécaniques qui, permettant aux machines-outils d'exécuter les genres de travaux les plus délicats à la place de la main humaine, réduisent la besogne de l'ouvrier à une simple direction.

Observons que, pour une raison identique au fond, dans le monde de la politique, on voit se produire quelque chose d'analogue. Le progrès démocratique nous vaut des hommes d'Etat qui, loin de se spécialiser de plus en plus dans des attributions distinctes, passent d'un Ministère à un autre, de la guerre aux finances, des travaux publics à la marine, de l'agriculture à l'instruction publique, avec une désinvolture croissante. Pourquoi cela ? Parce que les perfectionnements de la machine administrative — qui, pendant ce temps-là, va se compliquant, encore plus que se différenciant — les dispensent ou semblent les dispenser d'une compétence spéciale. — Ce n'est pas, certes, que j'approuve ici, pas plus que là, cette abusive indistinction des métiers, cette factice universalité d'aptitudes. Je crois qu'il est un grand nombre de professions où le remplacement du travail humain, manuel ou intellectuel, par le travail machinal, est et sera toujours impossible, que, par suite, il importe de maintenir à la hauteur du passé, d'élever plus haut encore l'apprentissage en ce

fidèle au même métier, comme le veut la prétendue loi de la division du travail, mais au contraire passer rapidement d'un métier à un autre avec une grande souplesse de talent. S'il en est ainsi, on le verra en constatant que la récidive de délit à délit d'un même genre devient moins fréquente que la récidive de délit à délit différent. Mais, par malheur, c'est ce que l'état actuel des statistiques criminelles ne permet pas de décider clairement.

qui concerne les professions non atteintes par cette
marée montante du machinisme. Mais ces professions,
qu'est-ce, si ce n'est les industries d'art et les beaux-
arts, — y compris l'art supérieur de la Politique, la
Politique conçue comme le premier des arts nationaux
— c'est-à-dire précisément celles où l'on ne songe pas
à invoquer comme formule suprême d'évolution la
fameuse loi de la division du travail? Car, certainement, aucun esthéticien n'a prétendu que le progrès de
l'architecture ou de la peinture consiste, avant tout, à
ce que chaque architecte n'ait que son type de construction et chaque peintre son petit genre.

On aurait pu voir, cependant, une application esthétique de la loi de la division du travail dans l'apparition de l'opéra, qui, venant à la suite de la tragédie, du
drame ancien, nés d'un seul auteur, nous a montré
longtemps la collaboration d'un librettiste et d'un com-
positeur, travaillant chacun à part. Mais Wagner arrive
et nous voyons, dans une nouvelle phase de l'évolution
dramatique, jaillir des œuvres puissantes où l'inspiration poétique et l'inspiration musicale, engendrées
l'une par l'autre, se présentent comme indissolubles.
Tant il est vrai que ce n'est pas la division du travail
qui importe, mais l'harmonie et la solidarité des travaux, en art comme en industrie, comme en science,
comme partout.

Je ne dis pas, on le voit, qu'il n'y ait une part de
vérité dans la formule en question. Mais c'est une de
ces vérités vagues et demi-profondes qui, n'atteignant
rien d'essentiel, font miroiter à l'esprit déçu l'illusion
d'avoir expliqué le fond des choses. Elle s'applique
surtout au travail exécuté par les machines. Ce travail-
là se divise et se subdivise jusqu'à un certain point
entre des machines distinctes. Mais est-ce là ce qui est
le plus remarquable en ceci? Le plus remarquable, ce
n'est point cette *analyse* du travail machinal, mais la

synthèse intelligente, faite par l'homme, de ces travaux
mécaniques, leur coordination, leur harmonisation
consciente et volontaire. L'union et non la division du
travail, voilà l'essentiel.

Ce qu'on appelle *différenciation*, ce qui fait croire à
la réalité du progrès des choses par la substitution
d'une hétérogénéité relative à une homogénéité relative,
quand il n'y a, comme nous l'avons dit, que la substitution d'une diversité logique à une diversité illogique,
c'est le plus souvent le passage d'une différence invisible à une différence apparente. Par exemple, voici
une foule qui, à force de se reproduire périodiquement,
est en train de se constituer en corporation. Qu'elle
reste foule ou devienne corporation, les caractères
différentiels des individus qui la composent, leurs
diverses aptitudes, leurs diverses tendances, n'auront ni
augmenté, ni diminué en diversité, par hypothèse.
Leurs actions, il est vrai, auront changé s'ils s'organisent, mais, si de nouvelles espèces d'actes apparaissent,
telles que celles de servir de secrétaire ou de trésorier,
beaucoup d'autres espèces d'actes irréguliers, indisci-
plinés, non orientés vers le but général, auront été
éliminées. La foule, en effet, est pleine de libres fantai-
sies, de remous dans son courant. Mais, si la foule
reste foule, l'amas de toutes ces différences emmêlées
aura quelque chose d'indistinct, et cette confusion
semblera être de l'uniformité. Si la foule devient corporation, on verra se dessiner en elle nettement deux
ou trois classes de personnes, distinguées par la spécia-
lité de leurs fonctions, un groupe de chefs, subdivisé
en président, secrétaire, etc., un comité délibérant, des
membres actifs de diverses catégories, des membres
honoraires, etc. Et l'on dira alors que cette masse
humaine, homogène à l'origine, s'est différenciée. A
vrai dire, c'est tout le contraire en un sens, car le

principal changement qui s'est produit a consisté en ceci, qu'une *ségrégation* des aptitudes et des fonctions, préexistantes à l'état confus, s'est opérée, que les aptitudes ou les fonctions les plus semblables ou les moins dissemblables ont été groupées ensemble — ce qui est un effort vers l'assimilation, non vers la différenciation — et que plus d'ordre, plus de régularité et de hiérarchie, plus de discipline, nullement plus de diversité, caractérise à présent cet agrégat humain.

Il en est de même peut-être, probablement même, du changement qui transforme une masse protoplasmique, d'apparence homogène, en un être vivant. Y a-t-il homogénéité réelle dans le protoplasma primitif ? Rien de moins vraisemblable. Cette « foule » d'éléments cachés, si nous pouvions les dévisager de près, nous apparaîtrait aussi riche en physionomies variées que les multitudes de nos places publiques. Le progrès en organisation est donc un progrès en union des forces, non en diversité des forces, quoique cette union serve à révéler cette diversité, à l'émanciper en la disciplinant. Seulement, grâce à la cohésion et à la durée que son unité lui procure, la masse organisée devient attractive et conquérante, elle absorbe et s'assimile des éléments hétérogènes du dehors qui lui apportent de nouvelles différences, des innovations parfois fécondes. La foule devenue corporation se grossit, recueille des informations, devient un centre d'inventions et un foyer de leur rayonnement. Et c'est par suite de cette alimentation croissante qu'elle est forcée de monter de plus en plus sur l'échelle de l'organisation, dont chaque degré plus haut lui confère une vertu d'assimilation plus puissante.

L'organisation, par elle-même, ne crée rien, n'invente rien, ne différencie rien, elle ne sert qu'à coordonner et propager les inventions. Le progrès en organisation et le progrès en diversité font deux, et le

second n'est pas né du premier. C'est plutôt l'inverse,
nous venons de le voir. Le progrès en différence se
produit quand une société organisée accueille des nouveautés dues à la méditation ou aux recherches soli-
taires d'individus exceptionnels qui se sont abstraits de
leur foule ou de leur corporation natale, et sont sortis
ainsi du courant général des exemples. Mais l'organisation aurait beau se perfectionner spontanément, par
l'espèce de différenciation mal nommée dont je parlais
tout à l'heure, c'est-à-dire par voie de simple ségrégation et de sous-ségrégation, il n'y aurait pas, dans la
masse sociale, une nouveauté de plus, une invention
de plus. La locomotive n'est pas née par différenciation
des anciens modes de locomotion ; le télégraphe électrique n'est pas né par différenciation des anciens
moyens de communication ; l'éclairage électrique n'est
pas né par différenciation des anciens modes d'éclairage ;
notre système astronomique n'est pas né par différenciation de la science confuse des Grecs, ni notre chimie
par différenciation de l'alchimie. Si nous ignorions qu'il
eût existé un Watt, un Papin, un Ampère, un Edison,
un Newton, un Lavoisier, nous serions peut-être obligés,
comme pis aller, d'adopter ce genre d'explication,
comme le font les naturalistes, qui, eux, ignorant ce
qui se passe dans le sein des éléments vitaux, doivent
ou renoncer à expliquer une variété nouvelle, une race
nouvelle, ou se contenter de formules analogues aux
précédentes. Pour eux, puisqu'ils ne sauraient apercevoir la riche diversité intérieure des éléments et les
nouveautés fécondes, comparables à nos idées générales, qui doivent éclore là, tout progrès organique apparaît comme une véritable différenciation. Mais, plus
heureux, les sociologues ont la connaissance intime et
profonde des éléments individuels, source des phénomènes généraux : et il ne leur est donc pas permis de se
payer de mots. Voilà pourquoi ceux qui proposent —

ou qui proposaient, car on ne l'ose plus — d'éliminer
la psychologie de la sociologie, ressemblent à un ingé-
nieur qui proposerait au mineur de souffler sa lampe
pour mieux avancer dans ses travaux souterrains.

La vie politique s'enrichit et s'élève, non par la différenciation de pouvoirs déjà existants, mais par la création de pouvoirs nouveaux, qui s'ajoutent ou se substi-
tuent aux anciens[1]. Or, comment se créent de nouveaux
pouvoirs? Nous le savons : par de nouveaux *buts*
offerts à l'activité collective grâce à la vulgarisation de
nouvelles idées ou de nouveaux besoins, ou par de
nouveaux *moyens* d'action. Ces buts montrés, il s'agit
de trouver un mode de pouvoir adapté à les poursuivre :
ces moyens découverts, il s'agit pour le pouvoir, s'ils
sont mieux adaptés que les autres à la poursuite des fins
politiques, de devenir apte à s'en emparer et à les employer.

Cela est bien évident quand on voit se former, dans
un État, un nouveau département ministériel. La formation et la complication des ministères se sont opérées
conformément à ce qui vient d'être dit. Quand un ministère de l'Instruction publique est créé là où il n'existait pas auparavant, n'est-ce pas parce qu'il a été suscité
par la généralisation du besoin de s'instruire à la suite
de découvertes scientifiques, et par la transformation
de ce besoin privé en but politique quand le suffrage
universel a été inventé? Si un ministère des colonies a
été créé en France, il y a quelques années, n'est-ce pas
pour répondre à cette avidité coloniale qui s'est déve-
loppée chez nous par une série d'explorations et d'ini-

1. Rappelons que les pouvoirs, pendant une première période de l'évolution politique, vont se *concentrant* dans une même main, ce qui est
précisément le contraire de leur différenciation. — Or, il n'est même pas
vrai que la division des pouvoirs, d'une tout autre nature, dont cette
concentration des pouvoirs a été la condition préalable et nécessaire, ait
été régie par la loi de différenciation. C'est ce que j'essaie de montrer
ici.

tiatives heureuses, par l'émulation d'autres peuples,
par la nécessité sentie d'étendre au dehors la patrie
mutilée ? Partout, dès qu'une nation se forme et
s'agrandit, on voit naître, peu à peu, sous des noms
quelconques, un ministère de la guerre ou de la marine
suivant qu'il s'agit d'un Etat continental ou maritime, un ministère des finances, un ministère de la
justice. Et il est curieux de voir comment sur le tronc
commun d'autres rameaux, successivement, viennent
se greffer plutôt qu'ils ne s'en détachent, quoi qu'ils
aient souvent l'air de s'en détacher simplement.

L'évolution comparée des ministères, dans les grands
Etats, fournirait une occasion excellente de montrer
d'abord que, ni dans le point de départ, ni dans le
trajet, ni dans le terme d'aboutissement, les diverses
évolutions historiques ne coïncident. Ce n'est pas que
les coïncidences spontanées fassent défaut, surtout entre
peuples parents, de commune civilisation. Telles sont
celles que présente, sous Napoléon, la séparation des
ministères français, où aboutit toute une évolution
antérieure, avec la séparation des ministères romains
sous Dioclétien, où vient s'épanouir une Constitution
élaborée par quatre siècles de domination impériale.
On ne s'attend pas, d'ailleurs, à trouver sous Dioclétien
un ministère de l'Instruction publique ni rien de semblable à notre ministère du commerce ; mais il y avait
l'équivalent de notre ministère des Travaux Publics.

XI

L'ART ET LA MORALE POLITIQUES

Il y a un art politique, qui se rattache intimement à la science politique et en découle. La Politique, envisagée comme art, est la direction des forces nationales dans un sens déterminé et voulu d'avance. Elle se divise en deux grandes branches. La première est l'art militaire, qui consiste à diriger, au point de vue de l'action guerrière, les forces disciplinées d'une nation, en comprenant dans ce mot *forces* tout à la fois les énergies mécaniques, physico-chimiques, vivantes, dont la nation armée dispose, le tout mêlé avec les puissances morales qu'elle possède. L'art diplomatique, intermède et accessoire de l'art militaire, ne saurait en être séparé par son objet. Mais, par sa nature, il fait plutôt partie de la seconde branche de l'art politique, la seule qui nous intéresse ici.

I

Celle-ci est l'habileté à diriger, en vue d'une action quelconque, pacifique ou autre, intérieure ou extérieure, les forces exclusivement sociales des nationaux : autrement dit, le don de les convaincre et de les passionner, de manier leurs croyances et leurs désirs[1]. Essayons de

---

1. Mais disons d'abord, et avant tout, ou plutôt rappelons que ce *maniement* consiste à agir sur l'un des mille bras du grand fleuve de l'imi-

caractériser cet art capital, considéré dans toute sa généralité. La *rhétorique* des Anciens n'était, en effet,
qu'une espèce du genre innommé dont il s'agit : et, en ré-
fléchissant aux conditions spéciales auxquelles s'appli-
quaient les règles du théoricien de cet art, jadis si cul-
tivé, on s'apercevra facilement qu'il n'embrasse pas, il
s'en faut, tout le domaine de la suggestion persuasive
et passionnante où s'exercent les journalistes, successeurs modernes des orateurs antiques et des prédicateurs du moyen âge.

Les orateurs grecs, jusqu'à Périclès et au delà, avaient
pratiqué instinctivement, et, par suite, imparfaitement,
les règles de la rhétorique qui plus tard devaient faire la
matière de savants traités. Mais ces traités n'ont égard
et ne pouvaient avoir égard qu'à la manière de composer *un* discours destiné à être prononcé, *en un seul trait
de temps*, le plus souvent, devant un nombre d'hommes toujours assez restreint, n'excédant jamais la sphère
où la voix humaine peut être entendue. Etant données
ces conditions, tout ce que conseillent ou ordonnent
les traités de rhétorique a sa raison d'être : précautions
oratoires, emploi des figures, importance du ton, de la
prononciation, de la diction, du geste, sorte de passe
magnétique, etc. Il s'agit, remarquons-le, d'une action
très vive à produire en un temps très court sur un groupe
d'auditeurs momentanément soustraits à toutes les
autres influences ambiantes, empoignés et isolés par

tation dont les hommes d'Etat ont à surveiller et utiliser sans cesse le
cours. Ils ont le tort, en général, en France du moins — et cette remarque
préliminaire n'est pas inutile ici — de travailler inconsciemment à accélérer son courant en supprimant ou laissant supprimer les salutaires
entraves que la croissance naturelle des diversités pittoresques, des dissem-
blances et des originalités locales, opposent à la précipitation torrentielle
de ses eaux. Par notre manie d'uniformité et de table rase, nous avons
procédé en ceci comme en déboisant nos montagnes. La connaissance
consciente et répandue des lois de l'imitation aurait pour principal avantage d'indiquer aux hommes d'Etat les meilleurs moyens non pas tant de
la stimuler que de la retenir sur ses pentes dangereuses.

l'orateur qui les tient, les étreint, les assimile en un même
état d'esprit, en une espèce de rêve artificiel et collectif
dont il déroule la vision devant leurs yeux fixes. Cette
action, malgré sa brièveté, peut atteindre une réelle
profondeur passagère à raison de cet isolement
relatif, et aussi parce que, suggestionnés par le tri-
bun, ses auditeurs s'influencent les uns les autres par
leur mutuel contact, par la contagion de leurs applaudissements, de leurs murmures, de leurs signes d'é-
motion.

La tâche du journaliste, ou plutôt du journal, est
tout autre. Le journal s'adresse à un public beaucoup
plus étendu, mais dispersé, composé d'individus qui,
pendant qu'ils lisent leur article quotidien, restent soumis à des distractions de tout genre, entendent bour-
donner des conversations autour d'eux, dans leur cercle
ou leur café, des idées parfois contraires à celles de
l'écrivain. Ce lecteur ne voit pas cet écrivain, il ne
l'entend pas, ses gestes et sa diction n'ont rien à faire
ici. Aussi est-il rare, extrêmement rare, qu'un article,
un seul article, suffise à laisser une empreinte tant soit
peu forte à l'esprit et au cœur du lecteur. Ce serait
donc une erreur profonde de regarder *un* article comme
l'équivalent *d'un* discours, et de juger applicables aux
premiers les règles édictées par le second. Le discours
est, comme la statue, quelque chose d'un et de complet
en soi. Mais l'article n'est qu'un anneau d'une chaîne
d'articles, une maille dans un tissu d'articles, émanés,
en général, d'écrivains multiples qui composent le bureau de rédaction du journal. Ce bureau de rédaction
est l'équivalent de l'orateur antique; cette chaîne ou ce
tissu d'articles, qui se déroule ou se tisse pendant plusieurs mois ou plusieurs années avant d'avoir atteint son
but, suggéré son impression finale dans un public spécial, est l'équivalent du discours d'autrefois. Un article
isolé est, en quelque sorte, une simple phrase d'un dis-

cours qui se poursuit pendant des mois et des ans, dé-
coupé en mille morceaux et prononcé par des voix diverses.

C'est le long, très long et très complexe discours
muet, appelé le journal, qui est en train de conduire
nos démocraties. Plus il se développe et plus il échappe
aux formules étroites de la rhétorique classique. Une autre rhétorique, une rhétorique supérieure, plus ample
et plus puissante, est réclamée, ce semble, et on a déjà
le droit de s'étonner un peu qu'il n'ait paru aucun traité
sur ce point après plus d'un siècle de journalisme fié-
vreux. A Athènes la rhétorique instinctive n'a précédé
que de deux ou trois générations la rhétorique consciente et artificielle, ou artistique. Chez nous, depuis
1789, l'art de former l'opinion par la Presse est pratiqué instinctivement sans que personne soit encore parvenu à dégager de l'expérience accumulée parmi tant
de journalistes éminents quelques formules générales
propres à poser les fondements d'une théorie de cet art
nouveau. — Ici, rien qui ressemble à l'exode, à l'exposition, à la discussion, à la péroraison. On entre en matière ex abrupto. La grande difficulté — que n'avait pas
à prévoir l'orateur antique, car elle n'existait pas pour
lui, ni pour l'orateur moderne, sacré ou profane — la
grande difficulté pour le journal qui se fonde, c'est
d'attirer l'attention par quelque coup de pistolet,
c'est de faire un rassemblement autour de lui, c'est de
former son auditoire à lui, tandis que les traités de
rhétorique partent toujours de ce postulat que l'auditoire est déjà réuni et qu'il écoute... Postulat énorme,
remarquons-le, et fiction de plus en plus démentie par
la vie contemporaine. Rien de plus difficile que de se faire
écouter parmi tant de bruits variés qui se disputent l'o-
reille du public. — Donc, premier point pour un
journal : faire retourner les têtes par quelque gros ta-
page. Le procédé le plus simple et le plus connu, c'est

de scandaliser les gens, ou bien de les effrayer par quelque fausse nouvelle ou par l'exagération mensongère d'une nouvelle vraie.

Une fois son public formé, le journal doit constamment songer à le retenir et à le grossir, par des moyens analogues. De temps en temps il a besoin de servir un scandale inédit, une nouvelle à sensation, une diffamation bruyante. En même temps il doit commencer et continuer sa campagne en faveur des idées qui lui sont chères ou du parti qui le soudoie. Alors, que doit-il faire? Une exposition? Une discussion? Exposition de quoi? Discussion sur quoi? Non, il n'est pas question ici d'un même corps d'idées à présenter dans un certain ordre, d'un même sujet à déployer comme un harmonieux tableau devant les regards du public. Le *sujet* du journal se compose d'innombrables *sujets*, incohérents, qui lui sont fournis chaque matin ou chaque soir par l'événement du jour ou de la veille. C'est comme si, au cours d'une harangue de Démosthène contre Philippe, à chaque instant des courriers s'étaient approchés de lui pour lui apporter quelque nouvelle toute fraîche et si le récit ou l'interprétation de ces informations avait constitué tout son discours. Le journal est précisément dans ce cas: il reçoit des renseignements de partout, et les raconte immédiatement avec des commentaires, en les déformant à sa manière, conformément à son but qu'il ne perd jamais de vue. — Entre temps, il s'occupe aussi de littérature, d'histoire, de sciences, de philosophie, et laisse des rayons de ces lumières multicolores pénétrer dans l'âme de son public, mais, entre ces rayons et cette âme, il interpose toujours le prisme de sa passion. A la longue son lecteur s'hallucine, il ne voit plus rien, dans le passé et dans le présent, qui ne soit réfracté et déformé, et de ces visions mensongères des choses il se compose une notion essentiellement fausse, mais systématique, du monde

d'où émane une impulsion inconsciente et irrésistible
vers un certain but. Point n'est besoin pour cela de
dissertation, de dialectique savante, de péroraison pa-
thétique. En fait d'arguments, l'un des meilleurs est
encore le plus banal : la répétition incessante des mêmes idées, des mêmes calomnies, des mêmes chimères.
C'est un procédé dont l'orateur ne peut faire usage pendant le court intervalle de temps dont il dispose ; mais
le journal l'emploie à loisir et avec succès.

Il y a cependant beaucoup de points sur lesquels la
tactique du journal s'accorde avec celle de l'orateur. Il
doit, comme celui-ci, avant tout, n'être pas ennuyeux,
ne point lasser, être varié par conséquent. Et, comme
le journal s'adresse à un public dont les membres sont
plus dissemblables entre eux que les personnes d'un
même auditoire — car le seul fait d'être rapprochés et
de s'entre-communiquer leurs impressions produit entre
celles-ci une sorte d'assimilation réciproque et passagère — il doit, beaucoup plus encore que l'orateur, se
préoccuper de satisfaire ce besoin de diversité. Aussi
tout numéro d'une feuille publique est-il un menu
des plus variés. Un journal, même spécial, qui ne con-
tiendrait que des articles du même ton, sans assaison-
nement littéraire, sans un heureux mélange de grave et
de doux, serait sûr d'un prompt et complet désabon-
nement. A cet égard toutes les pages et toutes les colonnes d'un journal concourent entre elles, convergent
vers le but final ; il n'est pas jusqu'aux annonces qui,
en lui permettant de vivre, n'y concourent aussi et de la
manière la plus efficace. — Quelquefois ce ne sont pas
seulement les diverses parties d'un journal qui collaborent : ce sont les divers journaux d'un même parti qui
se divisent le soin de captiver leur public, les uns en le
nourrissant de mets plus substantiels, les autres en lui
servant des friandises, les uns et les autres en répondant
à des âges différents ou à différentes classes de lecteurs.

Il y a, en apparence, entre le discours et le journal, une différence capitale que j'ai omise : le discours doit durer un certain temps, non seulement très court comparé à la durée du journal, mais encore déterminé par la nature du sujet, tandis que le journal est créé en général pour se perpétuer, pour vivre éternellement. Cette différence, pourtant, est illusoire. Sans doute on voit des journaux vivre un siècle ou plusieurs siècles. Mais, sous le même nom, ils sont morts et ont ressuscité plusieurs fois. Il n'est pas de journal un peu achalandé qui n'ait eu plusieurs de ces vies successives, de ces avatars reliés les uns aux autres par une certaine ressemblance de traits. Un journal, à vrai dire, ne vit qu'autant que la politique qu'il soutient ; or, cette politique aboutit toujours soit à son triomphe, soit à sa défaite. Dans le premier cas, le journal triomphant, n'ayant plus d'ennemis à combattre, tourne ailleurs ses vœux, c'est-à-dire utilise sa victoire d'une manière quelconque, ce qui est inaugurer une nouvelle politique. Dans le cas de sa défaite, il se fabrique avec les débris de ses vœux, un programme neuf, qui, lui aussi, lancé sur des eaux neuves, échouera ou abordera.

Au point de vue de la moralité des moyens mis en œuvre, on peut se demander si la comparaison du discours et du journal n'est pas défavorable au dernier. Ne semble-t-il pas que les procédés propres à assurer le succès du journal, diffamation, pornographie, fausses dépêches, mensonges, chantages, dépassent de beaucoup en audace et en raffinements de perversité les fraudes ingénues, les trucs enfantins, recommandés par l'ancienne rhétorique? Il le semble, en effet. Mais peut-être, si les règles de la rhétorique supérieure que nous désignons sans la dessiner venaient à être formulées avec netteté par quelque Aristote contemporain, apparaîtrait-il qu'au fond l'art suprême, ici comme ailleurs, comme en fait d'éloquence, comme en fait de drame, est la vérité franche et loyale.

Ajoutons que l'*art de la Presse*, malgé son importance grandissante, est loin d'être tout l'art politique : il y faut joindre, entre autres compléments, l'*art de l'Enseignement*. Et, si l'art de la Presse n'a pas encore trouvé des théoriciens, l'art de l'Enseignement, autre grande voirie des courants de croyance et de désir, a vu surgir les siens de nos jours. A présent, sous le nom de science pédagogique, on professe savamment l'art de professer. Un enseignement consiste, à l'instar d'un journal, en une suite de discours poursuivis pendant un nombre d'années limité, par des professeurs différents concourant à un même but. Ne dirait-on pas aussi que, par une ressemblance plus fâcheuse avec l'art de la Presse, l'art d'enseigner se présente comme une variété de l'art de mentir, comme un conservatoire de mensonges conventionnels, de légendes historiques, d'erreurs solennelles, en sorte qu'on ne voit pas en quoi il est plus immoral, en somme, que la rhétorique ou la sophistique des anciens et que le journalisme moderne? Mais, en même temps, n'est-il pas manifeste que le professeur éminent, comme le publiciste de grande marque, se signale par sa haute véracité, sa moralité profonde, son intégrité absolue, à travers tous ses éclats de colère ou ses extravagances de pensée? Le *vir bonus dicendi peritus* s'applique à lui comme à l'orateur antique. En réalité, tous ces arts consistent en ce précepte banal et suprême : sois convaincu et tu convaincras; sois passionné et tu entraîneras; sois sincère et l'on te croira; sois loyal et on te suivra.

Je ne dirai rien de l'*art diplomatique*, autre branche assez importante de l'art politique, si ce n'est que la diplomatie elle-même, par son évolution, vient confirmer la

conclusion qui précède. La diplomatie a commencé par
être une des incarnations les plus monstrueuses de l'immoralité civilisée, du vice et du crime fastueux. Sous
Louis XIV encore, entre souverains amis, on se vole les
courriers, sans reculer devant l'assassinat. Louvois
conseille à d'Estrades de faire enlever l'ambassadeur
autrichien comte de Lisola, et lui suggère même de le
faire tuer. La République de Venise payait ses sicaires,
on le sait.

Tout cela fondé sur la *raison d'État*, sur le droit de
la guerre, qu'on appliquait à l'étranger, même en
temps de paix, parce que la paix n'était, au fond, que
le temps où les diplomates entraient en guerre. Diplomates et guerriers alternaient. Il faut convenir que, en
se civilisant, la diplomatie, comme la criminalité, est
devenue moins féroce si elle n'est pas devenue moins
perfide et moins astucieuse, loin de là. On n'a rien
perdu de l'habileté à déchiffrer et subtiliser les dépêches; on a perfectionné, par la photographie instan-
tanée et les progrès de la chimie, l'espionnage et le
contre-espionnage, la tactique diplomatique comme la
tactique militaire; et, si on n'achète plus autant les
maîtresses et les favoris des rois, on a inventé les
chèques parlementaires. Mais, enfin, on ne tue plus
les ambassadeurs. C'est déjà un progrès, et ce qui l'est
bien davantage, ce qui est vraiment nouveau, c'est
l'inanité enfin apparue des ruses compliquées d'autrefois, c'est l'habitude qu'on prend à présent, qu'on est
forcé de prendre en ce siècle de publicité, de jouer
cartes sur table de nation à nation. La distance de
Mazarin à Bismark montre le chemin parcouru.

De même que le marché économique, le champ de
bataille ou le champ de courses politique va s'étendant
et en même temps s'éclairant. Le domaine de la diplomatie, après avoir été restreint, il y a quelques siècles,
à une petite région, puis à une région plus vaste, puis

à une grande partie de l'Europe, a fini de nos jours par
embrasser le monde presque tout entier comme le domaine de la spéculation. Les marchands de blé ne
peuvent plus se borner à étudier les variations de prix
dans une province ou dans un Etat : ils doivent suivre,
par télégraphe, les cours d'Odessa, de Londres, de New-
York, et spéculer en conséquence. Les diplomates ne
peuvent plus se borner à s'inquiéter des agrandissements éventuels de cinq ou six grands Etats européens
en Europe, ils doivent avoir l'œil sur les ambitions
européennes, asiatiques, américaines, africaines, et
surveiller à la fois la lutte continentale et la lutte coloniale, illimitée, des nations rivales. Or, l'agrandissement du marché a eu pour résultat commercial de
rendre la spéculation plus sûre, d'atténuer l'*aléa* des
ventes à terme ou à découvert tout en les multipliant.
L'agrandissement du champ politique a-t-il un effet
semblable? Voit-on les préoccupations des hommes
d'Etat avoir pour objet des prévisions à plus longue
portée et de moins en moins conjecturales? Ne semble-
t-il pas, au contraire, aujourd'hui, que l'élargissement
géographique de leur champ visuel soit compensé par
le raccourcissement de leur regard dans le temps et son
obscurcissement, par un moindre souci de l'avenir ou
le souci d'un avenir moindre, et par une moindre
netteté de vue? Toutefois, remarquons que les progrès
de la statistique, de la télégraphie, de tous les genres
d'informations, par la Presse, par les voyages, élèvent
sans cesse le degré de probabilité des prévisions du
diplomate comme de celles du spéculateur. L'*homme malade turc* ou l'*homme malade chinois* va-t-il bientôt mourir? Et, en vue de cette éventualité, l'Angleterre doit-
elle augmenter son effectif militaire ou sa marine?
Question majeure à présent pour les diplomates anglais,
comme l'est, pour les spéculateurs anglais, la question
de savoir si les mines d'or du Transvaal s'épuiseront ou

non d'ici quelques années. Mais, assurément, on est
bien mieux et bien plus vite renseigné aujourd'hui sur
les données de pareils problèmes qu'on n'eût pu l'être
il y a cinquante ans, il y a vingt ans. D'autre part, la
statistique de la population permet de prévoir et de
préciser avec une quasi-certitude quelle sera la supériorité numérique de l'Allemagne sur la France ou de
la Russie sur l'Allemagne, dans dix ans, dans vingt
ans. La statistique du commerce et de l'industrie au-
torise aussi des inductions très vraisemblables sur l'enrichissement ou l'appauvrissement des divers Etats dans
un temps donné. Ainsi, il y a lieu de penser que, à
mesure que le regard des hommes d'État s'étend davantage, il s'éclaircit.

II

Mais y a-t-il lieu d'espérer aussi que l'immoralité de
leurs calculs ira en diminuant ou n'a-t-on pas à craindre
plutôt qu'un fossé profond ne sépare à jamais la Politique et la morale? Les partis, dans leurs rapports réciproques au sein d'une même nation, les diverses
nations dans leurs rapports extérieurs, font revivre
l'état de nature. Les nations cependant, ces personnes
collectives, peuvent entrer parfois en relations sympa-
thiques et vraiment sociales et donner naissance à une
société d'un degré supérieur, à une fédération, elle-
même susceptible de s'allier à une autre fédération.
Mais ces sociétés du second degré, du troisième, du
quatrième, diffèrent étrangement des sociétés du premier degré, des sociétés proprement dites. Ce sont des
sociétés non pas linguistiques, ni religieuses, ni juridiques, ni esthétiques, ni morales même ce semble,
ce sont des sociétés purement politiques, et qui, pendant qu'elles s'élèvent en degré, s'abaissent en nature.

Les sociétés de cités, de tout petits Etats confédérés, ont quelque chose de beaucoup plus sentimental que les sociétés d'Etats plus vastes, et celles des très grands Etats se distinguent par leur caractère éminent de brutalité militaire et utilitaire. Ce sont ces dernières qui ont conçu la fédération-équilibre. Mais cela doit-il durer toujours? Et faut-il désespérer de voir la sociabilité morale de l'humanité s'infiltrer de plus en plus dans les relations internationales des grands Etats eux-mêmes?

Un théoricien du commencement du xviie siècle qui aurait cherché les rapports de la politique et de la morale aurait pu être conduit, par l'observation des siècles antérieurs, à poser en règle générale un contraste présenté par leur histoire : à savoir la moralisation croissante de la Politique intérieure, et, simultanément, la démoralisation croissante de la Politique extérieure. En effet, après avoir été régis par un Droit international tout à fait calqué sur le Droit civil, les Etats féodaux de l'Europe s'étaient peu à peu affranchis de ces règles juridiques qui réglaient leurs rapports, et, de véritables *personnes* qu'ils étaient jusque-là dans le sens des juristes, ils étaient devenus de simples *puissances*, des forces brutales ne reconnaissant d'autre loi que leur égoïsme déchaîné. A l'inverse et parallèlement, le droit de la force, qui avait longtemps régi les relations des individus, même quand un contrat féodal assujettissait juridiquement, mais immoralement, le plus faible au plus fort, le vaincu au vainqueur, s'était par degrés adouci, remplacé à mesure par un sentiment plus délicat de l'équité naturelle que l'introduction du Droit romain avait développé et mis en honneur. — Ainsi, un sociologue du commencement du xviie siècle encore se serait cru autorisé à formuler une sorte de rapport inverse entre le développement de la Politique intérieure et celui de la Politique extérieure au point de

vue de la moralité. Mais les deux siècles et demi qui
viennent de s'écouler ont prouvé, je crois, que cette
généralisation eût été précipitée et abusive. A partir de
la seconde moitié du siècle de Louis XIV, ne voyons-
nous pas se reformer et se renforcer les traits du Droit
international qui rend plus rares et moins cyniques les
violations des traités, et contraint les Etats les plus
récalcitrants à se conformer aux nouvelles lois de la
guerre continentale, voire même de la guerre maritime.

En réalité, les Etats du moyen âge, dominés par la
suzeraineté de l'Empereur et la majesté du Souverain
Pontife, tribunal arbitral de tous les litiges internationaux, formaient moins des Etats distincts que des provinces distinctes d'une même nation chrétienne, où
revivait en esprit l'Empire romain baptisé. Il s'agissait,
avec ces *membra disjecta*, de constituer les nationalités
modernes, par un travail de décomposition d'abord, de
recomposition ensuite, où la violence affranchie du
Droit pouvait se donner libre carrière en attendant l'ac-
complissement des vœux de l'histoire. Mais, une fois
les nationalités fondées, l'intermède de la violence et de
l'injustice était fini, et il s'agissait de bâtir, avec ces
nouveaux et énormes moellons cyclopéens, un nouvel
édifice. L'Europe s'est donc retrouvée placée alors, à
partir du XVIIᵉ siècle, à peu près dans l'état international où elle se trouvait avant la conquête romaine. An-
térieurement à cette grande fusion militaire, les nations,
qui consistaient en *cités* innombrables, étaient, dans
leurs rapports réciproques, à l'état sauvage, chasseurs
et gibier tour à tour les unes pour les autres ; et c'est peu
à peu, bien lentement, dans des régions circonscrites,
qu'un certain nombre de règles restrictives du droit absolu de la force ont été reconnues, parmi les cités grecques notamment ou parmi les cités italiques ou même
parmi quelques tribus germaines. Il a fallu la conquête
romaine pour mettre fin aux spoliations incessantes, aux

cruautés et aux exactions mutuelles, qui étaient la suite
inévitable de ce morcellement.

Mais, entre ce passé *pré-romain* et l'Europe moderne,
il y a une différence visible, sans parler des autres : c'est
que le nombre des cités d'autrefois était infiniment supérieur à celui des nationalités d'aujourd'hui, ce qui sim-
plifie le problème et le rend plus facile ou moins ardu à
résoudre par les voies pacifiques, par l'harmonisation
spontanée et graduelle. Car il est bien plus difficile de
faire s'accorder spontanément et paisiblement mille
Etats distincts que cinq ou six. Mais, d'autre part, il
est bien plus aisé, pour un Etat devenu prépondérant,
de conquérir successivement mille petites cités et de les
assimiler, que de s'annexer cinq ou six énormes nations
modernes et surtout de se les assimiler.

L'association fédérale devenant ainsi de moins en
moins difficile, et l'annexion militaire se heurtant à des
difficultés de plus en plus grandes, il y a donc deux raisons pour une de penser que le problème politique posé
par la juxtaposition des nationalités modernes se ré-
soudra d'une tout autre manière que ne s'est résolu le
problème, jusqu'à un certain point analogue, qui se
posait par la multiplicité des cités antiques. Le problème
antique ne comportait que la solution guerrière, qui alors
était relativement facile : le problème moderne ne semble
comporter que la solution pacifique par la fédération
spontanée, dont les voies se préparent.

— Un des obstacles majeurs à la moralisation de la Politique est l'encouragement donné au succès immoral,
la prime offerte au crime politique, par les foules qui
l'acclament, par les historiens qui l'admirent, par les
penseurs qui le consacrent en dogme et affectent des airs
de supériorité en traitant la morale de très haut. Fort
peu de théoriciens échappent à cette fascination de la
criminalité glorieuse, et je sais un gré infini à Le Play,
à Renouvier, à Spencer même, de n'avoir point versé

dans le banal et odieux paradoxe qui attribue de préférence à des princes ou à des hommes d'État corrompus
et sanguinaires l'origine des progrès sociaux les plus
certains. Je suis fâché de trouver dans un ouvrage aussi
remarquable que la *Constitution d'Angleterre* de Free-
man, un exemple typique de cette dangereuse aberration.
Suivant cet auteur, le bonheur que possèdent les Anglais de vivre sous une constitution libérale, sous des institutions qui ont fait leur prospérité inouïe, a pour cause, en
grande partie, la chance qu'ils ont eue de posséder,
au moyen âge, « une suite de rois détestables » sous le
règne desquels, grâce à leurs crimes, l'esprit de révolte
s'est déchaîné, tandis que, à la même époque, l'absolutisme s'enracinait en France « par les vertus funestes
du plus équitable des rois » de St Louis. Celui-ci, en effet, « en entourant la couronne du reflet de sa gloire et
de ses vertus personnelles, fit plus que personne pour
affermir le pouvoir. Il fit ainsi plus que personne pour
frayer la route au misérable despotisme de ses successeurs dont les actes coupables auraient journellement
tourmenté son âme équitable». Et l'auteur ne semble
pas comprendre que, par cette fin de phrase, il contredit le commencement. N'est-il pas clair que ces actes
coupables, que St Louis n'eût jamais commis, sont la
source de la perversion du pouvoir, et que, si les successeurs du vertueux monarque lui avaient ressemblé, s'ils
avaient porté dans leur cœur cette énergie de droiture
et cette passion de la justice — en éclairant successivement, bien entendu, ces sentiments des lumières de leur
époque et en élargissant par degrés leur conception du
juste — la France serait aujourd'hui la plus heureuse et
la plus prospère des nations? C'est une mode et une
manie déplorable, dans le monde des historiens, de prendre à tic les honnêtes acteurs de l'histoire, de se com-
plaire à mettre en relief l'insuffisance de leur jeu, l'é-
troitesse de leur esprit, et, inversement, d'encenser les

grandes canailles politiques — en France Philippe le
Bel, Louis XI, pour ne citer que les meilleurs, en Angleterre les Tudors, y compris Henri VIII — et de s'ex-
tasier outre mesure sur leur largeur d'esprit, qu'on leur
prête gratuitement le plus souvent. Cette faiblesse de
cœur pour les forbans historiques et cette antipathie
marquée contre les pasteurs des peuples ont pour conséquence, à la longue, de faire attribuer aux premiers
à peu près tout ce qui s'est opéré d'intelligent et de
fécond en fait de réformes administratives ou législatives. Mais la vérité est que, à *talent ou à génie égal*, le
plus honnête de deux hommes d'État est toujours le plus
utile aux nations. Ceux qui n'ont foi qu'à l'énergie,
ceux qui ne croient qu'au génie ou au *caractère*, n'ont
qu'à regarder Napoléon. Certes, ce n'est pas le *caractère*
qui lui manquait, à celui-là, ni le génie. Mais, s'il eût
possédé, avec un peu moins de vigueur du vouloir,
d'imagination géniale, d'esprit d'entreprises, un peu
plus de cette chose méprisée qu'on appelle le cœur et le
sentiment du Devoir, ne serions-nous pas maintenant
le premier peuple du monde?

Dans son *Introduction analytique à la philosophie de
l'histoire* (1864), M. Renouvier développe magistrale-
ment cette thèse, que le cours de l'histoire n'est assu-
jetti à aucune évolution uniforme de phases enchaînées,
que tout y est varié, imprévu, original, malgré des similitudes fréquentes, parce que tout y découle, en dernière analyse, du libre arbitre individuel; enfin, que le
fait dominant de l'histoire est l'emploi *bon* ou *mauvais*,
moral ou immoral, de cette liberté, et que tout s'explique par là, les bons comme les mauvais exemples s'ac-
cumulant par contagion et s'enracinant en coutumes
en vertu de la « solidarité morale » et donnant naissance à des institutions bienfaisantes ou funestes, à des
vertus ou à des vices nationaux, à l'établissement de la
justice ou au développement des guerres, de l'esclavage,

du despotisme. — En tout cela, il y a bien des choses qui
s'accordent trop avec maintes vues émises plus haut pour
que je ne m'empresse pas de placer celles-ci sous le pa-
tronage d'une autorité si justement respectée : et il en est
d'autres qui rentrent facilement dans ma manière de
voir moyennant un simple changement de clefs. La clef
de M. Renouvier, c'est l'idée du libre arbitre, d'où il
prétend tout déduire. Mais est-il nécessaire d'avoir re-
cours à cette notion si débattue et si battue en brèche
de tous côtés pour avoir le droit de combattre l'évolutionnisme unilinéaire et invariable de l'histoire ? Nullement, il suffit de généraliser et de placer en tête des explications historiques ce fait, reconnu par M. Renouvier
à titre secondaire et partiellement, dans sa seule application à la moralité, à savoir que tout provient *d'initiatives individuelles contagieuses*, c'est-à-dire imitées. Il
n'érige pas ce fait en principe, mais il aperçoit bien son
action sur tout le côté moral et immoral des sociétés et
n'a que le tort de le subordonner au dogme souverain
de la liberté. Or, à notre avis, ce principe dispense de
ce dogme ; même dans l'hypothèse, admise par la majorité des savants, où les innovations de l'individu le
plus exceptionnel seraient nécessitées par la rencontre
de son caractère propre, de son état d'âme momentané,
avec les circonstances qui l'enveloppent, il n'en est pas
moins vrai que la singularité fréquente, parfois unique,
de telles rencontres défend de soumettre le cours de
l'histoire des peuples, et notamment celui de leur histoire
politique, à des séries de phases réglées qui se répéte-
raient uniformément. *Diversité* ici tient lieu de *liberté*,
ou plutôt, la liberté sans la diversité n'empêcherait en
rien le déroulement uniforme de l'histoire, tandis que
la diversité sans la liberté s'y oppose absolument[1].

1. En d'autres termes, le déterminisme vital, d'où éclôt l'individu, in-
tervient dans le déterminisme social pour l'accidenter, pour actualiser
dans les sens les plus divers ses possibilités infinies. Mais, si le détermi-

Cette notion ambiguë et dangereuse du libre arbitre
étant écartée, il reste du livre de M. Renouvier des
thèses importantes à recueillir. Il est certain, par exemple, que, si l'on songe à la manière dont l'esclavage,
après une longue disparition européenne, a refleuri en
Amérique dans les temps modernes, on y voit la confirmation de l'explication néo-criticiste de cette institution dans tous les temps : c'est, sans nul doute possible, par une accumulation d'exemples scélérats que
cette lèpre morale s'est répandue dans le Nouveau-
Monde. — Quant à la guerre, M. Renouvier l'explique
mal : ici, il faut faire appel à la logique sociale, à l'opposition fondamentale du *oui* et du *non* qui, par le choc
des armées et aussi des partis, est multipliée, élevée à
la plus haute puissance, à son plus haut point de relief et d'éclat. — Enfin, M. Renouvier paraît n'avoir
eu égard dans tout son ouvrage qu'aux rapports de la
morale avec les religions. Mais les rapports de la morale
avec la politique, qui nous intéressent en ce moment
davantage, ne méritent pas moins de retenir l'attention
du sociologue.

L'*invention morale*, c'est-à-dire l'initiative de la moralité, de la justice, dans un milieu immoral et injuste,
se distingue radicalement de l'invention industrielle,
scientifique, artistique, politique. Elle consiste, non,
comme celles-ci, dans une supériorité d'imagination et
d'intelligence, mais dans une supériorité de sympathie
et de sociabilité. La sympathie étant la source profonde

nisme de la vie a cette vertu, s'il est producteur de variétés individuelles
originales en dépit de la constance et de la régularité des lois vitales,
n'est-ce pas parce que les éléments chimiques employés par la vie sont
eux-mêmes différenciés, caractérisés, accidentés ? Autrement dit, le déterminisme chimique, atomique, est différenciateur du déterminisme
vital, qui différencie le déterminisme social... En définitive, on doit remonter jusqu'à des éléments caractérisés, originaux, radicalement distincts, pour trouver l'explication vraie, positive et non verbale, des diversités phénoménales. Mais cela veut-il dire des éléments *libres* ? Non pas
dans le sens des psychologues spiritualistes.

de l'imitation et de toute la vie sociale, on peut dire
que cette invention-là est la plus nécessaire de toutes.
M. Renouvier a donc raison de penser que la moralité
importe encore plus que le génie au progrès social, à
la fondation et à la durée des empires. Cela signifie
que le développement de la sociabilité, encore plus que
celui de l'individualité, est utile à la société : et, en
vérité, il semble que ce soit là une tautologie... Mais,
si tautologique qu'elle puisse être, cette vérité est bonne
à rappeler quand on voit se formuler, sinon s'accré-
diter, des doctrines, diamétralement contraires, qui
professent l'utilité du crime, la nécessité du crime. Il
ne serait pas sans à propos de montrer que, si, comme
M. Renouvier a essayé de le faire voir, les religions
supérieures sont dues à des poussées morales, à des
caractères héroïques, les institutions politiques supérieures ont la même origine.

Si, d'une part, nous nous attachons avec fermeté à
ce principe que tout procède socialement d'initiatives
individuelles imitées, et si, d'autre part, nous répu-
dions les sophismes courants sur le crime nécessaire et
salutaire, nous serons amenés à deux conclusions pratiques. En premier lieu, nous conclurons qu'il faut
chercher à expulser toutes les institutions, politiques
ou autres, qui ont commencé par être *et n'ont pu commencer que par être* du crime accumulé, enraciné, organisé, ou du vice généralisé, bien que, nées ainsi
d'initiatives criminelles ou vicieuses, ces institutions
aient pu être par la suite utilisées à défaut d'autres par
les hommes les plus honnêtes et que sur ces troncs
pourris des tiges de vertus aient pu fleurir. Tel est l'esclavage, telle est la prostitution, telle est aussi la
guerre, mais avec cette réserve qu'ici l'origine est double, crime offensif et bravoure défensive, l'un portant
l'autre et l'un sauvant l'autre. Car la guerre n'a pu
naître que d'attaques primitives tentées par des bandes

de brigands contre des tribus laborieuses et paisibles
qu'elles ont obligées à s'armer, auxquelles elles ont
inoculé le virus belliqueux. C'est là le *grand attentat*
dont parle avec une indignation légitime M. Letourneau. Et, mutualisé de la sorte, l'assassinat, de lâche
est devenu brave, d'infâme glorieux, et d'autant plus
contagieux qu'il était source de vertus plus mâles. —
Mais dirons-nous de même que la propriété individuelle, le mariage monogame, la religion, l'autorité
politique, rentrent dans la catégorie précédente? Non,
car la propriété individuelle a pu et dû souvent procéder de l'initiative d'un défrichement et non d'une usurpation, la monogamie de l'amour et non de la violence, la religion de la foi et non du mensonge, le
pouvoir de l'admiration ou du respect et non de la
terreur. — Mais, en second lieu, nous devrons chercher à extirper, dans les institutions de l'origine la
plus saine et la plus légitime, tout ce que le crime et
le vice même y ont mêlé plus tard d'éléments corrup-
teurs. C'est la tâche ingrate des réformateurs utiles.

En procédant de la sorte, nous éviterons de jeter
sur les institutions, pour les défendre, le manteau de
la prescription qui couvre avec soin leurs sources.
Nous éclairerons celles-ci autant qu'on voudra, autant
que nous pourrons, et, en repoussant l'esprit révolutionnaire, nous nous garderons bien de lui laisser le
privilège apparent de la Justice, nous nous garderons
bien d'invoquer contre lui des théories pernicieuses
qui tendent à la justification du fait accompli, quel
qu'il soit, et à la glorification du mal ancien, réputé
père indispensable du bien présent.

Les lois logiques, très générales, qui régissent le
monde social, sont susceptibles de mille applications
diverses qu'on peut diviser en deux grandes catégories,
les applications morales et les applications immorales.
Et il importe fort de distinguer. Prenons, par exemple,

la loi d'après laquelle l'unilatéral précède le réciproque. Tantôt le vol, tantôt le don ont précédé l'échange :
dans les deux cas, le passage de l'unilatéral au réciproque a été observé. Tantôt l'obéissance spontanée et
enthousiaste, tantôt le commandement despotique et
violent ont précédé le devoir et la justice : même observation. Tantôt la crédulité aveugle, tantôt le mensonge effronté ont précédé le libre examen, la vérité,
la science, susceptible de démonstrations réciproques
par tous et pour tous : encore ici il y a eu mutualisa-
tion de ce qui était unilatéral au début. — Il y a donc
de multiples entrées, et des entrées de deux sortes,
l'une bonne, l'autre mauvaise, qui conduisent à l'évolution sociale. Et elle diffère étrangement d'après la
diversité des points de départ. Il y a aussi plusieurs
issues de ce long dédale historique que traversent les
sociétés. Il y en a de deux espèces, les unes bonnes, les
autres mauvaises. Le plus souvent, il est vrai, c'est
par les deux à la fois que débouchent les peuples, mais
ce n'est pas une raison pour les confondre.

Si l'on doutait de l'importance d'entrer par une
bonne porte ou par une mauvaise dans l'évolution sociale, qu'on regarde le Nouveau-Monde. Le contraste
entre les États-Unis de l'Amérique du Nord et les Républiques espagnoles de l'Amérique du Sud, au point
de vue de la puissance et de la richesse, s'explique-t-il,
comme il est de mode de le faire, par la différence des
prétendues races anglo-saxonnes et des prétendues races latines? A coup sûr, l'explication est loin d'être
suffisante, et il me semble qu'une autre, plus naturelle,
s'offre à nous, ne serait-ce que pour compléter la précédente. Qu'on remonte à l'origine de ces deux sortes
de colonies. Les premières, celles du Nord, ont eu
pour initiateurs des hommes hautement religieux, des
puritains persécutés cherchant un asile pour leur dieu
et leur foi; les secondes, des *conquistadores*, des aven-

turiers, des écumeurs de mers, des gens uniquement
assoiffés d'or et de plaisir. Ce qui est surprenant, c'est
que, malgré l'afflux continuel d'immigrants cupides et
grossiers aux États-Unis depuis les fondateurs primitifs,
le caractère moral des institutions s'y soit en partie
maintenu et, en dépit de la prodigieuse vénalité des
fonctionnaires, ait jusqu'ici sauvé le pays. — Je dis
jusqu'ici, pour ne rien préjuger de l'avenir, que les ap-
préhensions causées par la guerre contre l'Espagne
assombrissent à nos yeux. Là se sont révélés, chez les
fils des puritains, devenus conquistadores à leur tour,
contre les fils des conquistadores devenus pacifiques,
des instincts de proie que leur satisfaction a redoublés.
— Mais ce qui n'est pas moins frappant, c'est que, depuis trois siècles de révolutions, de crises, de tâtonnements sanglants et désastreux, les républiques hispano-
américaines n'aient pu encore apprendre la nécessité
sociale de la moralité, c'est que l'expérience des dé-
sastres que l'immoralité entraîne n'ait point suffi à
leur suggérer utilitairement le Devoir. Aujourd'hui,
tout aussi bien qu'à leurs débuts, le Pérou, le Chili,
la Plata sont, malgré les dons les plus brillants de
l'esprit unis à l'énergie souple du vouloir, des foyers
d'improbité sans scrupules, de cupidité sans freins, et
ne peuvent parvenir à s'élancer décidément dans la voie
de la prospérité même matérielle. L'expérience ne les
améliore pas. Qu'est-ce que cela signifie, si ce n'est,
d'abord, que la moralité ne saurait être uniquement ni
avant tout appuyée sur le sentiment de l'utilité, et
qu'elle requiert une source plus haute [1]? Et qu'est-ce

---

1. A propos des sociétés de mammifères (des castors notamment),
notons une remarque importante d'Espinas (*Sociétés animales*, p. 494).
« Si le danger modéré resserre au premier abord les liens sociaux, le
péril extrême les relâche et quelquefois les rompt tout à fait. » — J'en
conclus que, en des âges d'insécurité terrible, dans des régions infestées
de fauves, jamais le sentiment du danger, précisément parce qu'il était
extrême, n'eût suffi à organiser les premières sociétés humaines. Il y a

que cela veut dire, aussi, si ce n'est que l'impulsion
initiale, le lancement premier d'une cité, d'un État,
d'une petite barque nationale destinée à devenir un
grand navire, décide en majeure partie de ses destinées
et se poursuit longtemps, bien longtemps, à travers
toutes ses fluctuations?

Concluons donc que l'antinomie si souvent établie
entre la Morale et la Politique est artificielle, et que,
en réalité, pour les peuples comme pour les individus,
la moralité, à la condition de s'assouplir aux changements
des choses humaines, est la grande voie de la prospérité et de la paix. Mais il faut convenir — et c'est ce
qui a donné lieu à la réputation d'immoralité habituelle
faite aux hommes d'État — que la morale de la vie
privée, essentiellement conformiste, à laquelle les parti-
culiers doivent se soumettre, ne s'accorde pas toujours
dans ses prescriptions ou ses interdictions, avec la morale de la vie publique, nécessairement bien plus novatrice, que les chefs des peuples ou des partis ont à pratiquer et à refaire en même temps.

Rendons-nous bien compte de la nécessité qui a
fait, dans les relations privées, créer la morale, c'est-à-
dire établir des règles de conduite uniformes dans des
perplexités pareilles. Pourquoi y a-t-il des solutions
toutes faites de ces innombrables petits ou grands problèmes de la vie, des solutions acceptées aveuglément,
jugées excellentes *à priori*, sans qu'il soit permis de
subordonner leur application à la prévision de leurs

faim avant tout la sympathie ; et c'est probablement dans les régions de
sécurité relative — car il y en a toujours eu — que les premières peuplades se sont formées, essentiellement paisibles et pacifiques. — Autre
remarque du même auteur, dans le même sens : « Il ne peut être profi-
table aux perroquets, pas plus qu'à certains passereaux de se laisser massacrer jusqu'au dernier quand l'un d'eux est tombé sous le premier coup
du chasseur »

conséquences; ce qui leur donne un air d'autorité absolue, d' « impératif catégorique? » Tout simplement
parce qu'il est impossible de prévoir, dans le détail des
décisions individuelles, les conséquences ultimes qu'elles pourront avoir. C'est seulement à regarder les actions des individus en masse et en gros qu'on peut
prédire à coup sûr que, en moyenne, telle nature
d'acte, l'assassinat ou le soin des malades, le vol ou le
don, le respect de la pudeur ou l'attentat à la pudeur,
produira des effets favorables ou contraires à ce grand
but final de la conscience sociale : l'extension du
champ social, de la sympathie et de la solidarité humaines. Mais, si, doué du don de prophétie, un particulier avait la certitude qu'en commettant tel assassinat
il empêcherait une catastrophe autrement inévitable,
qu'en commettant tel vol il enrichirait le monde d'une
nouvelle industrie, qu'en commettant tel viol il donnerait naissance à un bienfaiteur du genre humain, on
peut croire qu'il se ferait un devoir de conscience, dans
ce cas, de tuer, de voler, de violer. Encore aurait-il à
se demander si, par la contagion probable de son
exemple, il ne courrait pas le danger de susciter des
maux plus grands encore que les biens certains dont il
s'agit. Et c'est cette considération, au fond, qui est la
plus propre à retenir sur la pente dangereuse des in-
fractions exceptionnelles à la loi du devoir les con-
sciences tentées par l'éblouissement de leurs avantages
directs, parfois assez probables. En général, d'ailleurs,
les difficultés pratiques de la conduite privée sont des
problèmes de probabilité très compliquées, et dont la
solution exacte, si on la demandait uniquement aux
données connues, dépasserait de beaucoup la capacité
ordinaire ou même extraordinaire du cerveau de
l'homme. Dois-je me marier ou ne pas me marier,
dans l'intérêt de mon bonheur? Dois-je, à ce même
point de vue, me marier dans tel ou tel milieu, de telle

ou telle manière? Avoir peu ou beaucoup d'enfants?
Prendre telle ou telle carrière? Répondre rationnelle-
ment, par *a plus b* à ces questions serait impossible.
Le plus sûr semble donc l'argument d'autorité dont la
conclusion est l'imitation d'autrui : « Nos voisins ont
réussi dans la vie en agissant ainsi, faisons comme
eux ; faisons un mariage *de raison*, soyons malthu-
siens... » L'imitation est donc, dans beaucoup de cas,
une réponse pseudo-logique à des questions en elles-
mêmes insolubles. Or, ce qu'il y a de plus insoluble
encore que les questions précédentes, ce sont les difficultés qui surgissent quand on se demande si telle action qu'on hésite à faire satisfera ou non, par ses effets
derniers, ce vœu profond de la conscience morale
dont je parlais tout à l'heure, le vœu d'extension de
la sociabilité même. Si, indépendamment de l'exemple
général d'autrui, chacun de nous devait, dans chaque
carrefour de conduites ambiguës, décider quelle est la
voie du Devoir ainsi compris, il serait le plus souvent
dans l'impuissance d'agir. Plus les questions de cet
ordre se compliquent et s'obscurcissent et plus on
devient, par force, imitatif en les tranchant. Plus la
nuit est noire et plus, en y marchant, on se serre de
près les uns les autres, on emboîte le pas du chef de
file. Voilà pourquoi c'est surtout en fait de moralité
que l'homme est et doit être conformiste. Il y trouve
deux grands soulagements de cœur : l'obéissance au
Devoir ordinaire lui épargne la peine de calculer et de
prévoir et elle le dispense de réussir.

Mais, précisément, l'homme d'État, avant tout, doit
prévoir, et avant tout, dit-on aussi communément, il
doit réussir[1]. Sa prévision à lui, quoique très ardue,

[1]. Pourquoi ne serait-il pas beau, pour un peuple comme pour un
particulier, pour un chef de peuple par conséquent, de sacrifier son intérêt à son devoir, de mépriser ou de repousser le succès dû à une injustice, de manquer l'occasion d'être scélératement prospère ? Le jour viendra
peut-être où cet héroïsme collectif sera admiré.

est un peu moins conjecturale, du moins dans un certain rayon de temps et d'espace, que celle de l'homme privé. Il y a des cas où il sait, à n'en pas douter, qu'une agression injuste, une cruelle exaction, la violation d'une promesse solennelle, d'un traité formel, seront utiles à sa patrie, qu'il regarde comme la nation-reine du monde. D'autre part, il n'a pas trop, pense-t-il, à s'inquiéter du précédent qu'il crée, car il sait que, les circonstances politiques ne se reproduisant jamais les mêmes, jamais du moins avec la même exactitude de répétition que les circonstances de la vie privée, on peut toujours contester la légitimité de l'argument tiré en politique des exemples antérieurs. Aussi la tentation doit-elle être infiniment plus grande pour l'homme politique que pour l'homme privé, à moralité égale, d'être immoral à bonne intention, de « sortir de la légalité pour rentrer dans le droit », de mentir ou de falsifier des dépêches par patriotisme, de massacrer et de terroriser par philanthropie. C'est l'excuse, insuffisante, des hommes d'État qui font des coups d'État, et de ceux, bien plus nombreux, qui en projettent.

Ajoutons que, soit pour protéger les intérêts nationaux, soit pour diriger les entreprises nationales, l'homme au pouvoir doit être initiateur. Il doit l'être en morale même parfois, et il ne saurait lui suffire, comme à un particulier, de se conformer strictement à la morale courante. De là, même quand il ne fait qu'adapter la morale ancienne à des besoins nouveaux, l'air d'immoralité qu'il se donne aux yeux de la foule conformiste. Mais il importe essentiellement de ne pas confondre avec les cas où il viole la morale et tend à la faire rétrograder ceux où il la développe et la déploie. A quel signe les distinguer ? A un signe certain, qui nous est naturellement suggéré par les tendances générales de l'histoire, telles qu'elles se dégagent des considérations présentées dans ce livre. Un homme d'État, dirons-

nous, aide aux progrès de la morale en ayant l'air de la
méconnaître, toutes les fois que sa manière d'agir, si
elle se généralisait, aurait pour effet d'étendre ou d'approfondir le champ social, d'agrandir le domaine de la
sympathie et de la solidarité. Il est moralement rétrograde, au contraire, quand la généralisation de son acte
serait suivie d'un resserrement du champ social. Par
exemple, il n'est pas douteux que la violation des
traités *librement consentis* — car tous les contrats internationaux ne sont pas viciés par l'abus de la force, et il
en est beaucoup, tels que la Convention de Genève, qui
émanent de volontés libres — ne soit une rétrograda-
tion morale; car, si elle se généralisait, elle limiterait le
champ social aux frontières de chaque Etat. Les
alliances purement défensives entre plusieurs Etats
contre un autre Etat ou un autre groupe d'Etats alliés,
sont favorables à la paix du monde, et à l'extension des
relations cordiales entre les peuples. Mais les alliances
offensives sont un danger perpétuel de guerre, de retour
à l'état de nature dans les rapports mutuels des nations.
Quand cet accord agressif de deux ou trois nations a
pour objet le partage d'une de leurs sœurs, il est entendu
que cette vivisection nationale est l'un des plus grands
crimes collectifs qui se puissent étaler sous le soleil. Il
est vrai que, par des annexions scélérates, les Etats can-
nibales et co-partageants se trouvent agrandis, mais, par
cet agrandissement même, l'esprit de division et de
séparation égoïste s'accentue dans la société générale
des nations qui ont toutes à redouter un sort pareil au
moindre affaiblissement de leur vigueur. Les partages
coloniaux ne tombent pas sous le coup de reproches aussi
aussi vifs : ici, quand les pays à partager sont peuplés
de tribus sauvages ou barbares toujours en guerre les
unes avec les autres, le bienfait de la paix qui leur est
imposé au prix d'une soumission acceptée sans révolte
est souvent inestimable et réalise à la longue une allu-

TARDE. — *Transf. du pouvoir.*   17

vion prodigieuse du champ social. Mais le malheur est
que ces découpages de pays barbares entre des nations
civilisées ont souvent pour effet de *barbariser* celles-ci,
en surexcitant en elles des instincts déprédateurs, plutôt
que de civiliser ceux-là.

En politique intérieure, les alliances — qualifiées
monstrueuses — entre deux partis coalisés contre un
troisième sont-elles propres à favoriser ou à entraver la
fusion des classes, l'approfondissement du champ
social ? Il semble qu'elles favorisent cette assimilation
dans une large mesure ; mais, par l'exemple qu'elles
donnent et qui est toujours imité, elles contribuent fort
à alimenter, à perpétuer l'esprit de parti et de scission
nationale. Ce qui est par-dessus tout contraire à l'accroissement du domaine de la sympathie en profondeur,
dans les rapports réciproques des couches superposées
d'une société, c'est la politique de coterie et de *cama-
rilla*, qui, destinée à être imitée toujours, par représailles,
tend à hacher menu le corps national. Toute politique
qui se propose le triomphe exclusif d'une classe ou
d'une caste, fût-ce de la classe ou de la caste la plus
nombreuse et la plus déshéritée, est rétrograde au premier chef. Un parti *socialiste* peut être dans le grand
courant du progrès ; un parti *ouvrier*, non. Faut-il dire
toujours la vérité au peuple ? Et me demandera-t-on,
par hasard, en quoi une politique franche, loyale, est
propre à développer le champ social, en quoi une politique de mensonge et de photophobie tend à le rétrécir ?
Est-ce qu'il n'y a pas des mensonges bienfaisants, et des
intérêts opposés qui « ne s'accordent jamais mieux que
dans le silence » et dans l'obscurité, où se dissimule
leur opposition ? Mais il n'est point de paix et de frater-
nité sans confiance, ni de confiance sans franchise, et il
n'est rien de tel que les mensonges des gouvernants
pour ruiner le crédit matériel et moral, pour semer la
méfiance et la discorde entre les gouvernés. Le mensonge

appelle le mensonge, et une politique de cachoteries ou
de menteries, comme une politique protectionniste,
entraîne à hausser sans cesse des barrières factices, de
plus en plus intolérantes et intolérables, qui croulent
un beau jour, il est vrai, dans le mépris public, mais
laissent après elles des ferments de haine. Le protectionnisme peut avoir son utilité momentanée, mais, en
somme, une politique libérale doit finalement prévaloir,
comme la plus morale, comme la plus apte à déployer
dans tous les sens, en largeur, en profondeur, en hauteur, la sociabilité humaine.

TABLE DES MATIÈRES

DEUXIÈME PARTIE

VII. — La Répétition amplifiante

VIII. — L'Opposition politique

La lutte des partis.

FÉLIX ALCAN, ÉDITEUR

ANNALES

DES SCIENCES POLITIQUES

REVUE BIMESTRIELLE

Publiée avec la collaboration

des professeurs et anciens élèves de l'École libre
des Sciences Politiques.

QUATORZIÈME ANNÉE (1899)

Les « *Annales de l'École libre des Sciences Politiques* », qui
viennent d'achever leur treizième année d'existence, ont pris
depuis le numéro de janvier 1899, le titre de « *Annales des
Sciences Politiques* ».

Elles continuent à paraître tous les deux mois (15 janvier,
15 mars, 15 mai, 15 juillet, 15 septembre, 15 novembre), par
fascicules grand in-8 de 120 à 140 pages, formant chaque année
un volume de 800 pages, illustré de cartes et de graphiques.

Les « *Annales des Sciences Politiques* » restent fidèles à leur
titre ; elles conservent le caractère scientifique qui leur a valu
jusqu'ici une renommée méritée dans le monde savant. Elles
continuent à publier des études approfondies sur des questions
spéciales d'histoire contemporaine, d'économie politique, de
finances, de droit public, etc. Elles font en outre une place de
plus en plus grande à des études plus concises, plus rapides, sur
les questions politiques d'actualité ; modifications dans les rapports internationaux, problèmes économiques, financiers, sociaux,
coloniaux, qui se posent dans les différents pays.

Lorsque survient un événement important dans le monde politique, il est très difficile de se remémorer les antécédents de la
question, de se rappeler les phases diverses par lesquelles elle a
passé, chose indispensable cependant pour ceux qui veulent se
faire une opinion personnelle. Les « *Annales des Sciences Politiques* »

comblent cette lacune. Dans des articles brefs, basés sur une documentation précise, elles donnent les faits et les renseignements nécessaires pour se mettre au courant des principales questions au moment où un événement nouveau vient appeler sur elles l'attention du public.

Enfin, des chroniques annuelles : chronique des faits internationaux, chronique économique, chronique législative, etc., retracent le mouvement des faits et des idées dans chaque ordre de matières. Leur réunion forme une revue générale du développement des sciences politiques.

Sous cette nouvelle forme, les « Annales des Sciences Politiques » devenues moins spéciales, s'adressent à un public plus nombreux, qui, nous l'espérons, leur fera bon accueil.

Les « Annales des Sciences Politiques » sont publiées par l'École libre des Sciences Politiques, avec la collaboration des professeurs et des anciens élèves de l'École.

Le Comité de Rédaction est composé de Messieurs : E. Boutmy, de l'Institut, directeur de l'École; A. de Foville, de l'Institut, directeur de l'administration des Monnaies, professeur honoraire au Conservatoire des Arts et Métiers ; R. Stourm, de l'Institut, ancien inspecteur des finances ; Aug. Arnauné, directeur au ministère des finances ; Ribot, député, ancien président du Conseil des Ministres ; G. Alix ; Jules Dietz; Louis Renault, professeur à la Faculté de droit de Paris ; André Lebon, ancien ministre des Colonies ; Albert Sorel, de l'Académie française ; Albert Vandal, de l'Académie française ; E. Bourgeois, maître de conférences à l'École normale supérieure, — professeurs à l'École, directeurs des groupes de travail.

Rédacteur en chef: M. Achille Viallate, maître de conférences à l'École libre des Sciences politiques.)

PRIX D'ABONNEMENT :

1 an (du 15 janvier).

Paris..	**18** fr.
Départements et étranger. . .	**19** fr,
La livraison.	**3** fr. **50**

On s'abonne à la librairie **Félix Alcan**, 108, boulevard Saint-Germain, Paris, chez tous les libraires, et dans tous les bureaux de poste.

CHARTRES. — IMPRIMERIE DURAND.

ANCIENNE LIBRAIRIE GERMER BAILLIÈRE ET Cie
FÉLIX ALCAN, Éditeur

PHILOSOPHIE — HISTOIRE

CATALOGUE

DES

Livres de Fonds

On peut se procurer tous les ouvrages qui se trouvent dans ce Catalogue par l'intermédiaire des libraires de France et de l'Étranger.

On peut également les recevoir franco par la poste, sans augmentation des prix désignés, en joignant à la demande des TIMBRES-POSTE FRANÇAIS ou un MANDAT sur Paris.

PARIS
108, BOULEVARD SAINT-GERMAIN, 108
Au coin de la rue Hautefeuille

NOVEMBRE 1898

Les titres précédés d'un *astérisque* sont recommandés par le Ministère de l'Instruction publique pour les Bibliothèques des élèves et des professeurs et pour les distributions de prix des lycées et collèges.

BIBLIOTHÈQUE
DE
PHILOSOPHIE CONTEMPORAINE

Volumes in-12, brochés, à 2 fr. 50.

Cartonnés toile, 3 francs. — En demi-reliure, plats papier, 4 francs.

ALAUX, professeur à la Faculté des lettres d'Alger. **Philosophie de M. Cousin.**
ALLIER (R.). *La Philosophie d'Ernest Renan. 1895.
ARRÉAT (L.). * La Morale dans le drame, l'épopée et le roman. 2ᵉ édition.
— *Mémoire et imagination (Peintres, Musiciens, Poètes, Orateurs). 1895.
— Les Croyances de demain. 1898.
AUBER (Ed.). Philosophie de la médecine.
BALLET (G.). Le Langage intérieur et les diverses formes de l'aphasie. 2ᵉ édit.
BEAUSSIRE, de l'Institut. * Antécédents de l'hégél. dans la philos. française.
BERSOT (Ernest), de l'Institut. * Libre philosophie.
BERTAULD. De la Philosophie sociale.
BERTRAND (A.), professeur à l'Université de Lyon. La Psychologie de l'effort et les doctrines contemporaines.
BINET (A.), directeur du lab. de psych. physiol. de la Sorbonne. La Psychologie du raisonnement, expériences par l'hypnotisme. 2ᵉ édit.
BOST. Le Protestantisme libéral.
BOUGLE, maître de conférences à l'Université de Montpellier. Les Sciences sociales en Allemagne.
BOUTROUX, de l'Institut. * De la contingence des lois de la nature. 3ᵉ éd. 1896.
CARUS (P.). * Le Problème de la conscience du moi, trad. par M. A. MONOD.
COIGNET (Mᵐᵉ). La Morale indépendante.
CONTA (B.).*Les Fondements de la métaphysique, trad. du roumain par D. TESCANU.
COQUEREL FILS (Ath.). Transformations historiques du christianisme.
— Histoire du Credo.
— La Conscience et la Foi.
COSTE (Ad.). *Les Conditions sociales du bonheur et de la force. 3ᵉ édit.
CRESSON (A.), agrégé de philosophie. La Morale de Kant. 1897. Couronné par l'Institut.
DAURIAC (L.), professeur au lycée Janson-de-Sailly. La Psychologie dans l'Opéra français (Auber, Rossini, Meyerbeer). 1897.
DANVILLE (Gaston). Psychologie de l'amour. 1894.
DELBŒUF (J.), prof. à l'Université de Liège. La Matière brute et la Matière vivante.
DUGAS, docteur ès lettres. * Le Psittacisme et la pensée symbolique. 1896.
— La Timidité. 1898.
DUMAS (G.), agrégé de philosophie. *Les états intellectuels dans la Mélancolie. 1894.
DUNAN, docteur ès lettres. La théorie psychologique de l'Espace. 1895.
DURKHEIM (Émile), professeur à l'Université de Bordeaux. * Les règles de la méthode sociologique. 1895.
ESPINAS (A.), prof. à la Sorbonne. * La Philosophie expérimentale en Italie.
FAIVRE (E.). De la Variabilité des espèces.
FÉRÉ (Ch.). Sensation et Mouvement. Étude de psycho-mécanique, avec figures.
— Dégénérescence et Criminalité, avec figures. 2ᵉ édit.
FERRI (E.). Les Criminels dans l'Art et la Littérature. 1897.
FIERENS-GEVAERT. Essai sur l'Art contemporain. 1897. (Couronné par l'Académie française.)
FLEURY (Maurice de). L'Ame du criminel. 1898.

— 3 —   F. ALCAN.

Suite de la *Bibliothèque de philosophie contemporaine*, format in-12, à 2 fr. 50 le vol.

FONSEGRIVE, professeur au lycée Buffon. La Causalité efficiente. 1893.
FONTANÈS. Le Christianisme moderne.
FONVIELLE (W. de). L'Astronomie moderne.
FRANCK (Ad.), de l'Institut. * Philosophie du droit pénal. 4ᵉ édit.
— Des Rapports de la Religion et de l'État. 2ᵉ édit.
— La Philosophie mystique en France au XVIIIᵉ siècle.
GAUCKLER. Le Beau et son histoire.
GREEF (de). Les Lois sociologiques. 2ᵉ édit.
GUYAU. * La Genèse de l'idée de temps.
HARTMANN (E. de). La Religion de l'avenir. 4ᵉ édit.
— Le Darwinisme, ce qu'il y a de vrai et de faux dans cette doctrine. 6ᵉ édit.
HERCKENRATH. (C.-R.-C.) Problèmes d'Esthétique et de Morale. 1897.
HERBERT SPENCER. * Classification des sciences. 6ᵉ édit.
— L'Individu contre l'État. 4ᵉ édit.
JAELL (Mᵐᵉ). * La Musique et la psycho-physiologie. 1895.
JANET (Paul), de l'Institut. * Le Matérialisme contemporain. 6ᵉ édit.
— * Philosophie de la Révolution française. 5ᵉ édit.
— * Les Origines du socialisme contemporain. 3ᵉ édit. 1896.
— * La Philosophie de Lamennais.
LACHELIER, de l'Institut. Du fondement de l'induction, suivi de psychologie
    et métaphysique. 3ᵉ édit. 1898.
LAMPÉRIÈRE (Mᵐᵉ A.). Rôle social de la femme, son éducation. 1898.
LANESSAN (J.-L. de). La Morale des philosophes chinois. 1896.
LANGE, professeur à l'Université de Copenhague. Les émotions, étude psycho
    physiologique, traduit par G. Dumas. 1895.
LAUGEL (Auguste). L'Optique et les Arts.
— * Les Problèmes de l'âme.
— Problème de la nature.
LE BLAIS. Matérialisme et Spiritualisme.
LE BON (Dᵣ Gustave). * Lois psychol. de l'évolution des peuples. 2ᵉ édit. 1895.
— * Psychologie des foules. 3ᵉ édit. 1898.
LÉCHALAS. * Étude sur l'espace et le temps. 1895.
LE DANTEC, docteur ès sciences. Le Déterminisme biologique et la Personna-
    lité consciente. 1897.
— L'Individualité et l'Erreur individualiste. 1898.
LEFÈVRE, docteur ès lettres. Obligation morale et idéalisme. 1895.
LEOPARDI. Opuscules et Pensées, traduit de l'italien par M. Aug. Dapples.
LEVALLOIS (Jules). Déisme et Christianisme.
LIARD, de l'Institut. * Les Logiciens anglais contemporains. 3ᵉ édit.
— Des définitions géométriques et des définitions empiriques. 2ᵉ édit.
LICHTENBERGER (Henri), professeur adjoint à l'Université de Nancy. La philoso-
    phie de Nietzsche. 3ᵉ édit. 1899.
LOMBROSO. L'Anthropologie criminelle et ses récents progrès. 3ᵉ édit. 1896.
— Nouvelles recherches d'anthropologie criminelle et de psychiatrie. 1892.
— Les Applications de l'anthropologie criminelle. 1892.
LUBBOCK (Sir John). * Le Bonheur de vivre. 2 volumes. 5ᵉ édit.
— * L'Emploi de la vie. 2ᵉ éd. 1897.
LYON (Georges), maître de conf. à l'École normale. * La Philosophie de Hobbes.
MARIANO. La Philosophie contemporaine en Italie.
MARION, professeur à la Sorbonne. * J. Locke, sa vie, son œuvre. 2ᵉ édit.
MAUS (I.), avocat à la Cour d'appel de Bruxelles. De la Justice pénale.
MILHAUD (G.), chargé de cours à l'Université de Montpellier. Essai sur les con-
    ditions et les limites de la Certitude logique. 2ᵉ édit. 1898.
— Le Rationnel. 1898.
MOSSO. * La Peur. Étude psycho-physiologique (avec figures). 2ᵉ édit.
— * La fatigue intellectuelle et physique, traduit de l'italien par P. Langlois.
    2ᵉ édit. 1896, avec grav.

Suite de la *Bibliothèque de philosophie contemporaine*, format in-12, à 2 fr. 50 le vol.

NORDAU (Max). * Paradoxes psychologiques, trad. Dietrich. 3ᵉ édit. 1898.
— Paradoxes sociologiques, trad. Dietrich. 2ᵉ édit. 1898.
— Psycho-physiologie du Génie et du Talent. 2ᵉ édit. 1898.
NOVICOW (J.). L'Avenir de la Race blanche. 1897.
OSSIP-LOURIÉ. Pensées de Tolstoï. 1898.
PAULHAN (Fr.). Les Phénomènes affectifs et les lois de leur apparition.
— * Joseph de Maistre et sa philosophie. 1893.
PILLON (F.). La Philosophie de Ch. Secrétan. 1898.
PILO (Mario), professeur au lycée de Bellune (Italie). * La psychologie du Beau et de l'Art, trad. par Aug. Dietrich. 1895.
PIOGER (Dʳ Julien). Le Monde physique, essai de conception expérimentale. 1893.
QUEYRAT (Fr.), professeur de l'Université. * L'imagination et ses variétés chez l'enfant. 2ᵉ édit. 1896.
— *L'abstraction, son rôle dans l'éducation intellectuelle. 1894.
— Les Caractères et l'éducation morale. 1896.
REGNAUD (P.), professeur à l'Université de Lyon. Logique évolutionniste. *L'Entendement dans ses rapports avec le langage.* 1897.
— Comment naissent les mythes. 1897.
RÉMUSAT (Charles de), de l'Académie française. * Philosophie religieuse.
RENARD (Georges), professeur à l'Université de Lausanne. Le régime socialiste, son organisation politique et économique. 2ᵉ édit. 1898.
RIBOT (Th.), professeur au Collège de France, directeur de la *Revue philosophique.* La Philosophie de Schopenhauer. 6ᵉ édition.
— * Les Maladies de la mémoire. 12ᵉ édit.
— * Les Maladies de la volonté. 11ᵉ édit.
— * Les Maladies de la personnalité. 7ᵉ édit.
— * La Psychologie de l'attention. 4ᵉ édit.
RICHARD (G.), docteur ès lettres. * Le Socialisme et la Science sociale. 1897.
RICHET (Ch.). Essai de psychologie générale (avec figures). 3ᵉ édit. 1898.
ROBERTY (E. de). L'Inconnaissable, sa métaphysique, sa psychologie.
— L'Agnosticisme. Essai sur quelques théories pessim. de la connaissance. 2ᵉ édit.
— La Recherche de l'Unité. 1 vol. 1893
— Auguste Comte et Herbert Spencer. 2ᵉ édit.
— * Le Bien et le Mal. 1896.
— Le Psychisme social. 1897.
— Les Fondements de l'Ethique. 1898.
ROISEL. De la Substance.
— L'Idée spiritualiste. 1897.
SAIGEY. La Physique moderne. 2ᵉ édit.
SAISSET (Émile), de l'Institut. * L'Ame et la Vie.
— * Critique et Histoire de la philosophie (fragm. et disc.).
SCHŒBEL. Philosophie de la raison pure.
SCHOPENHAUER. * Le Libre arbitre, traduit par M. Salomon Reinach. 7ᵉ édit.
— * Le Fondement de la morale, traduit par M. A. Burdeau. 6ᵉ édit.
— Pensées et Fragments, avec intr. par M. J. Bourdeau. 13ᵉ édit.
SELDEN (Camille). La Musique en Allemagne, étude sur Mendelssohn.
SIGHELE. La Foule criminelle, essai de psychologie collective.
STRICKER. Le Langage et la Musique, traduit de l'allemand par M. Schwiedland.
STUART MILL. * Auguste Comte et la Philosophie positive. 6ᵉ édit.
— * L'Utilitarisme. 2ᵉ édit.
— Correspondance inédite avec Gustave d'Eichthal (1828-1842) — (1864-1871), avant-propos et trad. par Eug. d'Eichthal. 1898.
TAINE (H.), de l'Académie française. * Philosophie de l'art dans les Pays-Bas.
TARDE. La Criminalité comparée. 4ᵉ édition. 1898.
— * Les Transformations du Droit. 2ᵉ édit. 1894.
— Les Lois sociales. 1898.
THAMIN (R.), professeur au lycée Condorcet, docteur ès lettres. * Éducation et positivisme. 2ᵉ édit. 1895. Ouvrage couronné par l'Institut.

— 5 —   **F. ALCAN.**

Suite de la *Bibliothèque de philosophie contemporaine*, format in-12, à 2 fr. 50 le vol.

THOMAS (P. Félix), docteur ès lettres. * **La suggestion**, son rôle dans l'éducation intellectuelle. 2ᵉ édit. 1898.
TISSIÉ. * **Les Rêves**, avec préface du professeur Azam. 2ᵉ éd. 1898.
VIANNA DE LIMA. L'Homme selon le transformisme.
WUNDT. Hypnotisme et suggestion. Étude critique, traduit par M. Keller.
ZELLER. Christian Baur et l'École de Tubingue, traduit par M. Ritter.
ZIEGLER. La Question sociale est une Question morale, traduit par M. Palante. 2ᵉ éd. 1894.

BIBLIOTHÈQUE DE PHILOSOPHIE CONTEMPORAINE
Volumes in-8.

Br. à 5 fr., 7 fr.50 et 10 fr.; Cart. angl., 1 fr. en plus par vol.; Demi-rel. en plus 2 fr. par vol.

ADAM (Ch.), recteur de l'Académie de Dijon. * **La Philosophie en France** (première moitié du XIXᵉ siècle). 7 fr. 50
AGASSIZ.* De l'Espèce et des Classifications. 5 fr.
ARRÉAT. * Psychologie du peintre. 5 fr.
AUBRY (le Dʳ P.). La contagion du meurtre. 1896. 3ᵉ édit. 5 fr.
BAIN (Alex.). La Logique inductive et déductive. Traduit de l'anglais par M. G. Compayré. 2 vol. 3ᵉ édition. 20 fr.
— * Les Sens et l'Intelligence. 1 vol. Traduit par M. Cazelles. 3ᵉ édit. 10 fr.
— * Les Émotions et la Volonté. Trad. par M. Le Monnier. 10 fr.
BALDWIN (Mark), professeur à l'Université de Princeton (États-Unis). Le Développement mental chez l'enfant et dans la race. Trad. Nourry, préface de L. Marillier. 1897. 7 fr. 50
BARNI (Jules). * La Morale dans la démocratie. 2ᵉ édit. 5 fr.
BARTHÉLEMY-SAINT-HILAIRE, de l'Institut. La Philosophie dans ses rapports avec les sciences et la religion. 5 fr.
BERGSON (H.), maître de conférences à l'École normale sup. Matière et mémoire, essai sur les relations du corps à l'esprit. 1896.
— Essai sur les données immédiates de la conscience. 2ᵉ édit. 1898. 3 fr. 75
BERTRAND, prof. à l'Université de Lyon. L'Enseignement intégral. 1898. 5 fr.
BOIRAC (Émile), prof. à l'Université de Dijon. * L'idée du Phénomène. 1894. 5 fr.
BOURDEAU (L.). Le Problème de la mort, ses solutions imaginaires et la science positive. 2ᵉ édition. 1896. 5 fr.
BOURDON, professeur à l'Université de Rennes. * L'expression des émotions et des tendances dans le langage. 1892. 7 fr. 50
BOUTROUX (Em.), de l'Institut. Études d'hist. de la philos. 1898. 7 fr. 50
BROCHARD (V.), professeur à la Sorbonne. De l'Erreur. 1 vol. 2ᵉ édit. 1897. 5 fr.
BRUNSCHWICG (E.), docteur ès lettres. * Spinoza. 1894. 3 fr. 75
— La modalité du jugement. 5 fr.
CARRAU (Ludovic), professeur à la Sorbonne. La Philosophie religieuse en Angleterre, depuis Locke jusqu'à nos jours. 5 fr.
CHABOT (Ch.), docteur ès lettres. Nature et Moralité. 1897. 5 fr.
CLAY (R.). * L'Alternative, *Contribution à la psychologie*. 2ᵉ édit. 5 fr.
COLLINS (Howard). *La Philosophie de Herbert Spencer, avec préface de M. Herbert Spencer, traduit par H. de Varigny. 2ᵉ édit. 1895. 10 fr.
COMTE (Aug.). La Sociologie, résumé par É. Rigolage. 1897. 7 fr. 50
CONTA (B.). Théorie de l'ondulation universelle. 1894. 3 fr. 75
CRÉPIEUX-JAMIN. L'Écriture et le Caractère. 4ᵉ édit. 1897. 7 fr. 50
DEWAULE, docteur ès lettres. * Condillac et la Psych. anglaise contemp. 5 fr.
DUPROIX (P.), professeur à l'Université de Genève. * Kant et Fichte et le problème de l'éducation. 2ᵉ édit. 1897. (Ouvrage couronné par l'Académie française.). 5 fr.
DURAND (DE GROS). Aperçus de taxinomie générale. 1898. 5 fr.
DURKHEIM, professeur à l'Université de Bordeaux. * De la division du travail social. 1893. 7 fr. 50
— Le Suicide, *étude sociologique*. 1897. 7 fr. 50

Suite de la *Bibliothèque de philosophie contemporaine*, format in-8.

DURKHEIM. L'Année sociologique. 8ᵉ année, 1896-1897, avec la collaboration de MM. Simmel, Bouglé, Mauss, Hubert, Lapie, Em. Lévy, Richard, A. Milhaud, Simiaud, Muffang, Fauconnet et Parodi.   10 fr.

ESPINAS (A.), professeur à la Sorbonne. La philosophie sociale du XVIIIᵉ siècle et la révolution française. 1898.   7 fr. 50

FERRERO (G.). Les lois psychologiques du symbolisme. 1895.   5 fr.

FERRI (Louis), professeur à l'Université de Rome. La Psychologie de l'association, depuis Hobbes jusqu'à nos jours.   7 fr. 50

FLINT, prof. à l'Univ. d'Edimbourg. *La Philos. de l'histoire en Allemagne. 7 fr. 50

FONSEGRIVE, professeur au lycée Buffon. *Essai sur le libre arbitre. Ouvrage couronné par l'Académie des sciences morales et politiques. 2ᵉ éd. 1895.   10 fr.

FOUILLÉE (Alf.), de l'Institut. *La Liberté et le Déterminisme. 1 vol. 2ᵉ édit. 7 fr. 50

— Critique des systèmes de morale contemporains. 2ᵉ édit.   7 fr. 50

— *La Morale, l'Art, la Religion, d'après Guyau. 2ᵉ édit.   3 fr. 75

— L'Avenir de la Métaphysique fondée sur l'expérience.   5 fr.

— * L'Évolutionnisme des idées-forces.   7 fr. 50

— * La Psychologie des idées-forces. 2 vol. 1893.   15 fr.

— * Tempérament et caractère. 1895.   7 fr. 50

— Le Mouvement positiviste et la conception sociol. du monde. 1896.   7 fr. 50

— Le Mouvement idéaliste et la réaction contre la science posit. 1896.   7 fr. 50

— Psychologie du peuple français.   7 fr. 50

FRANCK (A.), de l'Institut. Philosophie du droit civil.   5 fr.

FULLIQUET. Essai sur l'Obligation morale. 1898.   7 fr. 50

GAROFALO, agrégé de l'Université de Naples. La Criminologie. 4ᵉ édit.   7 fr. 50

— La superstition socialiste. 1895.   5 fr.

GOBLOT (E.), docteur ès lettres. Essai sur la Classif. des sciences. 1898.   5 fr.

GODFERNAUX (A.), docteur ès lettres. *Le sentiment et la pensée et leurs principaux aspects physiologiques. 1894.   5 fr.

GORY (G.), docteur ès lettres. L'Immanence de la raison dans la connaissance sensible. 1896.   5 fr.

GREEF (de), prof. à la nouvelle Université libre de Bruxelles. Le transformisme social. Essai sur le progrès et le regrès des sociétés. 1895.   7 fr. 50

GURNEY, MYERS et PODMORE. Les Hallucinations télépathiques, traduit et abrégé de des « Phantasms of The Living » par L. Marillier, préf. de Ch. Richet. 3ᵉ éd.   7 fr. 50

GUYAU (M.). * La Morale anglaise contemporaine. 4ᵉ édit.   7 fr. 50

— Les Problèmes de l'esthétique contemporaine.   5 fr.

— Esquisse d'une morale sans obligation ni sanction. 3ᵉ édit.   5 fr.

— L'Irréligion de l'avenir, étude de sociologie. 5ᵉ édit.   7 fr. 50

— * L'Art au point de vue sociologique.   7 fr. 50

— * Hérédité et Education, étude sociologique. 3ᵉ édit.   5 fr.

HERBERT SPENCER. *Les Premiers principes. Traduc. Cazelles. 8ᵉ éd.   10 fr.

— * Principes de biologie. Traduit par M. Cazelles. 4ᵉ édit. 2 vol.   20 fr.

— * Principes de psychologie. Trad. par MM. Ribot et Espinas. 2 vol.   20 fr.

— *Principes de sociologie. 4 vol., traduits par MM. Cazelles et Gerschel :
Tome I. 10 fr. — Tome II. 7 fr. 50. — Tome III. 15 fr. — Tome IV.   3 fr. 75

— * Essais sur le progrès. Traduit par M. A. Burdeau. 4ᵉ édit.   7 fr. 50

— Essais de politique. Traduit par M. A. Burdeau. 4ᵉ édit.   7 fr. 50

— Essais scientifiques. Traduit par M. A. Burdeau. 3ᵉ édit.   7 fr. 50

— * De l'Education physique, intellectuelle et morale. 10ᵉ édit.   5 fr.
(Voy. p. 3, 20 et 21.)

HIRTH (G.). *Physiologie de l'Art. Trad. et introd. de M. L. Arréat.   5 fr.

HUXLEY, de la Société royale de Londres. * Hume, sa vie, sa philosophie. Traduit de l'anglais et précédé d'une introduction par M. G. Compayré.   5 fr.

IZOULET (J.), professeur au Collège de France. * La Cité moderne, métaphysique de la sociologie. 4ᵉ édit. 1897.   10 fr.

JANET (Paul), de l'Institut. * Les Causes finales. 3ᵉ édit.   10 fr.

— *Histoire de la science politique dans ses rapports avec la morale. 2 forts vol. 3ᵉ édit., revue, remaniée et considérablement augmentée.   20 fr.

F. ALCAN.

Suite de la *Bibliothèque de philosophie contemporaine*, format in-8.

JANET (Paul). * **Victor Cousin et son œuvre.** 3ᵉ édition.   7 fr. 50
JANET (Pierre), professeur au lycée Condorcet. * **L'Automatisme psychologique,**
essai sur les formes inférieures de l'activité mentale. 2ᵉ édit. 1894.   7 fr. 50
LANG (A.). * **Mythes, Cultes et Religion.** Traduit par MM. Marillier et Durr, in-
troduction de Marillier. 1896.   10 fr.
LAVELEYE (de), correspondant de l'Institut. * **De la Propriété et de ses formes**
primitives. 4ᵉ édit. revue et augmentée.   10 fr.
— * **Le Gouvernement dans la démocratie.** 2 vol. 3ᵉ édit. 1896.   15 fr.
LE BON (Dʳ Gustave). **Psychologie du socialisme.** 1898.   7 fr. 50
LÉVY-BRUHL, docteur ès lettres. * **La Philosophie de Jacobi.** 1894.   5 fr.
LIARD, de l'Institut. * **Descartes.**   5 fr.
— * **La Science positive et la Métaphysique.** 4ᵉ édit.   7 fr. 50
LICHTENBERGER (H.), professeur à l'Université de Nancy. **Richard Wagner, poète**
et penseur. 2ᵉ édit. 1899.   10 fr.
LOMBROSO. * **L'Homme criminel** (criminel-né, fou-moral, épileptique), précédé
d'une préface de M. le docteur LETOURNEAU. 3ᵉ éd. 2 vol. et atlas. 1895.   36 fr.
LOMBROSO ET FERRERO. **La Femme criminelle et la prostituée.** Avec planches
hors texte. 1896.   15 fr.
LOMBROSO et LASCHI. **Le Crime politique et les Révolutions.** 2 vol. avec
13 planches hors texte.   15 fr.
LYON (Georges), maître de conférences à l'École normale supérieure. * **L'Idéalisme**
en Angleterre au XVIIIᵉ siècle.   7 fr. 50
MALAPERT (P.), docteur ès lettres. **Les Éléments du caractère et leurs lois de**
combinaison. 1897.   5 fr.
MARION (H.), professeur à la Sorbonne. * **De la Solidarité morale.** Essai de
psychologie appliquée. 6ᵉ édit. 1897.   5 fr.
MARTIN (Fr.), docteur ès lettres. **La perception extérieure et la science positive,**
essai de philosophie des sciences. 1894.   5 fr.
MATTHEW ARNOLD. **La Crise religieuse.**   7 fr. 50
MAX MULLER, prof. à l'Université d'Oxford. **Nouvelles études de mythologie,**
trad. de l'anglais par L. Job, docteur ès lettres. 1898.   12 fr. 50
NAVILLE (E.), correspond. de l'Institut. **La physique moderne.** 2ᵉ édit.   5 fr.
— * **La Logique de l'hypothèse.** 2ᵉ édit.   5 fr.
— * **La définition de la philosophie.** 1894.   5 fr.
— **Le Libre arbitre.** 2ᵉ édit. 1898.   5 fr.
NORDAU (Max). * **Dégénérescence,** traduit de l'allemand par Aug. Dietrich.
5ᵉ éd. 1898. 2 vol. Tome I. 7 fr. 50. Tome II.   10 fr.
— **Les Mensonges conventionnels de notre civilisation,** trad. Dietrich.   5 fr.
NOVICOW. **Les Luttes entre Sociétés humaines et leurs phases successives.**
2ᵉ édit.   10 fr.
— * **Les gaspillages des sociétés modernes.** 2ᵉ éd. 1899.   5 fr.
OLDENBERG, professeur à l'Université de Kiel. * **Le Bouddha, sa Vie, sa Doctrine,**
sa Communauté, trad. par P. Foucher. Préf. de Lucien Lévy. 1894.   7 fr. 50
PAULHAN (Fr.). **L'Activité mentale et les Éléments de l'esprit.**   10 fr.
— **Les types intellectuels : esprits logiques et esprits faux.** 1896.   7 fr. 50
PAYOT (J.), inspecteur d'académie, docteur ès lettres. * **L'Éducation de la volonté.**
8ᵉ édit. 1898.   5 fr.
— **De la croyance.** 1896.   5 fr.
PÈRES (Jean), docteur ès lettres. **L'Art et le Réel,** essai de métaphysique fondé
sur l'esthétique. 1898.   3 fr. 75
PÉREZ (Bernard). **Les Trois premières années de l'enfant.** 5ᵉ édit.   5 fr.
— **L'Enfant de trois à sept ans.** 3ᵉ édit.   5 fr.
— **L'Éducation morale dès le berceau.** 3ᵉ édit. 1896.   5 fr.
— * **L'éducation intellectuelle dès le berceau.** 1896.   5 fr.
PIAT (l'abbé C.), docteur ès lettres. **La Personne humaine.** 1898. (Couronné par
l'Institut).   7 fr. 50
— **Destinée de l'homme.** 1898   5 fr.

Suite de la *Bibliothèque de philosophie contemporaine*, format in-8.

PICAVET (E.), maître de conférences à l'École des hautes études. * **Les Idéologues,** essai sur l'histoire des idées, des théories scientifiques, philosophiques, religieuses, etc., en France, depuis 1789. (Ouvr. couronné par l'Académie française.) 10 fr.

PIDERIT. **La Mimique et la Physiognomonie.** Trad. par M. Girot. 5 fr.

PILLON (F.), *L'Année philosophique. 8 années : 1890, 1891, 1892, 1893 (épuisé), 1894, 1895, 1896 et 1897. 8 vol. Chaque volume séparément. 5 fr.

PIOGER (J.). **La Vie et la Pensée,** essai de conception expérimentale. 1894. 5 fr.
— La vie sociale, la morale et le progrès. 1894. 5 fr.

PREYER, prof. à l'Université de Berlin. **Éléments de physiologie.** 5 fr.
— * L'Ame de l'enfant. Développement psychique des premières années. 10 fr.

PROAL. *Le Crime et la Peine. 2e édit. (Couronné par l'Institut). 10 fr.
— * La criminalité politique. 1895. 5 fr.

RAUH, professeur à l'Université de Toulouse. De la méthode dans la psychologie des sentiments. 1899. 5 fr.

RÉCÉJAC, docteur ès lettres. Essai sur les Fondements de la Connaissance mystique. 1897. 5 fr.

RIBOT (Th.). * **L'Hérédité psychologique.** 5e édit. 7 fr. 50
— * La Psychologie anglaise contemporaine. 3e édit. 7 fr. 50
— * La Psychologie allemande contemporaine. 4e édit. 7 fr. 50
— La psychologie des sentiments. 2e édit. 1897. 7 fr. 50
— L'Évolution des idées générales. 1897. 5 fr.

RICARDOU (A.), docteur ès lettres. * De l'Idéal. (Couronné par l'Institut.) 5 fr.

ROBERTY (E. de). L'Ancienne et la Nouvelle philosophie. 7 fr. 50
— * La Philosophie du siècle (positivisme, criticisme, évolutionnisme). 5 fr.

ROMANES. * L'Évolution mentale chez l'homme. 7 fr. 50

SAIGEY (E.). *Les Sciences au XVIIIe siècle. La Physique de Voltaire. 5 fr.

SANZ Y ESCARTIN. L'Individu et la réforme sociale, traduit de l'espagnol par Aug. Dietrich. 1898. 7 fr. 50

SCHOPENHAUER. **Aphorismes sur la sagesse dans la vie.** 6e édit. Traduit par M. Cantacuzène. 5 fr.
— * De la Quadruple racine du principe de la raison suffisante, suivi d'une *Histoire de la doctrine de l'idéal et du réel.* Trad. par M. Cantacuzène. 5 fr.
— * Le Monde comme volonté et comme représentation. Traduit par M. A. Burdeau. 2e éd. 3 vol. Chacun séparément. 7 fr. 50

SÉAILLES (G.), maître de conférences à la Sorbonne. Essai sur le génie dans l'art. 2e édit. 1897. 5 fr.

SERGI, professeur à l'Université de Rome. La Psychologie physiologique, traduit de l'italien par M. Mouton. Avec figures. 7 fr. 50

SOLLIER (Dr P.). *Psychologie de l'idiot et de l'imbécile. 5 fr.

SOURIAU (Paul), prof. à l'Univ. de Nancy. L'Esthétique du mouvement. 5 fr.
— * La suggestion dans l'art. 5 fr.

STUART MILL. * **Mes Mémoires.** Histoire de ma vie et de mes idées. 3e éd. 5 fr.
— * Système de logique déductive et inductive. 4e édit. 2 vol. 20 fr.
— * Essais sur la religion. 2e édit. 5 fr.
— Lettres inédites à Aug. Comte et réponses d'Aug. Comte, publiées et précédées d'une introduction par L. Lévy Bruhl. 1899. 10 fr.

SULLY (James). **Le Pessimisme.** Trad. Bertrand. 2e édit. 7 fr. 50
— Études sur l'enfance. Trad. A. Monod, préface de G. Compayré. 1898. 10 fr.

TARDE (G.). * La logique sociale. 2e édit. 1898. 7 fr. 50
— *Les lois de l'imitation. 2e édit. 1895. 7 fr. 50
— L'Opposition universelle. *Essai d'une théorie des contraires.* 1897. 7 fr. 50

THOMAS (P F.), docteur ès lettres. L'Éducation des sentiments. 1898. 5 fr.

THOUVEREZ (Émile), docteur ès lettres. Le Réalisme métaphysique. 1894. Couronné par l'Institut. 5 fr.

VACHEROT (Et.), de l'Institut. * **Essais de philosophie critique.** 7 fr. 50
— La Religion. 7 fr. 50

WUNDT. **Éléments de psychologie physiologique.** 2 vol. avec figures. 20 fr.

COLLECTION HISTORIQUE DES GRANDS PHILOSOPHES

PHILOSOPHIE ANCIENNE

ARISTOTE (Œuvres d'), traduction de J. Barthélemy-Saint-Hilaire, de l'Institut.
— *Rhétorique. 2 vol. in-8. 16 fr.
— *Politique. 1 vol. in-8... 10 fr.
— La Métaphysique d'Aristote. 3 vol. in-8. .... 30 fr.
— De la Logique d'Aristote, par M. Barthélemy-Saint-Hilaire. 2 vol. in-8 .... 10 fr.
— Table alphabétique des matières de la traduction générale d'Aristote, par M. Barthélemy-Saint-Hilaire, 2 forts vol. in-8. 1892 ....:. 30 fr.
— L'Esthétique d'Aristote, par M. Bénard. 1 vol. in-8. 1889. 5 fr.
SOCRATE. *La Philosophie de Socrate, par Alf. Fouillée. 2 vol. in-8 .... 16 fr.
— Le Procès de Socrate, par G. Sorel. 1 vol. in-8..... 3 fr. 50
PLATON. Études sur la Dialectique dans Platon et dans Hegel, par Paul Janet. 1 vol. in-8. 6 fr.
— *Platon, sa philosophie, sa vie et de ses œuvres, par Ch. Bénard. 1 vol. in-8. 1893...... 10 fr.
— La Théorie platonicienne des Sciences, par Élie Halévy. In-8. 1895.................. 5 fr.
PLATON. Œuvres, traduction Victor Cousin revue par J. Barthélemy-Saint-Hilaire : Socrate et Platon ou le Platonisme — Eutyphron — Apo-

logie de Socrate — Criton — Phédon. 1 vol. in-8. 1896. 7 fr. 50
ÉPICURE. *La Morale d'Épicure et ses rapports avec les doctrines contemporaines, par M. Guyau. 1 volume in-8. 3ᵉ édit...... 7 fr. 50
BÉNARD. La Philosophie ancienne, histoire de ses systèmes. La Philosophie et la Sagesse orientales. — La Philosophie grecque avant Socrate. — Socrate et les socratiques. — Etudes sur les sophistes grecs. 1 v. in-8 .... 9 fr.
FABRE (Joseph). *Histoire de la philosophie, antiquité et moyen âge. 1 vol. in-18. .... 3 fr. 50
FAVRE (Mᵐᵉ Jules), née Velten. La Morale des stoïciens. In-18. 3 fr. 50
— La Morale de Socrate. In-18. 3 fr. 50
— La Morale d'Aristote. In-18. 3 fr. 50
OGEREAU. Système philosophique des stoïciens. In-8.... 5 fr.
RODIER (G.). *La Physique de Straton de Lampsaque. In-8. 3 fr.
TANNERY (Paul). Pour l'histoire de la science hellène (de Thalès à Empédocle). 1 v. in-8. 1887.............. 7 fr. 50
MILHAUD (G.).*Les origines de la science grecque. 1 vol. in-8. 1893.................. 5 fr.

PHILOSOPHIE MODERNE

* DESCARTES, par L. Liard. 1 vol. in-8.................. 5 fr.
— Essai sur l'Esthétique de Descartes, par E. Krantz. 1 vol. in-8. 2ᵉ éd. 1897............ 6 fr.
SPINOZA. Benedicti de Spinoza opera, quotquot reperta sunt, recognoverunt J. Van Vloten et J.-P.-N. Land. 2 forts vol. in-8 sur papier de Hollande. .... 45 fr.
Le même en 3 volumes élégamment reliés............ 18 fr.
— Inventaire des livres formant sa bibliothèque, publié d'après un document inédit avec des notes biographiques et bibliographi-

qués et une introduction par A.-J. Servaas van Rvoijen. 1 v. in-4 sur papier de Hollande......: 15 fr.
GEULINCK (Arnoldi). Opera philosophica recognovit J.-P.-N. Land, 3 volumes, sur papier de Hollande, gr. in-8. Chaque vol... 17 fr. 75
GASSENDI. La Philosophie de Gassendi, par P.-F. Thomas. In-8. 1889.................. 6 fr.
LOCKE. * Sa vie et ses œuvres, par Marion. In-18. 3ᵉ éd.... 2 fr. 50
MALEBRANCHE. * La Philosophie de Malebranche, par Ollé-Laprune, de l'Institut. 2 volumes. In-8.................. 16 fr.

PASCAL. **Études sur le scepticisme de Pascal**, par DROZ. 1 vol. in-8............. 6 fr.

VOLTAIRE. **Les Sciences au XVIII° siècle. Voltaire physicien**, par Em. SAIGEY. 1 vol. in-8. 5 fr.

FRANCK (Ad.), de l'Institut. **La Philosophie mystique en France au XVIII° siècle.** 1 volume in-18............. 2 fr. 50

DAMIRON. **Mémoires pour servir à l'histoire de la philosophie au XVIII° siècle.** 3 vol. in-8. 15 fr.

J.-J. ROUSSEAU. **Du Contrat social**, édition comprenant avec le texte définitif les versions primitives de l'ouvrage d'après les manuscrits de Genève et de Neuchâtel, avec introduction, par EDMOND DREYFUS-BRISAC. 1 fort volume grand in-8. 12 fr.

PHILOSOPHIE ÉCOSSAISE

DUGALD STEWART. * **Éléments de la philosophie de l'esprit humain.** 3 vol. in-12.... 9 fr.

HUME. * **Sa vie et sa philosophie**, par Th. HUXLEY. 1 vol. in-8. 5 fr.

BACON. **Étude sur François Bacon**, par J. BARTHÉLEMY-SAINT-HILAIRE. In-18....... 2 fr. 50

BACON.* **Philosophie de François Bacon**, par CH. ADAM. (Couronné par l'Institut). In-8.... 7 fr. 50

BERKELEY. **Œuvres choisies.** *Essai d'une nouvelle théorie de la vision. Dialogues d'Hylas et de Philonoüs.* Traduit de l'anglais par MM. BEAULAVON (G.) et PARODI (D.). in-8. 1895............. 5 fr.

PHILOSOPHIE ALLEMANDE

KANT. **La Critique de la raison pratique**, traduction nouvelle avec introduction et notes, par M. PICAVET. 1 vol. in-8. ...... 6 fr.

— **Éclaircissements sur la Critique de la raison pure**, trad. TISSOT. 1 vol. in-8...... 6 fr.

— * **Principes métaphysiques de la morale**, et *Fondements de la métaphysique des mœurs*, traduct. TISSOT. In-8............. 8 fr.

— **Doctrine de la vertu**, traduction BARNI. 1 vol. in-8...... 8. fr.

— * **Mélanges de logique**, traduction TISSOT. 1 v. in-8..... 6 fr.

— * **Prolégomènes à toute métaphysique future qui se présentera comme science**, traduction TISSOT. 1 vol. in-8....... 6 fr.

— * **Anthropologie**, suivie de divers fragments relatifs aux rapports du physique et du moral de l'homme, et du commerce des esprits d'un monde à l'autre, traduction TISSOT. 1 vol. in-8....... 6 fr.

— **Traité de pédagogie**, trad. J. BARNI; préface et notes par M. Raymond THAMIN. 1 vol. in-12. 1 fr. 50

— **Essai critique sur l'Esthétique de Kant**, par V. BASCH. 1 vol. in-8. 1896. ..... 10 fr.

— **Sa morale**, par CRESSON. 1 vol. in-12............. 2 fr. 50

KANT et FICHTE et le problème de l'éducation, par PAUL DUPROIX. 1 vol. in-8. 1897...... 5 fr.

SCHELLING. **Bruno, ou du principe divin.** 1 vol. in-8....... 3 fr. 50

HEGEL.* **Logique.** 2 vol. in-8. 14 fr.

— * **Philosophie de la nature.** 3 vol. in-8............. 25 fr.

— * **Philosophie de l'esprit.** 2 vol. in-8............... 18 fr.

— * **Philosophie de la religion.** 2 vol. in-8............. 20 fr.

— **La Poétique**, trad. par M. Ch. BÉNARD. Extraits de Schiller, Gœthe, Jean-Paul, etc., 2 v. in-8. 12 fr.

— **Esthétique.** 2 vol. in-8, trad. BÉNARD................ 16 fr.

— **Antécédents de l'hégélianisme dans la philosophie française**, par E. BEAUSSIRE. 1 vol. in-18........... 2 fr. 50

— **Introduction à la philosophie de Hegel**, par VÉRA. 1 vol. in-8. 2° édit.............. 6 fr. 50

— **La logique de Hegel**, par EUG. NOEL. In-8. 1897........ 3 fr.

HERBART. **Principales œuvres pédagogiques**, trad. A. PINLOCHE. In-8. 1894........... 7 fr. 50

HUMBOLDT (G. de). **Essai sur les limites de l'action de l'État.** in-8............... 3 fr. 50

MAUXION (M.). **La métaphysique de Herbart et la critique de Kant.** 1 vol. in-8.... 7 fr. 50

RICHTER (Jean-Paul-Fr.). **Poétique ou Introduction à l'Esthétique.** 2 vol. in-8. 1862....... 15 fr.

SCHILLER. **Son esthétique**, par FR. MONTARGIS. In-8.... 4 fr.

PHILOSOPHIE ANGLAISE CONTEMPORAINE

(Voir *Bibliothèque de philosophie contemporaine*, pages 2 et 5.)

ARNOLD (Matt.). — BAIN (Alex). — CARRAU (Lud.). — CLAY (R.). — COLLINS (H.). — CARUS. — FERRI (L.). — FLINT. — GUYAU. — GURNEY, MYERS et PODMOR. — HERBERT-SPENCER. — HUXLEY. — LIARD. — LANG. — LUBBOCK (Sir John). — LYON (Georges). — MARION. — MAUDSLEY. — STUART-MILL (JOHN). — ROMANES. — SULLY (James).

PHILOSOPHIE ALLEMANDE CONTEMPORAINE

(Voir *Bibliothèque de philosophie contemporaine*, pages 2 et 5.)

BOUGLÉ — HARTMANN (E. de). — NORDAU (Max). — NIETZSCHE. — OLDENBERG. — PIDERIT. — PREYER. — RIBOT (Th.). — SCUMIDT (O.). — SCHŒBEL. — SCHOPENHAUER. — SELDEN (C.). — STRICKER. — WUNDT. — ZELLER. — ZIEGLER.

PHILOSOPHIE ITALIENNE CONTEMPORAINE

(Voir *Bibliothèque de philosophie contemporaine*, pages 2 et 5.)

ESPINAS. — FERRERO. — FERRI (Enrico). — FERRI (L.). — GAROFALO. — LEOPARDI. — LOMBROSO. — LOMBROSO et FERRERO. — LOMBROSO et LASCHI. — MARIANO. — MOSSO. — PILO (Marco). — SERGI. — SIGHELE.

LES GRANDS PHILOSOPHES

Publié sous la direction de M. l'Abbé PIAT

Sous ce titre, M. L'ABBÉ PIAT, agrégé de philosophie, docteur es lettres, professeur à l'École des Carmes, va publier, avec la collaboration de savants et de philosophes connus, une série d'études consacrées aux grands philosophes: *Socrate, Platon, Aristote, Philon, Plotin et Saint Augustin; Saint Anselme, Saint Bonaventure, Saint Thomas d'Aquin et Dunsscot, Malebranche, Pascal, Spinoza, Leibniz, Kant, Hégel, Herbert Spencer*, etc.

Chaque étude formera un volume in-8° carré de 300 pages environ, du prix de 5 francs.

PARAITRONT DANS LE COURANT DE L'ANNÉE 1899 :

Avicenne, par le baron CARRA DE VAUX.

Saint Anselme, par M. DOMET DE VORGES, ancien ministre plénipotentiaire.

Socrate, par M. l'abbé PIAT.

Saint Augustin, par M. l'abbé JULES MARTIN.

Descartes, par M. le baron Denys COCHIN, député de Paris.

Saint Thomas d'Aquin, par Mgr MERCIER, directeur de l'Institut supérieur de philosophie de l'Université de Louvain, et par M. DE WULF, professeur au même Institut.

Malebranche, par M. Henri JOLY, ancien doyen de la Faculté des lettres de Dijon.

Saint Bonaventure, par Mgr DADOLLE, recteur des Facultés libres de Lyon.

Maine de Biran, par M. Marius COUAILHAC, docteur es lettres.

Rosmini, par M. BAZAILLAS, agrégé de l'Université, professeur au collège Stanislas.

Pascal, par M. HATZFELD, professeur honoraire au lycée Louis-le-Grand.

Kant, par M. RUYSSEN, agrégé de l'Université, professeur au lycée de La Rochelle.

Spinoza, par M. G. FONSEGRIVE, professeur au lycée Buffon.

Dunsscot, par le R. P. DAVID FLEMING, définiteur général de l'ordre des Franciscains.

BIBLIOTHÈQUE GÉNÉRALE
DES
SCIENCES SOCIALES

SECRÉTAIRE DE LA RÉDACTION :

DICK MAY, Secrétaire général du Collège libre des Sciences sociales.

L'éditeur de la *Bibliothèque de philosophie contemporaine* a toujours réservé dans cette collection une place à la science sociale : les rapports de celle-ci avec la psychologie des peuples et avec la morale justifient ce classement et, à ces titres divers, elle intéresse les philosophes.

Mais, depuis plusieurs années, le cercle des études sociales s'est élargi ; elles sont sorties du domaine de l'observation pour entrer dans celui des applications pratiques et de l'histoire, qui s'adressent à un plus nombreux public.

Aussi ont-elles pris leur place dans le haut enseignement ; elles ont leurs représentants dans les Facultés des lettres et de droit, au Collège de France, à l'École libre des sciences politiques. La récente fondation du *Collège libre des sciences sociales* a montré la diversité et l'utilité des questions qui font partie de leur domaine ; les nombreux auditeurs qui en suivent les cours et conférences prouvent par leur présence que cette nouvelle institution répond à un besoin de curiosité générale.

C'est pour répondre à ce même besoin que l'éditeur de la *Bibliothèque de philosophie contemporaine* fonde la *Bibliothèque générale des sciences sociales*. Les premiers volumes de cette *Bibliothèque* seront la reproduction des leçons professées dans ces deux dernières années au Collège libre. La collaboration de son distingué secrétaire général assure à la *Bibliothèque* la continuation du concours de ses professeurs et conférenciers.

La *Bibliothèque générale des sciences sociales* sera d'ailleurs ouverte à tous les travaux intéressants, quelles que soient les opinions des sociologues qui leur apporteront leur concours, et l'école à laquelle ils appartiendront.

Les volumes, dont les titres suivent, seront publiés dans le courant de l'année 1898, les trois premiers devant paraître aux mois de mars et avril prochains :

VOLUMES PUBLIÉS :

L'individualisation de la peine, par R. SALEILLES, professeur agrégé à la Faculté de droit de l'Université de Paris.

L'idéalisme social, par Eugène FOURNIÈRE, député, professeur au Collège libre des sciences sociales.

Ouvriers du temps passé (XVᵉ et XVIᵉ siècles), par H. HAUSER, professeur à l'Université de Clermont-Ferrand.

Chaque volume in-8° carré de 300 pages environ, cartonné à l'anglaise..... 6 fr.

EN PRÉPARATION :

La méthode historique appliquée aux sciences sociales, par Charles SEIGNOBOS, maître de conférences à la Faculté des lettres de l'Université de Paris.

La formation de la démocratie socialiste en France, par Albert MÉTIN, agrégé de l'Université.

Le mouvement social catholique depuis l'encyclique *Rerum novarum*, par Max TURMANN.

La méthode géographique appliquée aux sciences sociales, par Jean BRUNHES, professeur à l'Université de Fribourg (Suisse).

Les Bourses, par THALLER, professeur à la Faculté de droit de l'Université de Paris.

La décomposition du Marxisme, par Ch. ANDLER, maître de conférences à l'École normale supérieure.

La statique sociale, par le Dʳ DELBET, député, directeur du Collège libre des sciences sociales.

Le monisme économique (sociologie marxiste), par DE KELLÈS-KRAUZ.

L'organisation industrielle moderne. Ses caractères, son développement, par Maurice DUFOURMENTELLE.

Précis d'économie sociale. *Le Play et la méthode d'observation,* par Alexis DELAIRE, secrétaire général de la Société d'économie sociale.

Les enquêtes (théorie et pratique), par M. P. DU MAROUSSEM, docteur en droit.

BIBLIOTHÈQUE
D'HISTOIRE CONTEMPORAINE

Volumes in-12 brochés à 5 fr. 50. — Volumes in-8 brochés de divers prix

Cartonnage anglais, 50 cent. par vol. in-12; 1 fr. par vol. in-8.

Demi-reliure, 1 fr. 50 par vol. in-12; 2 fr. par vol. in-8.

EUROPE

SYBEL (H. de). * **Histoire de l'Europe pendant la Révolution française,** traduit de l'allemand par Mlle Dosquet. Ouvrage complet en 6 vol. in-8. 42 fr.

DEBIDOUR, inspecteur général de l'Instruction publique. * **Histoire diplomatique de l'Europe, de 1815 à 1878.** 2 vol. in-8. (Ouvrage couronné par l'Institut.) 18 fr.

FRANCE

AULARD, professeur à la Sorbonne. * **Le Culte de la Raison et le Culte de l'Être suprême,** étude historique (1793-1794). 1 vol. in-12. 3 fr. 50
— * **Études et leçons sur la Révolution française.** 2 vol. in-12. Chacun. 3 fr. 50

DESPOIS (Eug.). * **Le Vandalisme révolutionnaire.** Fondations littéraires, scientifiques et artistiques de la Convention. 4ᵉ édition, précédée d'une notice sur l'auteur par M. Charles Bigot. 1 vol. in-12. 3 fr. 50

DEBIDOUR, inspecteur général de l'Instruction publique. **Histoire des rapports de l'Église et de l'État en France (1789-1870).** 1 fort vol. in-8. 1898. 12 fr.

ISAMBERT (G.). * **La vie à Paris pendant une année de la Révolution (1791-1792).** 1 vol. in-12. 1896. 3 fr. 50

MARCELLIN PELLET, ancien député. **Variétés révolutionnaires.** 3 vol. in-12, précédés d'une préface de A. Ranc. Chaque vol. séparém. 3 fr. 50

BONDOIS (P.), agrégé de l'Université. * **Napoléon et la société de son temps (1793-1821).** 1 vol. in-8. 7 fr.

CARNOT (H.), sénateur. * **La Révolution française,** résumé historique. 1 volume in-12. Nouvelle édit. 3 fr. 50

BLANC (Louis). * **Histoire de Dix ans (1830-1840).** 5 vol. in-8. 25 fr.
— 25 pl. en taille-douce. Illustrations pour l'*Histoire de Dix ans.* 6 fr.

ÉLIAS REGNAULT. **Histoire de Huit ans (1840-1848).** 3 vol. in-8. 15 fr.
— 14 planches en taille-douce. Illustrations pour l'*Histoire de Huit ans.* 4 fr.

GAFFAREL (P.), professeur à l'Université de Dijon. * **Les Colonies françaises.** 1 vol. in-8. 5ᵉ édit. 5 fr.

LAUGEL (A.). * **La France politique et sociale.** 1 vol. in-8. 5 fr.

ROCHAU (de). **Histoire de la Restauration.** 1 vol. in-12. 3 fr. 50

SPULLER (E.), ancien ministre de l'Instruction publique. * **Figures disparues,** portraits contemp., littér. et politiq. 3 vol. in-12. Chacun. 3 fr. 50
— **Histoire parlementaire de la deuxième République.** 1 volume in-12. 2ᵉ édit. 3 fr. 50
— **Hommes et choses de la Révolution.** 1 vol. in-12. 1896. 3 fr. 50

TAXILE DELORD. * **Histoire du second Empire (1848-1870).** 6 v. in-8. 42 fr.

ZEVORT (E.), recteur de l'Académie de Caen. **Histoire de la troisième République:**
  Tome I. * **La présidence de M. Thiers.** 1 vol. in-8. 1896. 7 fr.
  Tome II. * **La présidence du Maréchal.** 1 vol. in-8. 1897. 7 fr.
  Tome III. **La présidence de Jules Grévy.** 1 vol. in-8. 7 fr.
  Tome IV. **La présidence de Sadi-Carnot.** 1 vol. in-8. (*Sous presse.*) 7 fr.

WAHL, inspecteur général honoraire de l'Instruction aux colonies. * **L'Algérie.** 1 vol. in-8. 3ᵉ édit. refondue. (Ouvrage couronné par l'Institut.) 5 fr.

LANESSAN (de). **L'Expansion coloniale de la France.** Étude économique, politique et géographique sur les établissements français d'outre-mer. 1 fort vol. in-8, avec cartes. 1886. 12 fr.

— * **L'Indo-Chine française.** Étude économique, politique et administrative sur *la Cochinchine, le Cambodge, l'Annam et le Tonkin.* (Ouvrage couronné par la Société de géographie commerciale de Paris, médaille Dupleix.) 1 vol. in-8, avec 5 cartes en couleurs hors texte. 15 fr.

— * **La colonisation française en Indo-Chine.** 1 vol. in-12, avec une carte de l'Indo-Chine. 1895. 3 fr. 50

LAPIE (P.), agrégé de l'Université. **Les Civilisations tunisiennes** (Musulmans, Israélites, Européens). 1 v. in-12. 1898. (Couronné par l'Académie française.) 3 fr. 50

SILVESTRE (J.). **L'Empire d'Annam et les Annamites,** publié sous les auspices de l'administration des colonies. 1 v. in-12. avec 1 carte de l'Annam. 3 fr. 50

WEILL (Georges), agrégé de l'Université, docteur ès lettres. **L'École saint-simonienne,** son histoire, son influence jusqu'à nos jours. 1 vol. in-12. 1896. 3 fr. 50

ANGLETERRE

LAUGEL (Aug.). * **Lord Palmerston et lord Russell.** 1 vol. in-12. 3 fr. 50

SIR CORNEWAL LEWIS. * **Histoire gouvernementale de l'Angleterre depuis 1770 jusqu'à 1830.** Traduit de l'anglais. 1 vol. in-8. 7 fr.

REYNALD (H.), doyen de la Faculté des lettres d'Aix. * **Histoire de l'Angleterre,** depuis la reine Anne jusqu'à nos jours. 1 vol. in-12. 2ᵉ éd. 3 fr. 50

MÉTIN (Albert). **Le Socialisme en Angleterre.** 1 vol. in-12. 1897. 3 fr. 50

ALLEMAGNE

VÉRON (Eug.). * **Histoire de la Prusse,** depuis la mort de Frédéric II jusqu'à la bataille de Sadowa. 1 vol. in-12. 6ᵉ édit., augmentée d'un chapitre nouveau contenant le résumé des événements jusqu'à nos jours, par P. BONDOIS, professeur agrégé d'histoire au lycée Buffon. 3 fr. 50

— * **Histoire de l'Allemagne,** depuis la bataille de Sadowa jusqu'à nos jours. 1 vol. in-12. 3ᵉ éd., mise au courant des événements par P. BONDOIS. 3 fr. 50

ANDLER (Ch.), maître de conférences à l'École normale. **Les origines du socialisme d'état en Allemagne.** 1 vol. in-8. 1897. 7 fr.

AUTRICHE-HONGRIE

ASSELINE (L.). * **Histoire de l'Autriche,** depuis la mort de Marie-Thérèse jusqu'à nos jours. 1 vol. in-12. 3ᵉ édit. 3 fr. 50

SAVOUS (Ed.), professeur à la Faculté des lettres de Toulouse. **Histoire des Hongrois** et de leur littérature politique, de 1790 à 1815. 1 vol. in-18. 3 fr. 50

BOURLIER (J.). * **Les Tchèques et la Bohême contemporaine,** avec préface de M. FLOURENS, ancien ministre des Affaires étrangères. 1 vol. in-12. 1897. 3 fr. 50

AUERBACH, professeur à la Faculté des lettres de Nancy. **Les races et les nationalités en Autriche-Hongrie.** 1 vol. in-8, avec une carte hors texte. 1898. 5 fr.

ITALIE

SORIN (Élie). * **Histoire de l'Italie,** depuis 1815 jusqu'à la mort de Victor-Emmanuel. 1 vol. in-12. 1888. 3 fr. 50

GAFFAREL (P.), professeur à la Faculté des lettres de Dijon. * **Bonaparte et les Républiques italiennes** (1796-1799). 1895. 1 vol. in-8. 5 fr.

ESPAGNE

REYNALD (H.). * **Histoire de l'Espagne,** depuis la mort de Charles III jusqu'à nos jours. 1 vol. in-12. 3 fr. 50

F. ALCAN.

RUSSIE

CRÉHANGE (M.), agrégé de l'Université. *Histoire contemporaine de la Russie, depuis la mort de Paul Ier jusqu'à l'avènement de Nicolas II (1801-1894). 1 vol. in-12. 2e édit. 1895.** 3 fr. 50

SUISSE

DAENDLIKER. *Histoire du peuple suisse.* Trad. de l'allem. par Mme Jules FAVRE et précédé d'une introduction de Jules FAVRE. 1 vol. in-8. 5 fr.

GRÈCE & TURQUIE

BÉRARD (V.), docteur ès lettres. * **La Turquie et l'Hellénisme contemporain.** (Ouvrage cour. par l'Acad. française). 1 v. in-12. 2e éd. 1895. 3 fr. 50

AMÉRIQUE

DEBERLE (Alf.). * **Histoire de l'Amérique du Sud,** depuis sa conquête jusqu'à nos jours. 1 vol. in-12. 3e édit., revue par A. MILHAUD, agrégé de l'Université. 3 fr. 50

BARNI (Jules). * **Histoire des idées morales et politiques en France au XVIIIe siècle.** 2 vol. in-12. Chaque volume. 3 fr. 50
— * **Les Moralistes français au XVIIIe siècle.** 1 vol. in-12 faisant suite aux deux précédents. 3 fr. 50

BEAUSSIRE (Émile), de l'Institut. **La Guerre étrangère et la Guerre civile.** 1 vol. in-12. 3 fr. 50

BOURDEAU (J.). * **Le Socialisme allemand et le Nihilisme russe.** 1 vol. in-12. 2e édit. 1894. 3 fr. 50

D'EICHTHAL (Eug.). **Souveraineté du peuple et gouvernement.** 1 vol. in-12. 1895. 3 fr. 50

DEPASSE (Hector). **Transformations sociales.** 1894. 1 vol. in-12. 3 fr. 50
— **Du Travail et de ses conditions** (Chambres et Conseils du travail). 1 vol. in-12. 1895. 3 fr. 50

DRIAULT (E.). **La question d'Orient,** préface de G. MONOD, de l'Institut 1 vol. in-8. 1898. 7 fr.

GUÉROULT (G.). * **Le Centenaire de 1789,** évolution polit., philos., artist. et scient. de l'Europe depuis cent ans. 1 vol. in-12. 1889. 3 fr. 50

LAVELEYE (E. de), correspondant de l'Institut. **Le Socialisme contemporain.** 1 vol. in-12. 10e édit. augmentée. 3 fr. 50

LICHTENBERGER (A). **Le Socialisme utopique,** étude sur quelques précurseurs du Socialisme. 1 vol. in-12. 1898. 3 fr. 50
— **Le Socialisme et la Révolution française.** 1 vol. in-8. 5 fr.

MATTER (P.). **La dissolution des assemblées parlementaires,** étude de droit public et d'histoire. 1 vol. in-8. 1898. 5 fr.

REINACH (Joseph). **Pages républicaines.** 1894. 1 vol. in-12. 3 fr. 50

SPULLER (E.).* **Éducation de la démocratie.** 1 vol. in-12. 1892. 3 fr. 50
— **L'Évolution politique et sociale de l'Église.** 1 vol. in-12. 1893. 3 fr. 50

BIBLIOTHÈQUE HISTORIQUE ET POLITIQUE

DESCHANEL (E.), sénateur, professeur au Collège de France. * **Le Peuple et la Bourgeoisie.** 1 vol. in-8. 2e édit. 5 fr.

DU CASSE. **Les Rois frères de Napoléon Ier.** 1 vol. in-8. 10 fr.

LOUIS BLANC. **Discours politiques** (1848-1881). 1 vol. in-8. 7 fr. 50

PHILIPPSON. **La Contre-révolution religieuse au XVIe siècle.** 1 vol. in-8. 10 fr.

HENRARD (P.). **Henri IV et la princesse de Condé.** 1 vol. in-8. 6 fr.

NOVICOW. **La Politique internationale.** 1 fort vol. in-8. 7 fr.

REINACH (Joseph). * **La France et l'Italie devant l'histoire.** 1 vol. in-8. 1893. 5 fr.

LORIA (A.). **Les Bases économiques de la constitution sociale.** 1 vol. in-8. 1893. 7 fr. 50

BIBLIOTHÈQUE DE LA FACULTÉ DES LETTRES DE L'UNIVERSITÉ DE PARIS

De l'authenticité des épigrammes de Simonide, par AM. HAUVETTE, professeur adjoint. 1 vol. in-8. 5 fr.

* **Antinomies linguistiques,** par VICTOR HENRY, professeur à la Faculté. 1 vol in-8. 2 fr.

Mélanges d'histoire du moyen âge, par MM. le Prof. LUCHAIRE, DUPONT, FERRIER et POUPARDIN. 1 vol. in-8. 3 fr. 50

Études linguistiques sur la Basse-Auvergne, phonétique historique du patois de Vinzelles (Puy-de-Dôme), par ALBERT DAUZAT, préface de M. le Prof. ANT. THOMAS. 1 vol. in-8. 6 fr.

De la flexion dans Lucrèce, par A. CARTAULT, professeur à la Faculté. 1 vol. in-8. 4 fr.

Le treize vendémiaire an IV, par HENRY ZIVY. 1 vol. in-8, avec 2 pl. hors texte. 4 fr.

TRAVAUX DE L'UNIVERSITÉ DE LILLE

PAUL FABRE. **La polyptyque du chanoine Benoît** — Etude sur un manuscrit de la bibliothèque de Cambrai. 3 fr. 50

MÉDÉRIC DUFOUR. **Sur la constitution rythmique et métrique du drame grec.** 1ʳᵉ série, 4 fr. ; 2ᵉ série, 2 fr. 50 ; 3ᵉ série, 2 fr. 50.

A. PINLOCHE. * **Principales œuvres de Herbart.** (Pédagogie générale.
— Esquisse de leçons pédagogiques. — Aphorismes et extraits divers). 7 fr. 50

A. PENJON. **Pensée et réalité,** de A. SPIR, trad. de l'allem. in-8°. 10 fr.

ANNALES DE L'UNIVERSITÉ DE LYON

Lettres intimes de J.-M. Alberoni adressées au comte J. Rocca, ministre des finances du duc de Parme, par Emile BOURGEOIS, maître de conférences à l'École normale. 1 vol. in-8. 10 fr.

Sur l'hypothèse des atomes dans la science contemporaine, par Arthur HANNEQUIN, professeur à la Faculté des lettres. 1 v. in-8. 7 fr. 50

Saint Ambroise et la morale chrétienne au IVᵉ siècle, par Raymond THAMIN, professeur au lycée Condorcet. 1 vol. in-8. 7 fr. 50

La république des Provinces-Unies, la France et les Pays-Bas espagnols, de 1630 à 1650, par A. WADDINGTON, professeur à la Faculté des lettres.

TOME I (1630-42). 1 vol. in-8. 6 fr. — TOME II (1642-50). 1 vol. in-8. 6 fr.

Le Vivarais, essai de géographie régionale, par BURDIN. 1 vol. in-8. 1898. 6 fr.

PUBLICATIONS HISTORIQUES ILLUSTRÉES

* **HISTOIRE ILLUSTRÉE DU SECOND EMPIRE,** par Taxile DELORD. 6 vol. in-8 colombier avec 500 gravures de FERAT, FR. REGAMEY, etc. Chaque vol. broché, 8 fr. — Cart, doré, tr. dorées. 11 fr. 50

HISTOIRE POPULAIRE DE LA FRANCE, depuis les origines jusqu'en 1815. — 4 vol. in-8 colombier avec 1323 gravures. Chaque vol. broché, 7 fr. 50. — Cart. toile, tr. dorées. 11 fr.

* De Saint-Louis à Tripoli
Par le Lac Tchad
Par le Lieutenant-Colonel MONTEIL

1 beau volume in-8 colombier, précédé d'une préface de M. de Vogüé, de l'Académie française, illustrations de RIOU. 1895. 20 fr.

Ouvrage couronné par l'Académie française (Prix Montyon)

F. ALCAN.

RECUEIL DES INSTRUCTIONS
DONNÉES
AUX AMBASSADEURS ET MINISTRES DE FRANCE
DEPUIS LES TRAITÉS DE WESTPHALIE JUSQU'A LA RÉVOLUTION FRANÇAISE

Publié sous les auspices de la Commission des archives diplomatiques
au Ministère des Affaires étrangères.

Beaux volumes in-8 raisin, imprimés sur papier de Hollande,
avec Introduction et notes.

I. — AUTRICHE, par M. Albert Sorel, de l'Académie française. 20 fr.
II. — SUÈDE, par M. A. Geffroy, de l'Institut.............. 20 fr.
III. — PORTUGAL, par le vicomte DE Caix DE Saint-Aymour.... 20 fr.
IV et V. — POLOGNE, par M. Louis Farges, 2 vol............ 30 fr.
VI. — ROME, par M. G. Hanotaux, de l'Académie française..... 20 fr.
VII. — BAVIÈRE, PALATINAT ET DEUX-PONTS, par M. André Lebon. 25 fr.
VIII et IX. — RUSSIE, par M. Alfred Rambaud, de l'Institut. 2 vol.
   Le 1er vol. 20 fr. Le second vol......................... 25 fr.
X. — NAPLES ET PARME, par M. Joseph Reinach............. 20 fr.
XI. — ESPAGNE (1649-1750), par MM. Morel-Fatio et Léonardon
   (tome I) .... 20 fr.
XII et XII bis. — ESPAGNE (1750-1789) (t. II et III), par les mêmes (sous presse).
XIII. — DANEMARK, par A Geffroy, de l'Institut............. 14 fr.
XIV et XV. — SAVOIE-MANTOUE, par M. Horric de Beaucaire (sous presse).

*INVENTAIRE ANALYTIQUE
DES
ARCHIVES DU MINISTÈRE DES AFFAIRES ÉTRANGÈRES
PUBLIÉ
Sous les auspices de la Commission des archives diplomatiques

I. — Correspondance politique de MM. de CASTILLON et de
MARILLAC, ambassadeurs de France en Angleterre (1558-
1540), par M. Jean Kaulek, avec la collaboration de MM. Louis Farges
et Germain Lefèvre-Pontalis. 1 vol. in-8 raisin.............. 15 fr.
II. — Papiers de BARTHÉLEMY, ambassadeur de France en
Suisse, de 1792 à 1797 (année 1792), par M. Jean Kaulek. 1 vol.
in-8 raisin.. 15 fr.
III. — Papiers de BARTHÉLEMY (janvier-août 1793), par M. Jean
Kaulek. 1 vol. in-8 raisin.................................... 15 fr.
IV. — Correspondance politique de ODET DE SELVE, ambas-
sadeur de France en Angleterre (1546-1549), par M. G. Lefèvre-
Pontalis. 1 vol. in-8 raisin................................. 15 fr.
V. — Papiers de BARTHÉLEMY (septembre 1793 à mars 1794), par
M. Jean Kaulek. 1 vol. in-8 raisin........................... 18 fr.
VI. — Papiers de BARTHÉLEMY (avril 1794 à février 1795), par
M. Jean Kaulek. 1 vol. in-8 raisin........................... 20 fr.
VII. — Papiers de BARTHÉLEMY (mars 1795 à septembre 1796).
Négociations de la paix de Bâle, par M. Jean Kaulek. 1 volume in-8
raisin.. 20 fr.

Correspondance des Deys d'Alger avec la Cour de France
(1759-1833), recueillie par Eug. Plantet, attaché au Ministère des Affaires
étrangères. 2 vol, in-8 raisin avec 2 planches en taille-douce hors texte. 30 fr.
Correspondance des Beys de Tunis et des Consuls de France avec
la Cour (1577-1830), recueillie par Eug. Plantet, publiée sous les auspices
du Ministère des Affaires étrangères. Tome I. In-8 raisin. (Épuisé.)
Tome II. 1 fort vol. in-8 raisin.............................. 20 fr.
Tome III. 1 fort vol. in-8 raisin (sous presse).

F. ALCAN.

REVUE PHILOSOPHIQUE
DE LA FRANCE ET DE L'ÉTRANGER

Dirigée par TH. RIBOT, Professeur au Collège de France.

(24ᵉ *année*, 1899.)

Paraît tous les mois, par livraisons de 7 feuilles grand in-8, et forme chaque année deux volumes de 680 pages chacun.

Prix d'abonnement :

Un an, pour Paris, 30 fr. — Pour les départements et l'étranger, 33 fr.

La livraison........................ 3 fr.

Les années écoulées, chacune 30 francs, et la livraison, 3 fr.

Première table des matières (1876-1887). 1 vol. in-8............ 3 fr.
Deuxième table des matières (1888-1895). 1 vol. in-8........... 3 fr.

La REVUE PHILOSOPHIQUE n'est l'organe d'aucune secte, d'aucune école en particulier. Tous les articles de fond sont signés et chaque auteur est responsable de son article. Sans professer un culte exclusif pour l'expérience, la direction, bien persuadée que rien de solide ne s'est fondé sans cet appui, lui fait la plus large part et n'accepte aucun travail qui la dédaigne.

Elle ne néglige aucune partie de la philosophie, tout en s'attachant cependant à celles qui, par leur caractère de précision relative, offrent moins de prise aux désaccords et sont plus propres à rallier toutes les écoles. La *psychologie*, avec ses auxiliaires indispensables, l'anatomie et la *physiologie du système nerveux*, la *pathologie mentale*, la *psychologie des races inférieures et des animaux*, les *recherches expérimentales des laboratoires*; — la *logique*; — les *théories générales fondées sur les découvertes scientifiques*; — l'*esthétique*; — les *hypothèses métaphysiques*, tels sont les principaux sujets dont elle entretient le public.

Plusieurs fois par an paraissent des *Revues générales* qui embrassent, dans un travail d'ensemble les travaux récents sur une question déterminée: sociologie, morale, psychologie, linguistique, philosophie religieuse, philosophie mathématique, psycho-physique, etc.

La REVUE désirant être, avant tout, un organe d'information, a publié depuis sa fondation le compte rendu de plus de quinze cents ouvrages. Pour faciliter l'étude et les recherches, ces comptes rendus sont groupés sous des rubriques spéciales: anthropologie criminelle, esthétique, métaphysique, théorie de la connaissance, histoire de la philosophie, etc., etc. Ces comptes rendus sont, autant que possible, impersonnels, notre but étant de faire connaître le mouvement philosophique contemporain dans toutes ses directions, non de lui imposer une doctrine.

En un mot par la variété de ses articles et par l'abondance de ses renseignements elle donne un tableau complet du mouvement philosophique et scientifique en Europe.

Aussi a-t-elle sa place marquée dans les bibliothèques des professeurs et de ceux qui se destinent à l'enseignement de la philosophie et des sciences ou qui s'intéressent au développement du mouvement scientifique.

REVUE HISTORIQUE

Dirigée par G. MONOD

Membre de l'Institut, maître de conférences à l'École normale
Président de la section historique et philologique à l'École des hautes études

(24ᵉ *année*, 1899.)

Paraît tous les deux mois, par livraisons grand in-8° de 15 feuilles et forme par an trois volumes de 500 pages chacun.

CHAQUE LIVRAISON CONTIENT :

I. Plusieurs *articles de fond*, comprenant chacun, s'il est possible, un travail complet. — II. Des *Mélanges et Variétés*, composés de documents inédits d'une étendue restreinte et de courtes notices sur des points d'histoire curieux ou mal connus. — III. Un *Bulletin historique* de la France et de l'étranger, fournissant des renseignements aussi complets que possible sur tout ce qui touche aux études historiques. — IV. Une *Analyse des publications périodiques* de la France et de l'étranger, au point de vue des études historiques. — V. Des *Comptes rendus critiques* des livres d'histoire nouveaux.

Prix d'abonnement :

Un an, pour Paris, 30 fr. — Pour les départements et l'étranger, 33 fr.

La livraison.. .... 6 fr.

Les années écoulées, chacune 30 francs, le fascicule, 6 francs.
Les fascicules de la 1ʳᵉ année, 9 francs.

Tables générales des matières.

I. — 1876 à 1880...	3 fr.;	pour les abonnés.	1 fr. 50
II. — 1881 à 1885...	3 fr.;	—	1 fr. 50
III. — 1886 à 1890...	5 fr.;	—	2 fr. 50
IV. — 1891 à 1895...	3 fr.;	—	1 fr. 50

F. ALCAN.

ANNALES
DES

SCIENCES POLITIQUES
RECUEIL BIMESTRIEL
Publié avec la collaboration des professeurs et des anciens élèves
de l'Ecole libre des sciences politiques
(Quatorzième année, 1899)

COMITÉ DE RÉDACTION :

M. Emile BOUTMY, de l'Institut, directeur de l'Ecole ; M. ALF. DE FOVILLE, de l'Institut, directeur de la Monnaie ; M. R. STOURM, ancien inspecteur des Finances et administrateur des Contributions indirectes ; M. Alexandre RIBOT, député, ancien ministre ; M. Gabriel ALIX ; M. L. RENAULT, professeur à la Faculté de droit ; M. André LEBON, ancien ministre des colonies ; M. Albert SOREL, de l'Académie française ; M. A. VANDAL, de l'Académie française ; Aug. ARNAUNE, Directeur au ministère des Finances ; M. Émile BOURGEOIS, maître de conférences à l'Ecole normale supérieure ; Directeurs des groupes de travail, professeurs à l'Ecole.

Secrétaire de la rédaction : M. A. VIALLATE.

Les sujets traités dans les *Annales* embrassent les matières suivantes : *Economie, politique, finances, statistique, histoire constitutionnelle, droits international, public et privé, droit administratif, législations civile et commerciale privées, histoire législative et parlementaire, histoire diplomatique, géographie économique, ethnographie, etc.*

CONDITIONS D'ABONNEMENT

Un an (du 15 janvier) : Paris, **18 fr.** ; départements et étranger, **19 fr.**
La livraison, **3 fr. 50**.

Les trois premières années (1886-1887-1888) se vendent chacune 16 francs, les livraisons, chacune 5 francs, la quatrième année (1889) et les suivantes se vendent chacune 18 francs, et les livraisons, chacune 3 fr. 50.

Revue mensuelle de l'École d'Anthropologie de Paris
(9ᵉ année, 1899)

PUBLIÉE PAR LES PROFESSEURS :

MM. CAPITAN (Anthropologie pathologique), Mathias DUVAL (Anthropogénie et Embryologie), Georges HERVÉ (Ethnologie), J.-V. LABORDE (Anthropologie biologique), André LEFÈVRE (Ethnographie et Linguistique), Ch. LETOURNEAU (Histoire des civilisations), MANOUVRIER (Anthropologie physiologique), MAHOUDEAU (Anthropologie zoologique), SCHRADER (Anthropologie géographique), H. THULIÉ, directeur de l'Ecole.

Cette revue paraît tous les mois depuis le 15 janvier 1891, chaque numéro formant une brochure in-8 raisin de 32 pages, et contenant une leçon d'un des professeurs de l'Ecole, avec figures intercalées dans le texte et des analyses et comptes rendus des faits, des livres et des revues périodiques qui doivent intéresser les personnes s'occupant d'anthropologie.

ABONNEMENT : France et Étranger, **10 fr.** — Le Numéro, **1 fr.**

ANNALES DES SCIENCES PSYCHIQUES
Dirigées par le Dᵣ DARIEX
(9ᵉ année, 1899)

Les ANNALES DES SCIENCES PSYCHIQUES ont pour but de rapporter, avec force preuves à l'appui, toutes les observations sérieuses qui leur seront adressées, relatives aux faits soi-disant occultes : 1° de télépathie, de lucidité, de pressentiment ; 2° de mouvements d'objets, d'apparitions objectives. En dehors de ces chapitres de faits sont publiées des théories se bornant à la discussion des bonnes conditions pour observer et expérimenter ; des analyses, bibliographies, critiques, etc.
Les ANNALES DES SCIENCES PSYCHIQUES paraissent tous les deux mois par numéros de quatre feuilles in-8 carré (64 pages), *depuis le 15 janvier 1891.*

ABONNEMENT : Pour tous pays, **12 fr.** — Le Numéro, **2 fr. 50.**

BIBLIOTHÈQUE SCIENTIFIQUE
INTERNATIONALE
Publiée sous la direction de M. Émile ALGLAVE

La *Bibliothèque scientifique internationale* est une œuvre dirigée
par les auteurs mêmes, en vue des intérêts de la science, pour la po-
pulariser sous toutes ses formes, et faire connaître immédiatement dans
le monde entier les idées originales, les directions nouvelles, les
découvertes importantes qui se font chaque jour dans tous les pays.
Chaque savant expose les idées qu'il a introduites dans la science et
condense pour ainsi dire ses doctrines les plus originales.

On peut ainsi, sans quitter la France, assister et participer au mouvement des esprits en Angleterre, en Allemagne, en Amérique, en
Italie, tout aussi bien que les savants mêmes de chacun de ces pays.

La *Bibliothèque scientifique internationale* ne comprend pas seulement des ouvrages consacrés aux sciences physiques et naturelles; elle
aborde aussi les sciences morales, comme la philosophie, l'histoire,
la politique et l'économie sociale, la haute législation, etc.; mais les
livres traitant des sujets de ce genre se rattachent encore aux sciences
naturelles, en leur empruntant les méthodes d'observation et d'expérience qui les ont rendues si fécondes depuis deux siècles.

Cette collection paraît à la fois en français et en anglais : à Paris,
chez Félix Alcan; à Londres, chez C. Kegan, Paul et Cⁱᵃ; à New-
York, chez Appleton.

LISTE DES OUVRAGES PAR ORDRE D'APPARITION

91 VOLUMES IN-8, CARTONNÉS A L'ANGLAISE. CHAQUE VOLUME : 6 FRANCS.

1. J. TYNDALL. * **Les Glaciers et les Transformations de l'eau,** avec figures. 1 vol. in-8. 6ᵉ édition. 6 fr.
2. BAGEHOT. * **Lois scientifiques du développement des nations** dans leurs rapports avec les principes de la sélection naturelle et de l'hérédité. 1 vol. in-8. 5ᵉ édition. 6 fr.
3. MAREY. * **La Machine animale,** locomotion terrestre et aérienne, avec de nombreuses fig. 1 vol, in-8. 5ᵉ édit. augmentée. 6 fr.
4. BAIN. * **L'Esprit et le Corps.** 1 vol. in-8. 6ᵉ édition. 6 fr.
5. PETTIGREW. * **La Locomotion chez les animaux,** marche, natation. 1 vol. in-8, avec figures. 2ᵉ édit. 6 fr.
6. HERBERT SPENCER. * **La Science sociale.** 1 v.in-8.12ᵉ édit. 6 fr.
7. SCHMIDT (O.). * **La Descendance de l'homme et le Darwinisme.** 1 vol. in-8, avec fig. 6ᵉ édition. 6 fr.
8. MAUDSLEY. * **Le Crime et la Folie.** 1 vol, in-8. 6ᵉ édit. 6 fr.
9. VAN BENEDEN. * **Les Commensaux et les Parasites dans le règne animal.** 1 vol. in-8, avec figures. 3ᵉ édit. 6 fr.
10. BALFOUR STEWART. * **La Conservation de l'énergie,** suivi d'une Étude sur la *nature de la force,* par M. P. de SAINT-ROBERT, avec figures. 1 vol. in-8, 5ᵉ édition. 6 fr.
11. DRAPER. **Les Conflits de la science et de la religion.** 1 vol. in-8. 9ᵉ édition. 6 fr.
12. L. DUMONT. * **Théorie scientifique de la sensibilité.** 1 vol. in-8. 4ᵉ édition. 6 fr.
13. SCHUTZENBERGER. * **Les Fermentations.** 1 vol. in-8, avec fig. 6ᵉ édit. 6 fr.
14. WHITNEY. * **La Vie du langage.** 1 vol. in-8. 4ᵉ édit. 6 fr.
15. COOKE et BERKELEY. * **Les Champignons.** 1 vol. in-8, avec figures. 4ᵉ édition. 6 fr.
16. BERNSTEIN. * **Les Sens.** 1 vol. in-8, avec 91 fig. 5ᵉ édit. 6 fr.

17. BERTHELOT. *La Synthèse chimique. 1 vol. in-8, 8° édit.   6 fr.
18. NIEWENGLOWSKI (H.). *La photographie et la photochimie.
    1 ol. in-8, avec gravures et une planche hors texte.   6 fr.
19. LUYS. * Le Cerveau et ses fonctions, avec figures. 1 vol. in-8.
    7° édition.   6 fr.
20. STANLEY JEVONS. *La Monnaie et le Mécanisme de l'échange.
    1 vol. in-8, 5° édition.   6 fr.
21. FUCHS. * Les Volcans et les Tremblements de terre. 1 vol. in-8,
    avec figures et une carte en couleur. 5° édition.   6 fr.
22. GÉNÉRAL BRIALMONT. * Les Camps retranchés et leur rôle
    dans la défense des États, avec fig. dans le texte et 2 plan-
    ches hors texte. 3° édit.   6 fr.
23. DE QUATREFAGES. *L'Espèce humaine. 1 v. in-8. 12°édit.   6 fr.
24. BLASERNA et HELMHOLTZ. * Le Son et la Musique. 1 vol. in-8,
    avec figures. 5° édition.   6 fr.
25. ROSENTHAL. * Les Nerfs et les Muscles. 1 vol. in-8, avec 75 figu-
    res. 3° édition. Épuisé.
26. BRÜCKE et HELMHOLTZ. * Principes scientifiques des beaux-
    arts. 1 vol. in-8, avec 39 figures. 4° édition.   6 fr.
27. WURTZ. * La Théorie atomique. 1 vol. in-8. 8° édition.   6 fr
28-29. SECCHI (le père). * Les Étoiles. 2 vol. in-8, avec 63 figures dans le
    texte et 17 pl. en noir et en couleur hors texte. 3° édit.   12 fr.
30. JOLY. * L'Homme avant les métaux. 1 vol. in-8, avec figures. 4° édi-
    tion.   6 fr.
31. A. BAIN. * La Science de l'éducation. 1 vol. in-8. 8° édit.   6 fr.
32-33. THURSTON (R.). * Histoire de la machine à vapeur, précédée
    d'une Introduction par M. HIRSCH. 2 vol. in-8, avec 140 figures dans
    le texte et 16 planches hors texte. 3° édition.   12 fr.
34. HARTMANN (R.). * Les Peuples de l'Afrique. 1 vol. in-8, avec
    figures. 2° édition.   6 fr.
35. HERBERT SPENCER. * Les Bases de la morale évolutionniste.
    1 vol. in-8. 5° édition.   6 fr.
36. HUXLEY. * L'Écrevisse, introduction à l'étude de la zoologie. 1 vol.
    in-8, avec figures. 2° édition.   6 fr.
37. DE ROBERTY. * De la Sociologie. 1 vol. in-8. 3° édition.   6 fr.
38. ROOD. * Théorie scientifique des couleurs. 1 vol. in-8, avec
    figures et une planche en couleur hors texte. 2° édition.   6 fr.
39. DE SAPORTA et MARION. *L'Évolution du règne végétal (les Crypto-
    games). 1 vol. in-8 avec figures.   6 fr.
40-41. CHARLTON BASTIAN. *Le Cerveau, organe de la pensée chez
    l'homme et chez les animaux. 2 vol. in-8, avec figures. 2°éd. 12 fr.
42. JAMES SULLY. * Les Illusions des sens et de l'esprit. 1 vol. in-8,
    avec figures. 2° édit.   6 fr.
43. YOUNG. * Le Soleil. 1 vol. in-8, avec figures.   6 fr.
44. DE CANDOLLE. * L'Origine des plantes cultivées. 4° édition. 1 vol.
    in-8.   6 fr.
45-46. SIR JOHN LUBBOCK. * Fourmis, abeilles et guêpes. Études
    expérimentales sur l'organisation et les mœurs des sociétés d'insectes
    hyménoptères. 2 vol. in-8, avec 65 figures dans le texte et 13 plan-
    ches hors texte, dont 5 coloriées.   12 fr.
47. PERRIER (Edm.). La Philosophie zoologique avant Darwin.
    1 vol. in-8. 3° édition.   6 fr.
48. STALLO. *La Matière et la Physique moderne. 1 vol. in-8, 2° éd.,
    précédé d'une Introduction par CH. FRIEDEL.   6 fr.
49. MANTEGAZZA. La Physionomie et l'Expression des sentiments.
    1 vol. in-8. 3° édit., avec huit planches hors texte.   6 fr.
50. DE MEYER. *Les Organes de la parole et leur emploi pour
    la formation des sons du langage. 1 vol. in-8, avec 51 figures,
    précédé d'une Introd. par M. O. CLAVEAU.   6 fr.

51. DE LANESSAN.*Introduction à l'Étude de la botanique (le Sapin,)
1 vol. in-8, 2ᵉ édit., avec 143 figures dans le texte. 6 fr.
52-53. DE SAPORTA et MARION. *L'Évolution du règne végétal (les
Phanérogames). 2 vol. in-8, avec 136 figures. 12 fr.
54. TROUESSART. *Les Microbes, les Ferments et les Moisissures.
1 vol. in-8, 2ᵉ édit., avec 107 figures dans le texte. 6 fr.
55. HARTMANN (R.).*Les Singes anthropoïdes, et leur organisation
comparée à celle de l'homme. 1 vol. in-8, avec figures. 6 fr.
56. SCHMIDT (O.).*Les Mammifères dans leurs rapports avec leurs
ancêtres géologiques. 1 vol. in-8 avec 51 figures. 6 fr.
57. BINET et FÉRÉ. Le Magnétisme animal. 1 vol. in-8.4ᵉ édit. 6 fr.
58-59. ROMANES. *L'Intelligence des animaux. 2 v. in-8.2ᵉ édit. 12 fr.
60. F. LAGRANGE. Physiologie des exercices du corps. 1 vol. in-8.
7ᵉ édition. 6 fr.
61. DREYFUS.* Évolution des mondes et des sociétés. 1 vol. in-8.
3ᵉ édit. 6 fr.
62. DAUBRÉE. * Les Régions invisibles du globe et des espaces
célestes. 1 vol. in-8 avec 85 fig. dans le texte. 2ᵉ édit. 6 fr.
63-64. SIR JOHN LUBBOCK. * L'Homme préhistorique. 2 vol. in-8,
avec 228 figures dans le texte. 4ᵉ édit. 12 fr.
65. RICHET (Ch.). La Chaleur animale. 1 vol. in-8, avec figures. 6 fr.
66. FALSAN (A.). *La Période glaciaire principalement en France et
en Suisse. 1 vol. in-8, avec 105 figures et 2 cartes. 6 fr.
67. BEAUNIS (H.). Les Sensations internes. 1 vol. in-8. 6 fr.
68. CARTAILHAC (E.). La France préhistorique, d'après les sépultures
et les monuments. 1 vol. in-8, avec 162 figures. 2ᵉ édit. 6 fr.
69. BERTHELOT. *La Révolution chimique, Lavoisier. 1 vol. in-8. 6 fr.
70. SIR JOHN LUBBOCK. * Les Sens et l'Instinct chez les animaux,
principalement chez les insectes. 1 vol. in-8, avec 150 figures. 6 fr.
71. STARCKE. *La Famille primitive. 1 vol. in-8. 6 fr.
72. ARLOING. * Les Virus. 1 vol. in-8, avec figures. 6 fr.
73. TOPINARD. * L'Homme dans la Nature. 1 vol. in-8, avec fig. 6 fr.
74. BINET (Alf.).* Les Altérations de la personnalité. 1 vol. in-8 avec
figures. 6 fr.
75. DE QUATREFAGES (A.).*Darwin et ses précurseurs français. 1 vol.
in-8, 2ᵉ édition refondue. 6 fr.
76. LEFÈVRE (A.). * Les Races et les langues. 1 vol. in-8. 6 fr.
77-78. DE QUATREFAGES. * Les Émules de Darwin. 2 vol. in-8 avec
préfaces de MM. E. PERRIER et HAMY. 12 fr.
79. BRUNACHE (P.). *Le Centre de l'Afrique. Autour du Tchad. 1 vol.
in-8, avec figures. 1894. 6 fr.
80. ANGOT (A.). *Les Aurores polaires. 1 vol. in-8, avec figures. 6 fr.
81. JACCARD. Le pétrole, le bitume et l'asphalte au point de vue
géologique. 1 vol. in-8 avec figures. 6 fr.
82. MEUNIER (Stan.). La Géologie comparée. 1 vol. in-8, avec fig. 6 fr.
83. LE DANTEC. Théorie nouvelle de la vie. 1 vol. in-8, avec fig. 6 fr.
84. DE LANESSAN. Principes de colonisation. 1 vol. in-8. 5 fr.
85. DEMOOR, MASSART et VANDERVELDE. L'évolution régressive en
biologie et en sociologie. 1 vol. in-8 avec gravures. 6 fr.
86. MORTILLET (G. de). Formation de la Nation française. 1 vol.
in-8, avec 150 gravures et 18 cartes. 6 fr.
87. ROCHÉ (G.). La Culture des Mers (piscifacture, pisciculture, ostréiculture). 1 vol. in-8, avec 81 gravures. 6 fr.
88. COSTANTIN (J.). Les Végétaux et les Milieux cosmiques (adaptation, évolution). 1 vol. in-8, avec 171 gravures. 6 fr.
89. LE DANTEC. L'évolution individuelle et l'hérédité. 1 vol. in-8. 6 fr.
90. GUIGNET et GARNIER. La Céramique ancienne et moderne.
1 vol. avec grav. 6 fr.
91. GELLE (E.-M.). L'Audition et ses organes. 1 v. in-8 avec grav. 6 fr.

F. ALCAN.

LISTE PAR ORDRE DE MATIÈRES
DES 89 VOLUMES PUBLIÉS
DE LA BIBLIOTHÈQUE SCIENTIFIQUE INTERNATIONALE
Chaque volume in-8, cartonné à l'anglaise..... 6 francs.

SCIENCES SOCIALES

* **Introduction à la science sociale**, par HERBERT SPENCER. 1 vol. in-8.
12ᵉ édit. 6 fr.

* **Les Bases de la morale évolutionniste**, par HERBERT SPENCER. 1 vol.
in-8. 4ᵉ édit. 6 fr.

Les Conflits de la science et de la religion, par DRAPER, professeur à
l'Université de New-York. 1 vol. in-8. 8ᵉ édit. 6 fr.

* **Le Crime et la Folie**, par H. MAUDSLEY, professeur de médecine légale
à l'Université de Londres. 1 vol. in-8. 5ᵉ édit. 6 fr.

* **La Monnaie et le Mécanisme de l'échange**, par W. STANLEY JEVONS,
professeur à l'Université de Londres. 1 vol. in-8. 5ᵉ édit. 6 fr.

* **La Sociologie**, par DE ROBERTY. 1 vol. in-8. 3ᵉ édit. 6 fr.

* **La Science de l'éducation**, par Alex. BAIN, professeur à l'Université
d'Aberdeen (Écosse). 1 vol. in-8. 7ᵉ édit. 6 fr.

* **Lois scientifiques du développement des nations** dans leurs rapports
avec les principes de l'hérédité et de la sélection naturelle, par W. BA-
GEHOT. 1 vol. in-8. 5ᵉ édit. 6 fr.

* **La Vie du langage**, par D. WHITNEY, professeur de philologie comparée
à Yale-College de Boston (États-Unis). 1 vol. in-8. 3ᵉ édit. 6 fr.

* **La Famille primitive**, par J. STARCKE, professeur à l'Université de Copenhague. 1 vol. in-8.

PHYSIOLOGIE

* **Les Illusions des sens et de l'esprit**, par James SULLY. 1 v. in-8. 2ᵉ édit. 6 fr.

* **La Locomotion chez les animaux** (marche, natation et vol), par J.-B. PET-
TIGREW, professeur au Collège royal de chirurgie d'Édimbourg (Écosse).
1 vol. in-8, avec 140 figures dans le texte. 2ᵉ édit. 6 fr.

* **La Machine animale**, par E.-J. MAREY, membre de l'Institut, prof. au
Collège de France. 1 vol. in-8, avec 117 figures. 4ᵉ édit. 6 fr.

* **Les Sens**, par BERNSTEIN, professeur de physiologie à l'Université de Halle
(Prusse). 1 vol. in-8, avec 91 figures dans le texte. 4ᵉ édit. 6 fr.

* **Les Organes de la parole**, par H. DE MEYER, professeur à l'Université de
Zurich, traduit de l'allemand et précédé d'une introduction sur l'*Enseignement de la parole aux sourds-muets*, par O. CLAVEAU, inspecteur général des établissements de bienfaisance. 1 vol. in-8, avec 51 grav. 6 fr.

La Physionomie et l'Expression des sentiments, par P. MANTEGAZZA,
professeur au Muséum d'histoire naturelle de Florence. 1 vol. in-8, avec
figures et 8 planches hors texte. 3ᵉ édit. 6 fr.

* **Physiologie des exercices du corps**, par le docteur F. LAGRANGE. 1 vol.
in-8. 7ᵉ édit. (Ouvrage couronné par l'Institut.) 6 fr.

La Chaleur animale, par CH. RICHET, professeur de physiologie à la Faculté
de médecine de Paris. 1 vol. in-8, avec figures dans le texte. 6 fr.

Les Sensations internes, par H. BEAUNIS. 1 vol. in-8. 6 fr.

* **Les Virus**, par M. ARLOING, professeur à la Faculté de médecine de Lyon,
directeur de l'école vétérinaire. 1 vol. in-8, avec fig. 6 fr.

Théorie nouvelle de la vie, par F. LE DANTEC, docteur ès sciences, 1 vol.
in-8, avec figures. 6 fr.

L'évolution individuelle et l'hérédité, par *le même*. 1 vol. in-8. 6 fr.

L'audition et ses organes, par le Docᵗ E.-M. CELLÉ, membre de la Société
de biologie. 1 vol. in-8 avec grav. 6 fr.

PHILOSOPHIE SCIENTIFIQUE

* **Le Cerveau et ses fonctions**, par J. LUYS, membre de l'Académie de médecine, médecin de la Charité. 1 vol. in-8, avec fig. 7ᵉ édit. 6 fr.

* **Le Cerveau et la Pensée chez l'homme et les animaux**, par CHARLTON
BASTIAN, professeur à l'Université de Londres. 2 vol. in-8, avec 184 fig. dans
le texte. 2ᵉ édit. 12 fr.

* **Le Crime et la Folie**, par H. MAUDSLEY, professeur à l'Université de Londres. 1 vol. in-8. 6ᵉ édit. 6 fr.

* **L'Esprit et le Corps**, considérés au point de vue de leurs relations, suivi
d'études sur les *Erreurs généralement répandues au sujet de l'esprit*, par
Alex. BAIN, prof. à l'Université d'Aberdeen (Écosse). 1 v. in-8. 6ᵉ éd. 6 fr.

* **Théorie scientifique de la sensibilité** : le *Plaisir et la Peine*, par Léon
DUMONT. 1 vol. in-8. 3ᵉ édit. 6 fr.

F. ALCAN. — 24 —

* La Matière et la Physique moderne, par STALLO, précédé d'une préface par M. Ch. FRIEDEL, de l'Institut. 1 vol. in-8. 2ᵉ édit. 6 fr.
Le Magnétisme animal, par Alf. BINET et Ch. FÉRÉ. 1 vol. in-8, avec figures dans le texte. 4ᵉ édit. 6 fr.
* L'Intelligence des animaux, par ROMANES. 2 v. in-8. 2ᵉ éd. précédée d'une préface de M. E. PERRIER, prof. au Muséum d'histoire naturelle. 12 fr.
* L'Évolution des mondes et des sociétés, par C. DREYFUS. In-8. 6 fr.
L'évolution régressive en biologie et en sociologie, par DEMOOR, MASSART et VANDERVELDE, prof. des Univ. de Bruxelles. 1 v.in-8, avec grav. 6 fr.
* Les Altérations de la personnalité, par Alf. BINET, directeur du laboratoire de psychologie à la Sorbonne. In-8, avec gravures. 6 fr.

ANTHROPOLOGIE

* L'Espèce humaine, par A. DE QUATREFAGES, de l'Institut, professeur au Muséum d'histoire naturelle de Paris. 1 vol. in-8. 12ᵉ édit. 6 fr.
* Ch. Darwin et ses précurseurs français, par A. DE QUATREFAGES. 1 v. in-8. 2ᵉ édition. 6 fr.
* Les Émules de Darwin, par A. DE QUATREFAGES, avec une préface de M. EDM. PERRIER, de l'Institut, et une notice sur la vie et les travaux de l'auteur par E.-T. HAMY, de l'Institut. 2 vol. in-8. 12 fr.
* L'Homme avant les métaux, par N. JOLY, correspondant de l'Institut. 1 vol. in-8, avec 150 gravures. 4ᵉ édit. 6 fr.
* Les Peuples de l'Afrique, par R. HARTMANN, professeur à l'Université de Berlin. 1 vol. in-8, avec 93 figures dans le texte. 2ᵉ édit. 6 fr.
* Les Singes anthropoïdes et leur organisation comparée à celle de l'homme, par R. HARTMANN, prof. à l'Univ. de Berlin. 1 vol. in-8, avec 63 fig. 6 fr.
* L'Homme préhistorique, par SIR JOHN LUBBOCK, membre de la Société royale de Londres. 2 vol. in-8, avec 228 gravures dans le texte. 3ᵉ édit. 12 fr.
La France préhistorique, par E. CARTAILHAC. In-8, avec 150 gr. 2ᵉ édit. 6 fr.
* L'Homme dans la Nature, par TOPINARD, ancien secrétaire général de la Société d'Anthropologie de Paris. 1 vol. in-8, avec 101 gravures. 6 fr.
* Les Races et les Langues, par André LEFÈVRE, professeur à l'École d'Anthropologie de Paris. 1 vol. in-8. 6 fr.
* Le centre de l'Afrique. Autour du Tchad, par P. BRUNACHE, administrateur à Aïn-Fezza (Algérie). 1 vol. in-8 avec gravures. 6 fr.
Formation de la Nation française, par G. de MORTILLET, professeur à l'École d'Anthropologie. In-8, avec 150 grav. et 18 cartes. 6 fr.

ZOOLOGIE

* La Descendance de l'homme et le Darwinisme, par O. SCHMIDT, professeur à l'Université de Strasbourg. 1 vol. in-8, avec figures. 6ᵉ édit. 6 fr.
* Les Mammifères dans leurs rapports avec leurs ancêtres géologiques, par O. SCHMIDT. 1 vol. in-8, avec 51 figures dans le texte. 6 fr.
* Fourmis, Abeilles et Guêpes, par sir JOHN LUBBOCK, membre de la Société royale de Londres. 2 vol. in-8, avec figures dans le texte, et 13 planches hors texte dont 5 coloriées. 12 fr.
* Les Sens et l'instinct chez les animaux, et principalement chez les insectes, par Sir JOHN LUBBOCK. 1 vol. in-8 avec grav. 6 fr.
* L'Écrevisse, introduction à l'étude de la zoologie, par Th.-H. HUXLEY, membre de la Société royale de Londres. 1 vol.in-8, avec 82 grav. 6 fr.
* Les Commensaux et les Parasites dans le règne animal, par P.-J. VAN BENEDEN, professeur à l'Université de Louvain (Belgique). 1 vol. in-8, avec 82 figures dans le texte. 3ᵉ édit. 6 fr.
* La Philosophie zoologique avant Darwin, par EDMOND PERRIER, de l'Institut, prof. au Muséum. 1 vol. in-8. 2ᵉ édit. 6 fr.
* Darwin et ses précurseurs français, par A. DE QUATREFAGES, de l'Institut. 1 vol. in-8. 2ᵉ édit. 6 fr.
La Culture des mers en Europe (Pisciculture, piscifacture, ostréiculture), par G. ROCHÉ, insp. gén. des pêches maritimes. In-8, avec 81 grav. 6 fr.

BOTANIQUE — GÉOLOGIE

* Les Champignons, par COOKE et BERKELEY. 1 v.in-8, avec 110 fig. 4ᵉ éd. 6 fr.
* L'Évolution du règne végétal, par G. DE SAPORTA et MARION, prof. à la Faculté des sciences de Marseille :
* I. Les Cryptogames. 1 vol. in-8, avec 85 figures dans le texte. 6 fr.
* II. Les Phanérogames. 2 vol. in-8, avec 136 fig. dans le texte. 12 fr.

* Les Volcans et les Tremblements de terre, par Fuchs, prof. à l'Univ. de Heidelberg. 1 vol. in-8, avec 36 fig. 5ᵉ éd. et une carte en couleur. 6 fr.
* La Période glaciaire, principalement en France et en Suisse, par A. Falsan. 1 vol. in-8, avec 105 gravures et 2 cartes hors texte. 6 fr.
* Les Régions invisibles du globe et des espaces célestes, par A. Daubrée, de l'Institut. 1 vol. in-8, 2ᵉ édit., avec 89 gravures. 6 fr.
* Le Pétrole, le Bitume et l'Asphalte, par M. Jaccard, professeur à l'Académie de Neuchâtel (Suisse). 1 vol. in-8, avec figures. 6 fr.
* L'Origine des plantes cultivées, par A. de Candolle, correspondant de l'Institut. 1 vol. in-8. 4ᵉ édit. 6 fr.
* Introduction à l'étude de la botanique (le Sapin), par J. de Lanessan, professeur agrégé à la Faculté de médecine de Paris. 1 vol. in-8. 2ᵉ édit., avec figures dans le texte. 6 fr.
* Microbes, Ferments et Moisissures, par le docteur L. Trouessart. 1 vol. in-8, avec 108 figures dans le texte. 2ᵉ édit. 6 fr.
* La Géologie comparée, par Stanislas Meunier, professeur au Muséum. 1 vol. in-8, avec figures. 6 fr.
Les Végétaux et les milieux cosmiques (adaptation, évolution), par J. Costantin, maître de conférences, à l'Ecole normale supérieure. 1 vol. in-8 avec 171 gravures. 6 fr.

CHIMIE

* Les Fermentations, par P. Schutzenberger, memb. de l'Institut. 1 v. in-8, avec fig. 6ᵉ édit. 6 fr.
* La Synthèse chimique, par M. Berthelot, secrétaire perpétuel de l'Académie des sciences. 1 vol. in-8. 8ᵉ édit. 6 fr.
* La Théorie atomique, par Ad. Wurtz, membre de l'Institut. 1 vol. in-8. 8ᵉ édit., précédée d'une introduction sur la Vie et les Travaux de l'auteur, par M. Ch. Friedel, de l'Institut. 6 fr.
La Révolution chimique (Lavoisier), par M. Berthelot. 1 vol. in-8. 6 fr.
* La Photographie et la Photochimie, par H. Niewenglowski. 1 vol. avec gravures et une planche hors texte. 6 fr.

ASTRONOMIE — MECANIQUE

* Histoire de la Machine à vapeur, de la Locomotive et des Bateaux à vapeur, par R. Thurston, professeur à l'Institut technique de Hoboken, près de New-York, revue, annotée et augmentée d'une introduction par M. Hirsch, professeur à l'Ecole des ponts et chaussées de Paris. 2 vol. in-8, avec 160 figures et 16 planches hors texte. 3ᵉ édit. 12 fr.
* Les Etoiles, notions d'astronomie sidérale, par le P. A. Secchi, directeur de l'Observatoire du Collège Romain. 2 vol. in-8, avec 68 figures dans le texte et 16 planches en noir et en couleurs. 2ᵉ édit. 12 fr.
* Le Soleil, par C.-A. Young, professeur d'astronomie au Collège de New-Jersey. 1 vol. in-8, avec 87 figures. 6 fr.
* Les Aurores polaires, par A. Angot, membre du Bureau central météorologique de France. 1 vol. in-8 avec figures. 6 fr.

PHYSIQUE

La Conservation de l'énergie, par Balfour Stewart, prof. de physique au collège Owens de Manchester (Angleterre). 1 vol. in-8 avec fig. 4ᵉ édit. 6 fr.
* Les Glaciers et les Transformations de l'eau, par J. Tyndall, suivi d'une étude sur le même sujet, par Helmholtz, professeur à l'Université de Berlin. 1 vol. in-8, avec fig. et 8 planches hors texte. 5ᵉ édit. 6 fr.
* La Matière et la Physique moderne, par Stallo, précédé d'une préface par Ch. Friedel, membre de l'Institut. 1 vol. in-8. 2ᵉ édit. 6 fr.

THÉORIE DES BEAUX-ARTS

* Le Son et la Musique, par P. Blaserna, prof. à l'Université de Rome, prof. à l'Université de Berlin. 1 vol. in-8, avec 41 fig. 4ᵉ édit. 6 fr.
* Principes scientifiques des Beaux-Arts, par E. Brucke, professeur à l'Université de Vienne. 1 vol. in-8, avec fig. 4ᵉ édit. 6 fr.
* Théorie scientifique des couleurs et leurs applications aux arts et à l'industrie, par O. N. Rood, professeur à Colombia-College de New-York. 1 vol. in-8, avec 130 figures et une planche en couleurs. 6 fr.
La Céramique ancienne et moderne, par MM. Guignet, directeur des teintures à la Manufacture des Gobelins, et Garnier, directeur du Musée de la Manufacture de Sèvres. 1 vol. in-8 avec grav. 6 fr.

RÉCENTES PUBLICATIONS

HISTORIQUES, PHILOSOPHIQUES ET SCIENTIFIQUES

qui ne se trouvent pas dans les collections précédentes.

ALAUX. **Esquisse d'une philosophie de l'être.** In-8.   1 fr.
— **Les Problèmes religieux au XIXᵉ siècle.** 1 vol. in-8.   7 fr. 50
— **Philosophie morale et politique,** in-8. 1893.   7 fr. 50
— **Théorie de l'âme humaine.** 1 vol. in-8. 1895. 10 fr. (Voy. p. 2.)
ALTMEYER (J.-J.). **Les Précurseurs de la réforme aux Pays-Bas.**
2 forts volumes in-8.   12 fr.
AMIABLE (Louis). **Une loge maçonnique d'avant 1789.** (La loge des
Neuf-Sœurs.) 1 vol. in-8. 1897.   6 fr.
ANSIAUX (M.). **Heures de travail et salaires,** étude sur l'amélioration
directe de la condition des ouvriers industriels. 1 vol. in-8. 1896.   5 fr.
ARNAUNÉ (A.). **La monnaie, le crédit et le change.** in-8.   7 fr.
ARRÉAT. **Une Éducation intellectuelle.** 1 vol. in-18.   2 fr. 50
— **Journal d'un philosophe.** 1 vol. in-18. 3 fr. 50 (Voy. p. 2 et 5.)
AZAM. **Hypnotisme et double conscience,** avec préfaces et lettres de
MM. PAUL BERT, CHARCOT et RIBOT. 1 vol. in-8. 1893.   9 fr.
BAETS (Abbé M. de). **Les Bases de la morale et du droit.** In-8. 6 fr.
BALFOUR STEWART et TAIT. **L'Univers invisible.** 1 vol. in-8.   7 fr.
BARBÉ (É.). **Le nabab René Madec.** Histoire diplomatique des projets de
la France sur le Bengale et le Pendjab (1772-1808). 1894. 1 vol. in-8.   5 fr.
BARNI. **Les Martyrs de la libre pensée.** 1 vol. in-18. 2ᵉ édit.   3 fr. 50
(Voy. p. 5 ; KANT, p. 10 ; p. 15 et 31.)
BARTHÉLEMY-SAINT-HILAIRE. (Voy. pages 2, 5 et 9, ARISTOTE.)
— *Victor Cousin,* sa vie, sa correspondance. 3 vol. in-8. 1895.   30 fr.
BAUTAIN (Abbé). **La Philosophie morale.** 2 vol. in-8.   12 fr.
BEAUNIS (H.). **Impressions de campagne** (1870-1871). In-18. 3 fr. 50
BÉNARD (Ch.). **Philosophie dans l'éducation classique.** In-8.   6 fr.
(Voy. p. 9, ARISTOTE et PLATON; p. 10, HEGEL.)
BLANQUI. **Critique sociale.** 2 vol. in-18.   7 fr.
BLONDEAU (C.). **L'absolu et sa loi constitutive.** 1 vol. in-8. 1897. 6 fr.
BOILLEY (P.). **La Législation internationale du travail.** In-12. 3 fr.
— **Les trois socialismes :** anarchisme, collectivisme, réformisme. 3 fr. 50
BOURDEAU (Louis). **Théorie des sciences.** 2 vol. in-8.   20 fr.
— **La Conquête du monde animal.** In-8.   5 fr.
— **La Conquête du monde végétal.** In-8. 1893.   5 fr.
— **L'Histoire et les historiens.** 1 vol. in-8.   7 fr. 50
— *Histoire de l'alimentation.* 1894. 1 vol. in-8. 5 fr. (V. p. 5.)
BOURDET (Eug.). **Principes d'éducation positive.** In-18.   3 fr. 50
— **Vocabulaire de la philosophie positive.** 1 vol. in-18.   3 fr. 50
BOUTROUX (Em.). *De l'idée de loi naturelle dans la science et la
philosophie.* 1 vol. in-8. 1895.   2 fr. 50. (V. p. 2 et 5.)
BOUSREZ (L.). **L'Anjou aux âges de la Pierre et du Bronze.**
1 vol. gr. in-8, avec pl. h. texte. 1897.   3 fr. 50
BUNGE (N.-Ch.). **Esquisses de littérature politico-économique.**
1 vol. in-8. 1898.   7 fr. 50
CARDON (G.). *Les Fondateurs de l'Université de Douai.* In-8. 10 fr.
CASTELAR (Emilio). **La politique européenne.** 2 vol. in-8. 1896, 1898,
Chacun.   3 fr.
CLAMAGERAN. **La Réaction économique et la démocratie.** 1 v. in-8.
1891.   1 fr. 25
— **La lutte contre le mal.** 1 vol. in-18. 1897.   3 fr. 50
COIGNET (Mᵐᵉ). *Victor Considérant,* sa vie et son œuvre. in-8. 2 fr.

COLLIGNON (A.). *Diderot, sa vie et sa correspondance. In-12. 1895. 3 fr. 50
COMBARIEU (J.). *Les rapports de la musique et de la poésie considérés au point de vue de l'expression. 1893. 1 vol. in-8. 7 fr. 50
COSTE (Ad.). Hygiène sociale contre le paupérisme. In-8. 6 fr.
— Nouvel exposé d'économie politique et de physiologie sociale. In-18. 3 fr. 50 (Voy. p. 2 et 32.)
COUTURAT (Louis). *De l'infini mathématique. In-8. 1896. 12 fr.
DAURIAC. Croyance et réalité. 1 vol. in-18. 1889. 3 fr. 50
— Le Réalisme de Reid. In-8. 1 fr. (V. p. 2.)
DELBŒUF. De la loi psychophysique. In-18. 3 fr. 50 (V. p. 2.)
DENEUS. De la réserve héréditaire des enfants. In-8. 5 fr.
DENIS (Abbé Ch.). Esquisse d'une apologie du Christianisme dans les limites de la nature et de la révélation. 1 vol. in-12. 1898. 4 fr.
DERAISMES (Mlle Maria). Œuvres complètes:
— Tome I. France et progrès. — Conférences sur la noblesse. 1 vol. in-12. 1895. 3 fr. 50. — Tome II. Eve dans l'humanité. — Les droits de l'enfant. 1 vol. in-12. 1896. 3 fr. 50. — Tome III. Nos principes et nos mœurs. — L'ancien devant le nouveau. 1 vol. in-12. 1896. — Tome IV. Lettre au clergé français. Polémique religieuse. 1 vol. in-12. 1898. Chaque volume 3 fr. 50
DESCHAMPS. La Philosophie de l'écriture. 1 vol. in-8. 1892. 3 fr.
DESDOUITS. La philosophie de l'inconscient. 1893. 1 vol. in-8. 3 fr.
DOLLFUS (Ch.). Lettres philosophiques. In-18. 3 fr.
— Considérations sur l'histoire. In-8. 7 fr. 50
— L'Ame dans les phénomènes de conscience. 1 vol. in-18. 3 fr. 50
DROZ (Numa). Etudes et portraits politiques. 1 vol. in-8. 1895. 7 fr. 50
— Essais économiques. 1 vol. in-8. 1896. 7 fr. 50
— La démocratie fédérative et le socialisme d'État. In-12. 1 fr.
DUBUC (P). *Essai sur la méthode en métaphysique. 1 vol. in-8. 5 fr.
DU CASSE (le Baron). Le 5e corps de l'armée d'Italie en 1859. Br. gr. in-8. 1898. 2 fr.
DUGAS (L.). *L'amitié antique, d'après les mœurs et les théories des philosophes. 1 vol. in-8. 1895. 7 fr. 50 (V. p. 2.)
DUNAN. *Sur les formes à priori de la sensibilité. 1 vol. in-8. 5 fr.
— Les Arguments de Zénon d'Elée contre le mouvement. 1 br. in-8. 1 fr. 50 (V. p. 2.)
DUVERGIER DE HAURANNE (Mme E.). Histoire populaire de la Révolution française. 1 vol. in-18. 4e édit. 3 fr. 50
Éléments de science sociale. 1 vol. in-18. 4e édit. 3 fr. 50
ESPINAS (A.). Les Origines de la technologie. 1 vol. in-8. 1897. 5 fr.
FABRE (J.). Hist. de la philosophie Antiquité et Moyen âge. In-12. 3 fr. 50
FEDERICI. Les Lois du progrès. 2 vol. in-8. Chacun. 6 fr.
FERRERE (F.). La situation religieuse de l'Afrique romaine depuis la fin du IVe siècle jusqu'à l'invasion des Vandales. 1 v. in-8. 1898. 7 fr. 50
FERRIÈRE (Em.). Les Apôtres, essai d'histoire religieuse. 1 vol. in-12. 4 fr. 50
— L'Ame est la fonction du cerveau. 2 volumes in-18. 7 fr.
— Le Paganisme des Hébreux jusqu'à la captivité de Babylone. 1 vol. in-18. 3 fr. 50
— La Matière et l'énergie. 1 vol. in-18. 4 fr. 50
— L'Ame et la vie. 1 vol. in-18. 4 fr. 50
— Les Erreurs scientifiques de la Bible. 1 vol. in-18. 1891. 3 fr. 50
— Les Mythes de la Bible. 1 vol. in-18. 1893. 3 fr. 50
— La cause première d'après les données expérimentales. 1 vol. in-18. 1896. 3 fr. 50
— Étymologie de 100 prénoms usités en France. 1 vol. in-18. 1898. 1 fr. 50 (Voy. p. 32.
FLEURY (Maurice de). Introduction à la médecine de l'Esprit. 1 vol. in-8, 5e éd. 1898. 7 fr. 50
FLOURNOY. Des phénomènes de synopsie. In-8. 1893. 6 fr.

GAYTE (Claude). **Essai sur la croyance.** 1 vol. in-8. 3 fr.
GOBLET D'ALVIELLA. **L'idée de Dieu,** d'après l'anthr. et l'histoire. In-8. 6 f.
GOURD. **Le Phénomène.** 1 vol. in-8. 7 fr. 50
GREEF (Guillaume de). **Introduction à la Sociologie.** 2 vol. in-8. 10 fr.
— **L'évolution des croyances et des doctrines politiques.** 1 vol. in-12. 1895. 4 fr. (V. p. 6.)
GRIMAUX (Ed.). *Lavoisier (1748-1794),** d'après sa correspondance et divers documents inédits. 1 vol. gr. in-8, avec gravures. 2ᵉ éd.1896. 15 fr.
GRIVEAU (M.). **Les Éléments du beau.** Préface de M. SULLY-PRUDHOMME. In-18, avec 60 fig. 1893. 4 fr. 50
GUILLY. **La Nature et la Morale.** 1 vol. in-18. 2ᵉ édit. 2 fr. 50
GUYAU. **Vers d'un philosophe.** In-18. 3 fr. 50 (Voy. p. 3, 6 et 9.)
GYEL (le Dᵣ E.). **L'être subconscient.** 1 vol. in-8. 4 fr.
HAURIOU(M.). **La science sociale traditionnelle.** 1 v. in-8.1896. 7 fr. 50
HALLEUX (J.). **Les principes du positivisme contemporain,** exposé et critique. (Ouvrage récompensé par l'Institut). 1 vol. in-12. 1895. 3 fr. 50
HARRACA (J.-M.). **Contributions à l'étude de l'Hérédité et des principes de la formation des races.** 1 vol. in-18. 1898. 2 fr.
HIRTH (G.). **La Vue plastique, fonction de l'écorce cérébrale.** In-8. Trad. de l'allem. par L. ARRÉAT, avec grav. et 34 pl. 8 fr. (Voy. p. 6.)
— **Les localisations cérébrales en psychologie. Pourquoi sommes-nous distraits ?** 1 vol. in-8. 1895. 2 fr.
HOCQUART (E.). **L'Art de juger le caractère des hommes sur leur écriture,** préface de J. CRÉPIEUX-JAMIN. Br. in-8. 1898. 1 fr.
HUXLEY. *La Physiographie,** introduction à l'étude de la nature, traduit et adapté par M. G. LAMY. 1 vol. in-8. 3ᵉ éd., avec fig. 8 fr. (V. p. 6, 21 et 32.)
ICARD (S.). **Paradoxes ou vérités.** 1 vol. in-12. 1895. 3 fr. 50
JOYAU. **De l'invention dans les arts et dans les sciences.** 1 v. in-8. 5 fr.
— **Essai sur la liberté morale.** 1 vol. in-18. 3 fr. 50
— **La Théorie de la grâce et la liberté morale.** In-8. 2 fr. 50
KAUFMAN. **Étude de la cause finale et son importance au temps présent.** Trad. de l'allem. par Deiber. In-12. 1898. 2 fr.
KINGSFORD (A.) et MAITLAND (E.). **La Voie parfaite ou le Christ ésotérique,** précédé d'une préface d'Edouard SCHURÉ. 1 vol. in-8. 1892. 6 fr.
KUMS (A.). **Les choses naturelles dans Homère.** 1 vol. in-8. 1897. 5 fr.
LABORDE. **Les Hommes et les Actes de l'insurrection de Paris devant la psychologie morbide.** 1 vol. in-18. 2 fr. 50
LAURENT (O.). **Les Universités des deux mondes.** In-12. 3 fr. 50
LAVELEYE (Em. de). **De l'avenir des peuples catholiques.** In-8. 25 c.
— **L'Italie actuelle.** In-18. 3 fr. 50
— **L'Afrique centrale.** 1 vol. in-12. 3 fr.
— **Essais et Études.** Première série (1861-1875). 1 vol. in-8. 7 fr. 50. — Deuxième série (1875-1882). 1 vol. in-8. 7 fr. 50. — Troisième série (1892-1894). 1 vol. in-8. 7 fr. 50 (Voy. p. 7 et 15.)
LÉGER (C.). **La liberté intégrale,** esquisse d'une théorie des lois républicaines. 1 vol. in-12. 1896. 1 fr. 50
LETAINTURIER (J.). **Le socialisme devant le bon sens.** in-18. 1 fr. 50
LEVY (Albert). *Psychologie du caractère.** In-8. 1896. 5 fr.
LÉVY (le Dᵣ P.-E.). **L'éducation rationnelle de la volonté.** 1 vol. in-8. 1898. 4 fr.
LICHTENBERGER (A.). **Le socialisme au XVIIIᵉ siècle.** Études sur les idées socialistes dans les écrivains français au XVIIIᵉ siècle, avant la Révolution. 1 vol. in-8. 1895. 7 fr. 50 (Voy. p. 15.)
LOURBET (J.). **La femme devant la science contemporaine.** 1 vol. in-12. 1895. 2 fr. 50
MABILLEAU (L.). *Histoire de la philosophie atomistique.** 1 vol. in-8. 1895. (Ouvrage couronné par l'Institut.) 12 fr.
MANACÉINE (Marie de). **L'anarchie passive et le comte Léon Tolstoï.** 1 vol. in-18. 2 fr.

MAINDRON (Ernest). *L'Académie des sciences (Histoire de l'Académie ; fondation de l'Institut national ; Bonaparte, membre de l'Institut). 1 beau vol. in-8 cavalier, avec 53 gravures dans le texte, portraits, plans, etc. 8 planches hors texte et 2 autographes.   12 fr.

MALON (Benoît). Le Socialisme intégral. Première partie : *Histoire des théories et tendances générales.* Grand in-8, 2e éd. 6 fr. — Deuxième partie : *Des réformes possibles et des moyens pratiques.* Grand in-8. 6 fr.
— Précis théorique, historique et pratique de socialisme (lundis socialistes). 1 vol. in-12. 1892.   3 fr. 50

MARSAUCHE (L.). La Confédération helvétique d'après la constitution, préface de M. Frédéric Passy. 1 vol. in-18. 1891.   3 fr. 50

MERCIER (Mgr). Les origines de la psychologie contemporaine. In-12. 1898.   5 fr.

MISMER (Ch.). Principes sociologiques. 1 vol. in-8. 2e éd. 1897. 5 fr.

MORIAUD (P.). La question de la liberté et la conduite humaine. 1 vol. in-12. 1897.   3 fr. 50

MOSSO (A.). L'éducation physique de la jeunesse. 1 vol. in-12, cart., préface du commandant Legros. 1895.   4 fr.

NAUDIER (Fernand). Le socialisme et la révolution sociale. 1894. 1 vol. in-18.   3 fr. 50

NETTER (A.). La Parole intérieure et l'âme. 1 vol. in-18.   2 fr. 50

NIZET. L'Hypnotisme, étude critique. 1 vol. in-12. 1892.   2 fr. 50

NOTOVITCH. La Liberté de la volonté. In-18.   3 fr. 50

NOVICOW (J.). La Question d'Alsace-Lorraine, critique du point de vue allemand. in-8. 1895.   1 fr. (V. p. 4, 7 et 15.)

NYS (Ernest). Les Théories politiques et le droit international. 1 vol. in-8. 1891.   4 fr.

PARIS (comte de). Les Associations ouvrières en Angleterre (Trades-unions). 1 vol. in-18. 7e édit. 1 fr. — Édition sur papier fort. 2 fr. 50

PAULHAN (Fr.). Le Nouveau mysticisme. 1 vol. in-18. 1891. 2 fr. 50 (Voy. p. 4, 7 et 32.)

PELLETAN (Eugène). *La Naissance d'une ville (Royan). In-18. 2 fr.
— *Jarousseau, le pasteur du désert. 1 vol. in-18.   2 fr.
— *Un Roi philosophe : Frédéric le Grand. In-18.   3 fr. 50
— Droits de l'homme. 1 vol. in-12.   3 fr. 50
— Profession de foi du XIXe siècle. In-12.   3 fr. 50 (V. p. 31.)

PEREZ (Bernard). Thiery Tiedmann. Mes deux chats. In-12. 2 fr.
— Jacotot et sa Méthode d'émancipation intellect. In-18. 3 fr.
— Dictionnaire abrégé de philosophie. 1893. in-12. 1 fr. 50 (V.p.7.)

PHILBERT (Louis). Le Rire. In-8. (Cour. par l'Académie française.) 7 fr. 50

PHILIPPE (J.). Lucrèce dans la théologie chrétienne du IIIe au XIIIe siècle. 1 vol. in-8. 1896.   2 fr. 50

PIAT (Abbé C.). L'Intellect actif ou Du rôle de l'activité mentale dans la formation des idées. 1 vol. in-8.   3 fr. (V. p. 7.)

PICARD (Ch.). Sémites et Aryens (1893). In-18.   1 fr. 50

PICAVET (F.). L'Histoire de la philosophie, ce qu'elle a été, ce qu'elle peut être. In-8.   2 fr.
— La Mettrie et la critique allemande. 1889. In-8. 1 fr. (V. p. 8.)

PICTET (Raoul). Étude critique du matérialisme et du spiritualisme par la physique expérimentale. 1 vol. gr. in-8. 1896. 10 fr.

POEY. Le Positivisme. 1 fort vol. in-12.   4 fr. 50
— M. Littré et Auguste Comte. 1 vol. in-18.   3 fr. 50

PORT. La Légende de Cathelineau. In-8.   5 fr.

POULLET. La Campagne de l'Est (1870-1871). In-8, avec cartes. 7 fr.

*Pour et contre l'enseignement philosophique, par MM. VANDEREM (Fernand), RIBOT (Th.), BOUTROUX (F.), MARION (H.), JANET (P.) et FOUILLÉE (A.) de l'Institut ; MONOD (G.), LYON (Georges), MARILLIER (L.), CLAMADIEU (abbé), BOURDEAU (J.), LACAZE (G.), TAINE (H.). 1894. In-18.   2 fr.

PRÉAUBERT. **La vie, mode de mouvement**, essai d'une théorie physique des phénomènes vitaux. 1 vol. in-8, 1897. 5 fr.

PRINS (Ad.). **L'organisation de la liberté et le devoir social.** 1 vol in-8. 1895. 4 fr.

PUJO (Maurice). *Le règne de la grâce. L'idéalisme intégral. 1894. 1 vol. in-18. 3 fr. 50

RIBOT (Paul). **Spiritualisme et Matérialisme.** 2e éd. 1 vol. in-8. 6 fr.

RUTE (Marie-Letizia de). **Lettres d'une voyageuse.** Vienne, Budapest, Constantinople. 1 vol. in-8. 1896. 3 fr.

SANDERVAL (O. de). **De l'Absolu.** La loi de vie. 1 vol. in-8. 2e éd, 5 fr.

— **Kahel.** Le Soudan français. In-8, avec gravures et cartes. 8 fr.

SECRÉTAN (Ch.). **Études sociales.** 1889. 1 vol. in-18. 3 fr. 50

— **Les Droits de l'humanité.** 1 vol. in-18. 1891. 3 fr. 50

— **La Croyance et la civilisation.** 1 vol. in-18. 2e édit. 1891. 3 fr. 50

— **Mon Utopie.** 1 vol. in-18. 3 fr. 50

— **Le Principe de la morale.** 1 vol. in-8. 2e éd. 7 fr. 50

— **Essais de philosophie et de littérature.** 1 vol. in-12. 1896. 3 fr. 50

SECRÉTAN (H.). **La Société et la morale.** 1 vol. in-12. 1897. 3 fr. 50

SÉE (Paul). **La question monétaire.** Br. gr. in-8. 1898. 2 fr.

SILVA WHITE (Arthur). **Le développement de l'Afrique.** 1894. 1 fort vol. in-8 avec 15 cartes en couleurs hors texte. 10 fr.

SOLOWEITSCHIK (Leonty). **Un prolétariat méconnu,** étude sur la situation sociale et économique des juifs. 1 vol. in-8. 1898. 3 fr. 50

SOREL (Albert) **Le Traité de Paris du 20 novembre 1815.** In-8, 4 fr. 50

SPIR (A.). **Esquisses de philosophie critique.** 1 vol. in-18. 2 fr. 50

STOCQUART (Emile). Le contrat de travail. In-12. 1895. 3 fr.

STRADA (J.). **La loi de l'histoire.** 1 vol. in-8. 1894. 5 fr.

— **Jésus et l'ère de la science.** 1 vol. in-8. 1896. 5 fr.

— **Ultimum organum,** constitution scientifique de la méthode générale. Nouvelle édition. 2 vol. in-12. 1897. 7 fr.

— **La religion de la science et de l'esprit pur,** constitution scientifique de la religion. 2 vol. in-8. 1897. Chacun séparément. 7 fr.

TERQUEM (A.). **Science romaine à l'époque d'Auguste.** in-8. 3 fr.

THURY. Le chômage moderne, causes et remèdes. 1 v. in-12. 1895.2 fr. 50

TISSOT. **Principes de morale.** 1 vol. in-8. 6 fr. (Voy. KANT, p. 10.)

ULLMO (L.). **Le Problème social.** 1897. 1 vol. in-8. 3 fr.

VACHEROT. **La Science et la Métaphysique.** 3 vol. in-18. 10 fr. 50

VAN BIERVLIET (J.-J.). **Éléments de Psychologie humaine.** 1 vol. in-8. 1895. 8 fr.

— **La Mémoire.** Br. in-8. 1893. 2 fr.

VIALLET (C.-Paul). **Je pense, donc je suis.** Introduction à la méthode cartésienne. 1 vol. in-12. 1896. 2 fr. 50

VIGOUREUX (Ch.). **L'Avenir de l'Europe** au double point de vue de la politique de sentiment et de la politique d'intérêt. 1892. 1 vol. in-18. 3 fr. 50

WEIL (Denis). **Le Droit d'association et le Droit de réunion** devant les chambres et les tribunaux. 1893. 1 vol. in-12. 3 fr. 50

— **Les Élections législatives.** Histoire de la législation et des mœurs. 1 vol. in-18. 1895. 3 fr. 50

WUARIN (L.). **Le Contribuable.** 1 vol. in-16. 3 fr. 50

WULF (M. de). **Histoire de la philosophie scolastique dans les Pays-Bas et la principauté de Liège jusqu'à la Révol. franç.** in-8.5 fr.

— **Sur l'esthétique de saint Thomas d'Aquin.** In-8. 1 fr. 50

ZIESING (Th.). **Érasme ou Salignac.** Étude sur la lettre de François Rabelais. 1 vol. gr. in-8. 4 fr.

ZOLLA (D.). **Les questions agricoles d'hier et d'aujourd'hui.** 1894, 1895. 2 vol. in-12. Chacun. 3 fr. 50

BIBLIOTHÈQUE UTILE

120 VOLUMES PARUS

Le volume de 192 pages, broché, 60 centimes.

Cartonné à l'anglaise, 1 fr.

La plupart des livres de cette collection ont été adoptés par le *Ministère de l'Instruction publique* pour les Bibliothèques des Lycées et Collèges de garçons et de jeunes filles, celles des Écoles normales, les Bibliothèques populaires et scolaires.

Les livres adoptés par la Commission consultative des Bibliothèques des Lycées sont marqués d'un astérisque.

HISTOIRE DE FRANCE

Les Mérovingiens, par BUCHEZ.

Les Carlovingiens, par BUCHEZ.

Les Luttes religieuses des premiers siècles, par J. BASTIDE. 4e édit.

Les Guerres de la Réforme, par J. BASTIDE. 4e édit.

La France au moyen âge, par F. MORIN.

Jeanne d'Arc, par Fréd. LOCK.

Décadence de la monarchie française, par Eug. PELLETAN, sénateur. 4e édit.

La Révolution française, par H. CARNOT (2 volumes).

La Défense nationale en 1792, par P. GAFFAREL, professeur à la Faculté des lettres de Dijon.

Napoléon Ier, par Jules BARNI. 3e édit.

Histoire de la Restauration, par Fréd. LOCK. 3e édit.

Histoire de Louis-Philippe, par Edgar ZEVORT, recteur de l'Académie de Caen. 2e édit.

Mœurs et Institutions de la France, par P. BONDOIS, prof. au lycée Buffon, 2 vol.

Léon Gambetta, par J. REINACH.

Histoire de l'armée française, par L. BÈRE.

Histoire de la marine française, par DONEAUD, prof. à l'École navale, 2e édit.

Histoire de la conquête de l'Algérie, par QUESNEL.

Les Origines de la guerre de 1870, par Ch. DE LARIVIÈRE.

Histoire de la littérature française, par Georges MEUNIER, agrégé de l'Université.

Histoire de l'Art ancien et moderne, par le même.

PAYS ÉTRANGERS

L'Espagne et le Portugal, par E. RAYMOND. 2e édition.

Histoire de l'Empire ottoman, par A. COLLAS. 2e édition.

Les Révolutions d'Angleterre, par Aug. DESPOIS. 3e édition.

Histoire de la maison d'Autriche, par Ch. ROLLAND. 2e édition.

L'Europe contemporaine (1789-1879), par P. BONDOIS, prof. au lycée Buffon.

Histoire contemporaine de la Prusse, par Alfr. DONEAUD.

Histoire contemporaine de l'Italie, par Félix HENNEGUY.

Histoire contemporaine de l'Angleterre, par A. REGNARD.

HISTOIRE ANCIENNE

La Grèce ancienne, par L. COMBES.

L'Asie occid. et l'Égypte, par A. OTT.

L'Inde et la Chine, par A. OTT.

Histoire romaine, par CREIGHTON.

L'Antiquité romaine, par WILKINS.

L'Antiquité grecque, par MAHAFFY.

GÉOGRAPHIE

Torrents, fleuves et canaux de la France, par H. BLERZY.

Les Colonies anglaises, par H. BLERZY.

Les Îles du Pacifique, par le capitaine de vaisseau JOUAN (avec une carte).

Les Peuples de l'Afrique et de l'Amérique, par GIRARD DE RIALLE.

Les Peuples de l'Asie et de l'Europe, par GIRARD DE RIALLE.

L'Indo-Chine française, par FAQUE.

Géographie physique, par GEIKIE.

Continents et Océans, par GROVE (avec figures).

Les Frontières de la France, par P. GAFFAREL, prof. à la Faculté de Dijon.

L'Afrique française, par A. JOYEUX.

Madagascar, par A. MILHAUD, prof. agrégé d'histoire et de géographie (avec carte).

Les grands ports de commerce, par D. BELLET.

COSMOGRAPHIE

Les Entretiens de Fontenelle sur la pluralité des mondes, mis au courant de la science, par BOILLOT.

Le Soleil et les Étoiles, par le P. SECCHI, BRIOT, WOLF et DELAUNAY. 2e édition (avec figures).

Les Phénomènes célestes, par ZURCHER et MARGOLLÉ.

A travers le ciel, par AMIGUES, proviseur du lycée de Toulon.

Origines et Fin des mondes, par Ch. RICHARD. 3e édition.

Notions d'astronomie, par L. CATALAN. 4e édition (avec figures).

SCIENCES APPLIQUÉES

Le Génie de la science et de l'industrie, par B. GASTINEAU.

Causeries sur la mécanique, par BROTHIER. 2ᵉ édit.

Médecine populaire, par le Dʳ TURCK.

La Médecine des accidents, par le Dʳ BROQUÈRE.

Les Maladies épidémiques (Hygiène et Prévention), par le Dʳ L. MONIN.

Hygiène générale, par le Dʳ CRUVEILHIER.

La tuberculose, son traitement hygiénique, par P. MERKLEN, interne des hôpitaux

Petit Dictionnaire des falsifications, par DUFOUR, pharmacien de 1ʳᵉ classe.

L'Hygiène de la cuisine, par le Dʳ LAUMONIER.

Les Mines de la France et de ses colonies, par P. MAIGNE.

Les Matières premières et leur emploi par le Dʳ H. GENEVOIX, pharmacien de 1ʳᵉ c

Les Procédés industriels, du même

La Photographie, par H. GOSSIN.

La Machine à vapeur, du même (avec fig.

La Navigation aérienne, par G. DALLE

L'Agriculture française, par A. LA BALÉTRIER, prof. d'agriculture (avec figures).

La Culture des plantes d'apparte ment, par A. LARBALÉTRIER (avec figures).

La Viticulture nouvelle, par A. BERGE

Les Chemins de fer, p. G. MAYER (av. fig.

Les grands ports maritimes de commerce, par D. BELLET (avec figures).

SCIENCES PHYSIQUES ET NATURELLES

Télescope et Microscope, par ZURCHER et MARGOLLÉ.

Les Phénomènes de l'atmosphère, par ZURCHER. 7ᵉ édit.

Histoire de l'air, par ALBERT-LÉVY.

Histoire de la terre, par BROTHIER.

Principaux faits de la chimie, par BOUANT, prof. au lycée Charlemagne.

Les Phénomènes de la mer, par E. MARGOLLÉ. 5ᵉ édit.

L'Homme préhistorique, par ZABOROWSKI. 2ᵉ édit.

Les Mondes disparus, du même.

Les grands Singes, du même.

Histoire de l'eau, par BOUANT, prof. au lycée Charlemagne (avec grav.).

Introduction à l'étude des sciences physiques, par MORAND. 5ᵉ édit.

Le Darwinisme, par E. FERRIÈRE.

Géologie, par GEIKIE (avec figures).

Les Migrations des animaux et Pigeon voyageur, par ZABOROWSKI.

Premières Notions sur les science par Th. HUXLEY.

La Chasse et la Pêche des anima marins, par JOUAN.

Zoologie générale, par H. BEAUREGAR

Botanique générale, par E. GÉRARDI (avec figures).

La Vie dans les mers, par H. COUP

Les Insectes nuisibles, par A. ACLOQU

PHILOSOPHIE

La Vie éternelle, par ENFANTIN. 2ᵉ éd.

Voltaire et Rousseau, par E. NOEL. 3ᵉ éd.

Histoire populaire de la philosophie, par L. BROTHIER. 3ᵉ édit.

La Philosophie zoologique, par Victor MEUNIER. 3ᵉ édit.

L'Origine du langage, par ZABOROWSKI

Physiologie de l'esprit, par PAULH (avec figures).

L'Homme est-il libre? par G. RENARD

La Philosophie positive, par le docte ROBINET. 2ᵉ édition.

ENSEIGNEMENT. — ÉCONOMIE DOMESTIQUE

De l'Éducation, par H. SPENCER. 8ᵉ édit.

La Statistique humaine de la France, par Jacques BERTILLON.

Le Journal, par HATIN.

De l'Enseignement professionnel, par CORBON. 3ᵉ édit.

Les Délassements du travail, par Maurice CRISTAL. 2ᵉ édit.

Le Budget du foyer, par H. LENEVEUX.

Paris municipal, par H. LENEVEUX.

Histoire du travail manuel en France, par H. LENEVEUX.

L'Art et les Artistes en France, par Laurent PICHAT, sénateur. 4ᵉ édit.

Premiers principes des beaux-arts,

par J. COLLIER (avec gravures).

Économie politique, par STANLEY JEVC

Le Patriotisme à l'école, par JOURD colonel d'artillerie.

Histoire du libre-échange en Angl terre, par MONGREDIEN.

Économie rurale et agricole, par PETI

La Richesse et le Bonheur, par A COSTE.

Alcoolisme ou épargne, le dilemm social, par Ad. COSTE.

L'Alcool et la lutte contre l'alcoolisme, par les Dʳˢ SÉRIEUX et MATHIEU.

Les plantes d'appartement, de fen tres et de balcons, par A. LARBALÉTRIE

DROIT

La Loi civile en France, par MORIN, 3ᵉ édit.

La Justice criminelle en France, p G. JOURDAN. 3ᵉ édit.

L.-Imprimeries réunies, rue Saint-Benoît, 7, Paris. — 11070.

www.ingramcontent.com/pod-product-compliance
Lightning Source LLC
Chambersburg PA
CBHW050510270326
41927CB00009B/1975